ジェンダー・クオータ

Gender Quotas

世界の女性議員はなぜ増えたのか

三浦まり／衛藤幹子［編著］

スティール若希／石田久仁子／菊池啓一
申琪榮／福田 円／渕元初姫／木村真紀［著］

明石書店

Gender Quotas in Comparative Perspectives:
Understanding the Increase in Women Representatives

Edited by Mari Miura and Mikio Eto

Copyright ©2014 Mari Miura and Mikio Eto for selection and editorial matter; individual contributors, their contributions.

ジェンダー・クオータ——世界の女性議員はなぜ増えたのか ◎ 目次

はじめに ………………………………………………………………………………… 7
　　　　　　　　　　　　　　　　　　　　　　　　　　三浦まり・衛藤幹子

第1章　なぜクオータが必要なのか ……………………………………………… 15
　　　──比較研究の知見から　　　　　　　　　　　　　衛藤幹子・三浦まり

　はじめに　15
　1．クオータの世界潮流　15
　2．クオータの必要性　19
　3．クオータの論拠　21
　4．クオータ導入の契機　27
　5．クオータの効果　32
　おわりに　34

第2章　多様な政治的アイデンティティとクオータ制の広がり …………… 41
　　　──日本の事例から　　　　　　　　　　　　　　　　スティール若希
　　　　　　　　　　　　　　　　　　　　　　　　　　　早川美也子訳

　はじめに　41
　1．民主主義と権力分有：実践としての政治的平等　43
　2．日本における地域的クオータ制の実際　47
　3．代表制再考：イデオロギー、地域性、身体性　53
　おわりに　59

第3章　スウェーデンにおける政党型クオータと女性運動 ………………… 67
　　　　　　　　　　　　　　　　　　　　　　　　　　　　　　衛藤幹子

　はじめに　67
　1．スウェーデン・モデルをめぐる2つの誤解　69
　2．スウェーデン社会の変化と女性の政治代表：1960年代から1980年代まで　73
　3．女性運動と政党とのせめぎ合い：1990年代、2000年代　79
　おわりに　84

第4章　フランス共和国とパリテ ………………………………………………… 93
　　　　　　　　　　　　　　　　　　　　　　　　　　　　　　石田久仁子

　はじめに　93

1．クオータからパリテへ　94
　　2．EUの男女機会平等政策とフランスのパリテ運動　97
　　3．パリテ論争　101
　　4．フェミニストとフランス社会党　103
　　5．進化を続けるパリテ法　105
　　おわりに　112

第5章　アルゼンチンにおける法律型クオータの導入とその効果 …………117
　　　　　　　　　　　　　　　　　　　　　　　　　　　　　　　菊池啓一
　　はじめに　117
　　1．法律型クオータのアルゼンチンへの導入　118
　　2．ジェンダー・クオータと女性議員数　124
　　3．女性議員数の増加と政策　131
　　おわりに　136

第6章　韓国における女性候補者クオータ制の成立過程と効果 …………147
　　　　　　　　　　　　　　　　　　　　　　　　　　　　　　　申琪榮
　　はじめに　147
　　1．クオータ制の導入：新しい政治的機会構造と女性団体　149
　　2．クオータ制の効果　156
　　3．クオータ制の実効性と女性団体の「政治運動」　165
　　おわりに　167

第7章　台湾の女性定数保障制 ……………………………………………177
　　　　　　　　　　　　　　　　　　　　　　　　　　　　　　　福田　円
　　はじめに　177
　　1．初期条件　178
　　2．戒厳令下における政治空間の拡大　182
　　3．立法院における女性定数拡大の背景　187
　　4．立法委員選挙制度の改革と女性定数保障制　191
　　おわりに　196

第8章　スコットランドにおける権限移譲とジェンダー・クオータ …………203
　　　　　　　　　　　　　　　　　　　　　　　　　　　　　　　渕元初姫
　　はじめに　203
　　1．女性の過少代表　205

2．クオータの構想と導入　210
   3．クオータの後退　215
   4．成果と課題　219
   おわりに　220

補論　イギリス労働党と女性のみの公認候補者名簿 ················ 227
　　　　　　　　　　　　　　　　　　　　　　　　　　　　　木村真紀

終章　日本におけるクオータ制成立の政治的条件 ················ 235
　　　　　　　　　　　　　　　　　　　　　　　　　　　　　三浦まり
   はじめに　235
   1．ジェンダー・クオータの成立条件：国際比較研究の成果　236
   2．日本における言説状況：政党、国会、審議会　243
   3．実効性のあるクオータ　252
   おわりに　254

あとがき ··· 261

索　引 ··· 265

はじめに

三浦まり・衛藤幹子

　本書は、多数の国・地域、政党によって採用され、いまや世界の趨勢となっているジェンダー・クオータをヨーロッパ（フランス、スウェーデン、スコットランド、イギリス）、アジア（韓国、台湾）、ラテンアメリカ（アルゼンチン）の事例から検証し、日本への示唆を得ることを目指している。

　ジェンダー・クオータは政治代表における男女の不均衡を是正するために、候補者あるいは議席の一定比率を女性（あるいは両性）に割り当てる制度である。通常、男性と比べて女性の政治代表は過少であるため、女性の過少代表を解決する公正で有効な方法として、多くの国において導入が相次いでいる。

　ジェンダー・クオータ（gender quota）は割当制とも訳され、韓国の制度は「女性割当制」と呼ばれ、台湾の制度は「女性定数保障（婦女保障名額）」といわれるが、別途「性別比例原則」という制度も存在する。今後、日本でクオータを根付かせるためにどのような言葉を用いるべきかについては議論が必要であるが、本書では、すでにある程度浸透していると思われる「クオータ」を用いる[1]。

　日本でクオータが初めて取り上げられたのは、1990年代初め、衆議院議員選挙制度改革をめぐる女性議員や女性団体の議論のなかであった。制度改革の焦点になった中選挙区から小選挙区への移行が女性の立候補や当選にとって不利になることを危惧した女性団体が女性議員や有識者を招いて開催した集会で、クオータ導入の是非が議論された[2]。しかしながら、議論の端緒が開かれてまもなく、小選挙区比例代表並立制を骨子とする新選挙制度が成立し（1994年）、クオータをめぐる議論は立ち消えになった。

　しかし、近年、研究者によるクオータの理論研究[3]や女性団体のクオータへの関心[4]が高まり始めている。2010年12月に閣議決定された第3次男女

共同参画基本計画には、「衆議院議員及び参議院議員の選挙における女性候補者の割合を高めるため、各政党に対して（中略）候補者の一定割合を女性に割り当てるクオータ制の導入などを検討するよう要請する」という文言が盛り込まれた。さらに、2011年6月に発刊された『男女共同参画白書』では、様々な国で展開しているクオータにはどのようなものがあるのか、その制度設計の概要が紹介され、政府の公式文書にもクオータが登場するようになった。

とはいえ、クオータが正確に、そして日本への導入により役立つような形で、広く人々に理解されているとは言いがたい。本書はその隙間を埋めることを狙っている。クオータの導入と実践には、大まかな共通性や一定の法則を見出すことができるものの、それぞれの国家の政治体制、選挙制度、政党システム、政治文化、さらには経済システム、社会の意識や国民性が反映され、こうした政治的、社会・経済的条件を抜きに語ることはできない。つまり、特徴的な違いのある複数の事例を比較検討しなければ、クオータのありようや意義を理解することはできないのである。また、なぜこのような制度が登場したのか、それはどのように役に立ち、いかなる課題があるのか、クオータの制度設計の紹介にとどまらず、導入の経緯や効果、課題についても検討する必要がある。

以上の観点から、本書では、制度設計や導入の経緯、成果などにおいて特徴を持つ5つの国——スウェーデン、フランス、イギリス、韓国、アルゼンチン——と2つの地域——スコットランド、台湾——を事例として取り上げ、クオータ導入の経緯から成果までを視野に入れながら検討する。本書は、これらの事例から、日本におけるクオータ導入に向けた議論の展開に資することを目的にしている。終章では、日本の政府、政党がクオータを導入するためにはいかなる条件が求められるのか、日本における議論の糸口を考察する。

まず第1章では、衛藤幹子と三浦まりがクオータ制の全体像を次の4つの観点から概観する。すなわち、なぜクオータが必要とされるのか、クオータはどのように正当化されるのか、なぜクオータなるものが導入されたのか、そしてクオータの実施がもたらす成果である。

第2章では、スティール若希が民主主義と代表制に関する議論を整理した上で、ジェンダー・クオータという制度が必ずしも新奇なものではないこと、日本の選挙制度において実は地域的クオータが導入されていることを論

証する。人々はイデオロギー、地域性、および身体的存在の3つのアイデンティティを持ち、それらが時には重なり合うこともある。政治システムにおいてもこれら3つのアイデンティティを代表させる必要性があるという観点から、民主主義を深化させるひとつの方策としてのジェンダー・クオータの意義について論じる。この論文を通じて、女性差別の問題だけに集約することのできない、ジェンダー・クオータの奥深い役割が理解されるであろう。

　第3章では、衛藤幹子が政党クオータを導入したスウェーデンの事例を扱う。政治的機運と女性運動とクオータとの関連性に注目して、スウェーデンにおける女性の政治的代表性向上の要因について検証する。スウェーデンでは1987年から左翼党と緑の党がクオータを導入したが、その時点ですでに女性議員比率は30%を超えていた。強力な女性運動が女性議員比率[5]を押し上げてきた政治文脈のなかでクオータが導入され、さらに女性議員比率を向上させてきたことを論じる。女性運動なくしてはクオータの導入は容易ではないことを指摘するものである。

　第4章では、石田久仁子がフランスのパリテ（男女同数）について論じる。フランスでは50%クオータと呼ばず、パリテという名称を用いている。なぜなら、ある集団に一定比率を割り当てるクオータがフランス共和国の普遍主義原理に抵触するからである。パリテは差別是正措置ではなく、男女同数から構成される共和国において、その政治代表も同様に男女同数からなることを民主主義の要素として位置づけるものである。ただし、パリテをどのように正当化するかに関してはフランス国内でも意見の隔たりがあり、本章はこれを丁寧に紹介しつつ、どのような政治過程を経てパリテが実現されてきたのかを論じる。そして、パリテの実践が深化してきた軌跡をたどることで、政治的意思の重要性を浮き彫りにする。

　第5章では、アルゼンチンにおける法律型クオータの導入過程およびその効果について菊池啓一が論じる。アルゼンチンは法律型クオータを制定した世界で最初の国であり、アルゼンチンの動きに触発されてラテンアメリカではクオータの導入が相次いだ。アルゼンチンにおける法律型クオータ導入には、女性議員による超党派的なクオータ推進運動が果たした役割が大きく、またナイロビの第3回世界女性会議に参加した女性NGOなどがクオータ導入をめぐって政治的立場を超えた全国組織を作り運動を展開した点も重

要であった。アルゼンチンにおいて法律型クオータの実施はおおむね女性議員の増加をもたらしたが、女性議員の増加は必ずしもジェンダー関連法案の採択率向上には寄与していない。クオータによってどのような女性議員が選出されたかに関しても注目する必要があることを本章は示唆する。

　第6章では、韓国における法律型クオータ導入の政治過程を申琪榮が論じる。韓国では2000年の法改正を経て、小選挙区比例代表並立制の比例代表部分に50％、小選挙区部分に30％のクオータが導入されている。女性運動がクオータ導入に深くコミットし、また制度提言のみならず、候補者発掘・推薦、落薦・落選運動など多様な運動を展開した点が注目に値する。韓国では女性運動が無視できない存在であるがゆえにクオータが導入され、とりわけ比例区においては一定の成果を上げている。もっとも、小選挙区においては政党に対する強制力が弱いため実効性が低く、比例区におけるクオータが「ガラスの天井」として作用している点を指摘する。

　第7章では、福田円が台湾における女性定数保障制度に焦点を当てる。戦後台湾に持ち込まれた中華民国憲法に、民意代表機関に女性定員を設ける必要性が明記されていたことが、台湾における女性の政治代表に大きな影響を与えた。台湾は地方選挙では1950年より、国政選挙では1972年より、10％程度の女性定数保障規定（議席割当）を置いている。さらに民主化を経て1991年の憲法改正で10％程度の女性定数保障が盛り込まれた。民主化運動の高まりとともに、女性団体が積極的に女性の政治代表の向上に取り組み、2005年に憲法が改正され小選挙区比例代表並立制が採用された際には、比例区の女性当選者を半分以上とするクオータ規定が盛り込まれた。台湾では2001年に女性議員比率が20％を超えるが、制度改正により2008年には30％を超えるようになる。確かに女性定数保障制度の効果も高いものの、議席割当以上の女性議員が誕生している背景には民進党、国民党がともに女性登用に積極的であることが指摘できる。

　第8章では、渕元初姫がスコットランドにおける政党クオータの取り組みについて、その効果と限界を論じる。スコットランドはイギリスの一部であるが、1999年の権限移譲により1707年以来停止されていた議会が復活した。議会の復活がスコットランドにおいて「新しい政治」を呼び起こし、そのことがクオータの導入と結びついた経緯を明らかにする。もっとも、ス

コットランドにおいて近年では主要政党のクオータへの取り組みが失速している。ただし、エスニック・マイノリティや性的マイノリティの代表性が向上している点は注目される。

また補論において木村真紀がイギリスにおける政党クオータの試みを解説する。小選挙区制を採用するイギリスでは、労働党が「女性のみの公認候補者名簿」を1997年総選挙の候補者選出時（1993年）に採用したことが契機となり、女性議員比率が向上した。党内および国内での論争を紹介し、あわせて労働党以外の取り組みも紹介する。補論を設けることによって、国家（イギリス・ウェストミンスター議会）と地方（スコットランド議会）という異なるレベルのクオータの展開と成果とを比較検討できるようにする。

終章では、本書のこれまでの事例研究を基礎に、三浦まりが日本においてクオータが導入される政治的条件を探る。比較政治研究の蓄積で指摘される条件、すなわち女性運動の隆盛、政治エリートの戦略的判断、国際圧力、政治文化・規範との親和性が日本では整っていなかったことを明らかにした上で、今後は導入に向けて機運が高まることを示唆し、そのためには実効性の高いクオータが設計される必要があると主張する。本書で検討してきた他国・地域の事例から教訓を引き出し、日本において実現可能でかつ実効性の高いクオータのあり方について提言する。そのような実効性あるクオータが導入されるためには、女性議員を増やす必要性について市民社会の認識が深まること、また選挙制度改革とあわせてクオータ制度を設計すべきことを論じる。

本書の含意

最後に、本書が対象とする国々や地域において、どのような種類のクオータが導入され、どの程度の効果を上げているのかを概観しよう（表1）。

クオータは選挙制度によって多様な形で設計され、また効果の程度も異なる。一番単純な形態は比例代表おいてクオータを導入することである。スウェーデンとアルゼンチンがこれに該当する。政党が自主的にクオータを導入しているスウェーデンのほうが法的にクオータを施行するアルゼンチンよりも高い女性議員比率を達成しているが（44.7％対37.4％）、これはクオータの配分率がスウェーデンの各政党のほうが高いからである。またクオータを必ずしも導入していない政党も女性議員の擁立には積極的であることも指摘

表1：本書対象国・地域におけるクオータ制と女性議員比率（下院）＊

	選挙制度	クオータの種類	導入年	女性議員比率 （2013年12月）
スウェーデン	比例代表制 （選好投票付き比例名簿）	政党型クオータ	左翼党（1987年、40％）、緑の党（1987年、40％）、社民党（1993年、50％）	45.0%
フランス	小選挙区制 （2回投票制）	法律型クオータ （50％）	1999年（憲法改正）、2000年（パリテ法）	26.9%
アルゼンチン	比例代表制 （拘束名簿）	法律型クオータ （30％）	1991年	36.6%
韓国	小選挙区比例代表並立制	法律型クオータ （比例区50％、小選挙区30％）	2000年	15.6%
台湾	小選挙区比例代表並立制	法律型クオータ（比例区50％以上の議席割当）、政党型クオータ	2005年（憲法改正）；民進党（4分の1）	33.6%
イギリス	小選挙区制	政党型クオータ	労働党（1993年、女性のみの公認候補者名簿）	22.5%
スコットランド	小選挙区比例代表併用制	政党型クオータ	労働党（1999年、小選挙区ツイニング方式、比例区50％）、社会党（2003年、比例区50％）	34.9%

＊ クオータの種類および導入年に関して、ここでは簡略化して掲載している。詳細は各章を参照されたい。

できよう。

　小選挙区制の事例はイギリスとフランスである。イギリスの場合は労働党が政党クオータを導入し、各選挙区での公認候補者選出の段階で、「女性だけの公認候補者名簿」を一部の選挙区に適用することで、女性候補者の確保に努めている。他方、フランスは法的に50％の事実上のクオータを適用しており、それはパリテと呼ばれる。候補者を届け出る際に男女の比率が半々でない場合、政党助成金が減額される仕組みであるが、今のところ保守系の政党を中心に、助成金が減らされても選挙で勝算の高いと思われる男性候補を擁立する傾向にあることから、女性議員比率は26.9％にとどまっている。

　日本と同様の小選挙区比例代表並立制を採用するのは韓国と台湾である。直近の女性議員比率を比べると、韓国の15.6％に対して台湾は33.6％となっており、台湾のほうが高い成果を上げている。これは制度設計の相違に一因がある。両国とも比例区には50％ないし50％以上のクオータを施行しているが、比例区議席の占める割合が韓国では18％であるのに対して、台湾では30％である。ただし、台湾の場合は小選挙区においても女性議員比

率が25％を超える点が特徴的であり、このことが全体の女性議員比率を押し上げている。

スコットランドは小選挙区比例代表連用制を採用し、労働党や社会党が一時期、比例区に50％クオータを導入したが、政党のコミットメントが持続せず、クオータへの取り組みは失速傾向にある。党内力学や政党間競争を反映し、様々な種類のクオータが定着することなく試みられている。とはいえ、小選挙区制を採用する英仏よりは高い女性議員比率を維持している。

以上を概観すると、クオータは女性議員比率を一定程度保障するものであり、法的根拠や罰則規定があれば、その効果はさらに上がることがわかる。しかしながら、クオータという制度以上に重要なのは政党の政治意思である。女性議員比率を引き上げるという政治意思とクオータ制度が相乗効果を発揮したとき、極めて高い成果が得られている。

では、その政治意思はどこに由来するかというと、民主主義への深い関与だといえよう。女性の政治代表が十全になされていない状態は民主的であるとはいえないという認識が社会で共有されることによって、政党幹部が重い腰を上げざるを得ない状況が生まれている。民主化や権限移譲といった「機会の窓」が開いたときにクオータ議論が盛り上がるのも、女性の政治代表が民主主義の価値と根幹で深く関わり合っているからである。そして、一般的に左派・中道左派政党のほうがクオータに熱心であるのも、政治代表におけるジェンダー平等の価値を共有するからである。

クオータによって女性議員を増やすことは、女性の権利の問題にとどまらず、様々なマイノリティの過少代表の問題をあぶりだすことにもつながる。人口の半分を占める女性でさえそのアイデンティティが十全に代表されていないとしたら、その他の多様なアイデンティティは一体どのような扱いを受けるだろうか。性を基準に候補者選出に対して規制をかけるということは、性的マイノリティの政治代表に関しても十分な配慮を払うべきであることにつながっていく。つまり、クオータ導入をめぐって湧き起こる賛否含めた議論は、私たちの政治的想像力を豊かにし、またそのような議論を経ることによって、民主主義は深化してゆくのである。

クオータ制を国際比較することは、したがって民主主義のありようを比較することでもある。クオータの是非を通じて、各国においてどのような民主

主義を目指すのかという議論が必然的に呼び起こされるからである。歴史も文化も異なる6ヵ国2地域におけるクオータ導入の政治過程ならびに制度設計と効果を概観する本書は、日本の読者にとって、日本における民主主義のありようを問うことになろう。

【注記】
（1）たとえば性別割当制、男女割当制、性別比例原則、男女比例原則などの用語が可能であろう。
（2）1993年12月末、全国地域婦人団体連絡協議会、日本看護協会、大学婦人協会など7つの女性団体が、現職の女性国会議員を招いて、東京でパネルディスカッションを行った（『読売新聞』1994年1月10日朝刊）。
（3）たとえば、辻村（2007, 2011）、田村（2007, 2009）。
（4）たとえば2011年3月8日に筆者も関わった国際女性デー記念シンポジウム「世界118位の現実：クオータは突破口となるか？」（上智大学グローバル・コンサーン研究所主催）が開催され、2012年には主要女性団体が中心となって「クオータ制を推進する会〜Qの会」が結成され、クオータ制度の啓発を目的とする小冊子を2013年に刊行した（WIN WIN 2013）。
（5）本書で女性議員比率に言及する際は、とくに断りのない場合、国政（下院）における比率を示している。

【引用文献】
田村哲樹（2009）『政治理論とフェミニズムの間——国家・社会・家族』昭和堂．
―――（2007）「デモクラシーとポジティブ・アクション」田村哲樹・金井篤子編『ポジティブ・アクションの可能性——男女共同参画社会の制度デザインのために』ナカニシヤ出版，17-40頁．
辻村みよ子（2011）「政治参画と代表制論の再構築——ポジティブ・アクション導入の課題」辻村みよ子編『壁を超える——政治と行政のジェンダー主流化』岩波書店，21-42頁．
―――（2007）「政治参画とジェンダー——クオータ制の合憲性を中心に」川人貞史・山本一編『政治参画とジェンダー』東北大学出版会，5-41頁．
WIN WIN編著・赤松良子監修（2013）『クオータ制の実現をめざす』パドウィメンズオフィス．

第1章

なぜクオータが必要なのか
――比較研究の知見から

衛藤幹子・三浦まり

はじめに

　ジェンダー・クオータ（以下、クオータ）は、政治の意思決定の場における男性優位を是正するために、候補者や議席、政党幹部の一定比率を女性（あるいは両性）に割り当てる制度である。クオータという言葉自体は日本でも最近は多少知られるようになってきたが、誤解や偏見も多く、また世界でこれほどまでに普及している制度であることは案外認識されていないように思われる。本章は、クオータの世界潮流、その仕組み、効果、正当性、導入の契機について概観し、日本におけるクオータ導入に向けた議論の必要性を論じる。

1．クオータの世界潮流

　議会に占める女性議員の比率は、しばしば民主主義の成熟度を測るバロメーターとして用いられてきた。経済や社会が発展を遂げ、成熟した民主主義国家ほど女性議員が多い、つまり女性の政治的代表性が高いと考えられてきたのである（近代化論）。確かに、少なくとも1990年代までは国政に占める女性議員の比率が高い国は、北欧を筆頭に西ヨーロッパに集中し、発展途上国では女性議員は少なかった。ところが、21世紀に入って、この常識は通用しなくなっている。近年の女性議員比率の世界的動向にみられる変化は、政治的男女平等を達成する上で、経済・社会の発展と民主主義の成熟は

表1：女性の政治代表とクオータ制（上位30ヵ国と日本）*

順位	国名	女性議員比率（二院制の場合は下院）	クオータの有無・種類	選挙制度**	女性大統領／首相の登場
1	ルワンダ	56.3%	憲法クオータ（議席割当）	比例代表	首相（1993）
2	アンドラ	50.0%	無	比例代表	
3	キューバ	45.2%	無		
4	スウェーデン	44.7%	政党クオータ	比例代表	
5	セーシェル	43.8%	無	並立	
6	セネガル	42.7%	選挙法クオータ	並立	首相（2001、2013）
7	フィンランド	42.5%	無	比例代表	大統領（2000）、首相（2003、2010）
8	南アフリカ	42.3%	政党クオータ	比例代表	
9	ニカラグア	40.2%	政党クオータ	比例代表	大統領（1990）
10	アイスランド	39.7%	政党クオータ	比例代表	大統領（1980）、首相（2009）
11	ノルウェー	39.6%	政党クオータ	比例代表	首相（1981、2013）
12	モザンビーク	39.2%	政党クオータ	比例代表	首相（2004）
13	デンマーク	39.1%	無	比例代表	首相（2011）
14	オランダ	38.7%	政党クオータ	比例代表	
15	コスタリカ	38.6%	選挙法クオータ	比例代表	大統領（2010）
16	東ティモール	38.5%	選挙法クオータ	比例代表	
17	ベルギー	38.0%	選挙法クオータ	比例代表	
18	アルゼンチン	37.4%	選挙法クオータ	比例代表	大統領（1974、2007）
19	メキシコ	36.8%	選挙法クオータ	並立	
20	スペイン	36.0%	選挙法クオータ	比例代表	
	タンザニア	36.0%	憲法クオータ（議席割当）	小選挙区	
22	ウガンダ	35.0%	憲法クオータ（議席割当）	小選挙区	
23	アンゴラ	34.1%	選挙法クオータ	比例代表	
24	ネパール	33.2%	憲法クオータ	並立	
	セルビア	33.2%	選挙法クオータ	比例代表	大統領代行（2012）
26	ドイツ	32.9%	政党クオータ	併用	首相（2005）
27	マケドニア	32.5%	選挙法クオータ	比例代表	首相代行（2004）
28	エクアドル	32.3%	選挙法クオータ	比例代表	
29	ニュージーランド	32.2%	無	併用	首相（1997、1999）
	スロヴェニア	32.2%	選挙法クオータ	比例代表	首相（2013）
162	日本	7.9%	無	並立	

* 女性議員比率は2013年1月現在、女性大統領／首相は2013年11月現在のデータである。なお同一の女性大統領／首相が複数回就任した場合は最初の就任年次を記載した。

**選挙制度の「併用」とは小選挙区比例代表併用制を指し、各政党の議席数は得票数に応じて配分されるが、当選者は小選挙区によって決まる制度である。小選挙区での獲得議席数が比例区で獲得した議席数を上回る場合は超過議席が発生する。「並立」とは小選挙区比例代表並立制を指し、全議席が比例代表による選出部分と小選挙区による選出部分に区分される制度である。

出典：列国議会同盟（http://www.ipu.org/wmn-e/classif.htm）; Quota Project: Global Database of Quotas for Women (http://www.quotaproject.org/); International Institute for Democracy and Electoral Assistance (http://www.idea.int).

必ずしも必要かつ十分条件ではないことを示している[1]。女性議員比率の国際比較におけるラテンアメリカ、アフリカ、そしてアジア諸国の台頭には目覚ましいものがある。

　列国議会同盟によると、2013年1月時点で、世界190ヵ国の女性議員比率（下院）の世界ランキング第1位は、女性が男性を上回る56.3％を占めるルワンダであり、上位30ヵ国のうち西ヨーロッパ、オセアニア諸国は11ヵ国にすぎない（表1）。加えて、2000年以降、これら30ヵ国のうち10ヵ国から13人の女性大統領・首相が誕生しており、この13人のうち5人はラテンアメリカとアフリカの女性である。アジア諸国で30ヵ国に含まれるのは東ティモールとネパールである。台湾は33.6％の女性議員比率を達成しているので、ランキングを行うとすれば24位に順位づけされることになる。一方、アメリカ合衆国は91位（18.0％）である[2]。

　では日本はどうであろうか。2012年12月に実施された総選挙における女性当選者は、前回の54人から16人減少して38人にとどまり、比率にして7.9％であった。翌年6月には繰り上げ補充により女性議員が1名増え比率は8.1％になるが、それでもこの数値は先進諸国のなかで最低水準であるばかりか、全世界のなかでも最下位グループに位置づけられる。先の世界ランキングにおける日本の順位は190ヵ国中162位である。

　なぜ日本のランキングはかくも低いのであろうか。また、なぜラテンアメリカ、アジア、アフリカ、東欧諸国において女性議員の増加が顕著なのだろうか。答えはいたって簡単である。これらの国では、クオータを法律で定め、実施しているからである。表1が示すように、これらの地域に属する19ヵ国のうち、キューバ、セーシェルを除く17ヵ国が法律によってクオータを定めている。他方、上位30ヵ国に入っている先進国でも、11ヵ国中7ヵ国がクオータを導入しており、それらのうちスペインが法律でクオータを制定し、残り6ヵ国は政党が自発的にこの制度を導入して女性議員の増加を後押ししている。逆にクオータを用いずに上位30ヵ国にランクインしている先進国はアンドラ、フィンランド、デンマーク、ニュージーランドだけである。アメリカ合衆国や日本が後塵を拝しているのは、クオータが実施されていないことが大きく作用していることが理解できよう。

　ジェンダー・クオータは議会における女性の過少代表の改善を目的にした

表2：クオータの類型

	政党型クオータ	法律型クオータ
根拠	明文規定／非明文規定	憲法規程／選挙関連法規程
適用対象	候補者割当／党内（幹部会）割当	候補者割当／議席割当

制度で、議会選挙立候補者の一定比率を女性（または両性）に割り当てる候補者割当制と、議席の一定数を女性に割り当てる議席割当制という2通りの方法がある。議席割当制は議会における女性の最低比率をあらかじめ定めるものであるが、候補者割当制の場合は結果的にどの程度の女性議員比率を達成できるかは制度設計と選挙結果によって異なる。

　クオータはさらに、クオータの実施を全政党に義務づける法律型と、政党が独自にそれを実施する政党型とに分けることができる。法律型のなかには、憲法という最高法規によって規定する場合と一般法で定める場合とがある。法律型クオータが、違反政党への罰則などを持つ強制的な制度であるのに対し、政党型クオータは、あくまで政党の自発性によって運用され、したがってひとつの国のなかでも政党ごとに実施の有無や内容にバラつきが生じる。政党型クオータは、通常党綱領などで明文化されるが、そうした明文規程がなく、党内合意によって実施されるソフト・クオータと呼ばれるタイプもある[3]。また、政党型がもっぱら候補者割当制であるのに対し、法律型では先に述べた候補者割当制のほかに、議席割当制を定める場合がある。さらに、政党のクオータには、選挙で候補者に適用するもののほか、幹部会など党の意思決定機関の構成員の一定数を女性にする党内割当という形もある（表2参照）。

　本書はジェンダー・クオータに焦点を当てるが、クオータ自体は宗教、言語、エスニシティ、障がい者、若者など、様々な対象に対して展開しうる制度である。日本でも、事実上の「地域的クオータ」が実施されている（第2章スティール参照）。

　2013年現在、何らかのジェンダー・クオータを導入している国は100ヵ国となる[4]。法律型クオータは64ヵ国1地域で法制化され、これらのうち17ヵ国1地域が議席割当制を実施している。また政党クオータは49ヵ国で実施されている。図1で示されているように、政党による候補者クオータ

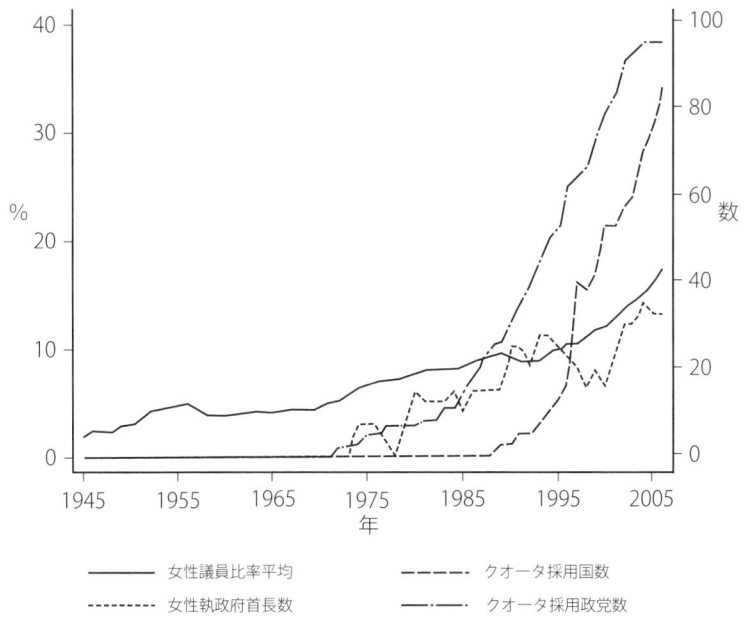

出典：Thames and Williams 2013: 2.
図1：女性の政治代表（1945-2006）

は1980年代以降着実に広がり、法律型クオータを含む採用国数は1990年代半ばから急激に上昇している。

2．クオータの必要性

　クオータは女性議員の増加を促す唯一の方法ではない。たとえば、先の列国議会同盟による世界ランキングの30ヵ国以内のうち、アンドラ（50%）、キューバ（45.2%）、セーシェル（43.8%）、フィンランド（42.5%）、デンマーク（39.1%）、ニュージーランド（32.2%）の6ヵ国では、クオータは実施されていない[5]。もっともデンマークの場合、1977年に社会大衆党が、1978年には社民党が40%のクオータを導入している。しかし、いずれも目標を達成したことから1996年に取り下げられた[6]。
　クオータ以外の女性議員数を左右する要因として注目されるのが、選挙制

第1章　なぜクオータが必要なのか　　19

度、政治文化、公的福祉サービスである[7]。議員の選出に直接関わる選挙制度の女性議員数への影響は小さくはない。一般的に小選挙区制は女性候補者に不利な制度であるといわれている。たとえば、世界各国の女性議員比率を比例代表制、小選挙区制、小選挙区比例代表混合制の3つに分けて比較した国際比較研究（2000年）では、比例代表を採用する国において女性議員比率が最も高く、小選挙区が最も低いという結果が出ている[8]。

　なぜ小選挙区制は女性候補者に不利なのだろうか。選挙制度と女性の政界進出の関係を理解するためには、そもそもの出発点において圧倒的多数の現職議員が男性であるという状況下において、政党が女性を候補者として選ぶ理由は何かという点を考える必要がある。1選挙区からたった1人しか選出されない小選挙区では、政党は当選確率のより高い候補者を優先することになる。それは知名度と実績のある現職（ほとんどの場合は男性）であることから、女性の進出は遅々として進まないのである。比例代表制の場合は選挙区の定数が多く、政党は複数の候補者を擁立する。政党はより幅広い層の有権者の支持を獲得すべく、階層、職業、性別など多様な社会集団の代表を名簿に載せる傾向にあり、結果として女性の立候補機会が増えることになるのである。また、比例代表制の下では小政党が議席を獲得しやすく、小政党のほうが女性を擁立する傾向にあることも要因として挙げられる。しかも、比例代表ではクオータの導入が容易で、事実、比例代表国のなかにはかなりの割合でクオータを実施する国が含まれている[9]。

　どのような選挙制度であれ、政党が女性候補者を積極的に擁立するという意思を持たなければ、女性議員が増えることはない。政党の意思に対して影響を与えるものとしては、女性の社会進出がある。社会全体に男女平等の価値観が浸透し、女性が公的領域で活躍することが文化として定着し、さらに公職と家族責任との両立を促すような公的福祉政策が充実していると、女性の政界進出を支えることになる。そして、政党が党内の重要な役職や意思決定部門に女性を積極的に登用し、また女性の立候補を促進するための教育・研修活動に力を入れるといった女性重視の党運営を行うことによっても、女性議員の増加を促すことができる。

　フィンランドにおける女性議員比率の高さは、これらの要件から説明できる。フィンランドは1906年、世界で最初に女性に選挙権と被選挙権を与え

た国であり、ジェンダー平等意識が社会全体に浸透している。女性の社会進出を支える福祉サービスが整備され、職場や労働組合で活躍目覚ましい女性の声を政治に反映するため、政党も女性の登用に積極的にならざるを得ない事情がある。選挙制度は比例代表制を採用し、有権者は候補者名簿のなかから特定の候補者を選ぶことができる「非拘束名簿」方式を用いている。

　フィンランドがクオータなしに女性の政治的代表性を高めることができた理由の一端は、この「非拘束名簿」にあったといわれている[10]。フィンランドの女性議員比率が増加し始めた1970年代、フィンランドの女性運動の活動家たちは、大挙して左翼政党に加入し、政党政治を通して男女平等の実現を目指した。女性の投票率は男性のそれを上回っており、女性の選択は投票結果を左右するものであった。非拘束名簿方式の下、女性有権者がこぞって女性候補者を選んだ結果、フィンランドの女性議員数は急速に増え始めた。このような状況下において、フィンランドの女性たちはクオータを必要とすることはなかったのである。

　しかしながら、フィンランドのような政治や社会の仕組みが女性の政界進出を促す国よりも、こうした要件のいくつか、あるいはほとんどを欠く国のほうがむしろ多いのが実情である。わけても、民主的な政党政治が発展途上にあり、家父長制が根強く残存し、女性に対する抑圧や差別が横行しているような場合、政治や社会の変化を待っていては、女性の政界進出には気の遠くなるような時間がかかるに違いない。民主政治が根付いているような国家であっても、選挙制度や政党システムの改革は容易ではない。クオータは、社会の因習や人々の価値観、社会構造の転換、また選挙制度や政党システムの大幅な変更を行うことなく、女性の政治的代表性を高めることができる方法なのである。しかも、それを確実かつ迅速に実行することができるのである。

3．クオータの論拠

　クオータは女性議員を増加させる即効性を持ち、とりわけ法的クオータの場合は強制力を持つことから、導入をめぐってはどの国でも賛否両論が湧き起こっている。女性議員が増えたほうがよいと考える人々の間でも、意見が

分かれることが普通である。では、クオータはどのような正当性を有するのであろうか。

なぜ女性議員を増やすべきなのか

　クオータという手段の是非を論じる際には、そもそもなぜ女性議員を増やすべきなのかという根本的な点に立ち戻って考える必要がある。現在の女性議員が少な過ぎる、逆の言い方をすると男性議員が多過ぎると考えるからこそ、女性議員を増やす手段としてクオータが登場したわけだが、そもそもなぜ片方の性が政治代表に少ないこと、あるいは多いこと、が問題なのだろうか。この根本的問いに対する答えはいくつかの立場によって異なっており、その立場によってクオータの論拠も異なっている。

　第1に、正義論・権利論からの立論がある。ここでは男女は同等であり相違がないにもかかわらず、政治家（あるいは意思決定の場）に女性が少ないのは、機会の平等が実質的に保障されていないからだと考える。つまり、意思決定の場に女性が極端に少ないことを、正義と権利の平等の観点から問題視するものである。平等派フェミニズムやリベラル・フェミニズムはここに位置づけられる。

　通常、男性と同じスタートラインに女性が立つことを求める平等派フェミニストにとって、クオータは認めがたい方法である。女性にだけ下駄をはかせるような制度は、かえって女性に劣性の烙印を押すようなものだと考えるからである。しかし、実はこの立場からもクオータを正当化することは可能である。公的に男女平等が保障されている民主主義制度の下でなぜ女性の過少代表が生じるのかといえば、通常その原因は女性の「能力」「資質」不足に求められるか、あるいは「実質的」な機会の平等が保障されていないことに求められるかの、どちらかになるであろう。前者であればクオータは是認されず、女性の社会進出を促進する制度や政治家としての能力開発・訓練の機会を与える制度を整備することになる[11]。しかし、後者であれば、実質的な機会の平等を妨げている慣習、非公式のルール、党の運営方法こそが問題なのであり、それらにジェンダーに基づく偏見が潜んでいる以上、実質的な機会の平等を保障するために、クオータという手段が必要になるのである[12]。

第2に、性差を前提とし、男女が異なるがゆえに女性議員が増える必要があるという考え方がある。代表制民主主義において政治家は「代表する」存在であることから、政治家は何を、あるいは、誰を代表しているのかということが常に問題となる。フェミニスト政治理論家のアン・フィリップスは、代表の仕方には「理念の政治」と「存在の政治」の2つの理念型があると考える[13]。理念の政治とは、政治家は特定の理念や政策志向を代表するものであり、選挙においても有権者は自分の理念に近い政党に投票するとされる。他方、存在の政治は、政治的に排除されてきた集団を代表するのはその集団に属する当事者であるべきとする。政治家がどういう理念を持ちどう行動するかではなく、どのような属性を持っているのかが重要であるという考え方である。

　「存在の政治」は正義論とは異なり、性差および当事者性を重視する。男女で異なる利益、ニーズ、ものの見方・感じ方がある以上、それを反映させるためには当事者である女性が政治に参画する必要があるという考え方をとる。この議論は、女性の「性」および「性役割」をめぐって発生する政策課題──妊娠・出産、育児・介護、性暴力など──においてとりわけ説得力を持つであろう。しかしこれら女性の性に特有の問題領域以外でも男女に一定の見解の相違が見出せるのであれば、女性議員が増えることにより多くの領域で政策が変わることが予想される[14]。

　「理念の政治」であれば、女性政策に理解のある男性議員がいれば十分ということになり、女性議員が増える必要性をそこから導くことができない。たとえば、国会議員が全員男性であったらどうであろうか。男性議員はすべての国民の代表として女性のことも当然配慮するであろうが、女性たちにとっては直感的に自分たちの声は届きにくいと感じられるものではないだろうか。実際、女性議員がまったくいない地方議会はつい最近まで日本において存在していた。男性のみ、あるいは女性のみ、の議会がおかしなものとして感じられるのであれば、我々は政治家の性別に何らかの意味を見出しているということになる。このことはつまり、「存在の政治」を認めるということになる。

　ただし、ここで問題になるのは、すべての女性が同じ利益、ニーズ、ものの見方を持っているわけではないことである。男性と女性を比べ平均値では

差があったとしても、女性の間における相違もまた大きいものがある。女性の間における階級、人種、エスニシティ、宗教などの相違をどう考えるか、また女性たちが何かを共有するとして、それは利益なのか、ニーズなのか、感じ方なのかは、大論争となっている。ここではそれをすべて紹介することはできないが、クオータを正当化する議論のなかでは、多様な女性がいる以上、女性の多様性を政治に反映させるために女性議員が一定数以上いないといけない、というものがある。30％のクオータでは女性の多様性の確保には不十分であり、50％の男女同数を正当化する際に、女性の多様性議論がより強調される傾向にある。

　第3に、女性の政治的代表性が民主主義のあり方を変えるがゆえに、女性議員が増えることが必要であるという議論がある。これは女性の利益につながる政策が増えることを期待するものではなく、意思決定過程の民主的正統性を高めることに関心を寄せるものである。つまり、多様なアイデンティティを持つ人々が政治過程に参加することこそが民主主義であるという考え方である。とりわけ公的な領域から締め出されてきた女性たちは少数派の人権に敏感であることから、女性の政治代表は単に両性の政治的平等に貢献するだけではなく、多様な人々の間の政治的平等につながるという見方である。

　女性議員の増加によって政治代表されやすくなるアイデンティティとは、ジェンダー、セクシュアリティ、家族構成／形態、年齢／ライフサイクルなどの「身体的経験」に関わることである[15]。国家予算の大半を社会保障が占める現代において、こうした身体的アイデンティティが政治の場に十分代表されないことに由来する政策の歪みは容易に理解されよう。

　また、政治的意思決定の場に女性が増えることで、そうした女性たちが次世代へのロール・モデルとなることも期待できる。女性が意思決定の場に少ない理由として女性自身の自尊感情が低いことがしばしば指摘される。ジェンダー化された社会化のために女の子のほうが男の子よりも自信を持つことができないという研究報告が多くあり、この障壁を取り除くためにも女性のロール・モデルが必要であるという議論である。

　以上のように、同じようにクオータに賛成するにしても、その理由は様々であることがわかる。どの考え方がどの社会ではより優勢かという大まかな

傾向はあるものの、実際にクオータが導入される過程では、異なる理由からクオータを支持する人々が結束することが普通である。

クオータ批判への反論

　クオータを正当化するいくつかの議論を紹介してきたが、日本社会ではクオータへの支持はなかなか広がらないのが実情である。よく聞く反論として「議員に女性も男性もない、議員としてよりふさわしい人が議員になるのが望ましい。そして、国会議員になった人物は性別にかかわりなく、国民全体の代表として女性の利益のためにも働くべきだ」というのがある。この考え方のどこに問題があるのか考えてみたい。

　まず、前半の「よりふさわしい人が議員になるのが望ましい」という部分をみてみよう。議員に「よりふさわしい」とは、何を指しているのであろうか。政治は男性の仕事、女性には向かないという隠喩が含まれているのだろうか。そのような固定的観念にとらわれている人はさすがに少ないと思われるが、実際のところ政治家はほとんど男性であるために、政治は男性の仕事と無意識のうちに思い込んでしまう人もいるかもしれない。もしそうだとするならば、数の劣勢こそが「女性は政治に向かない」という「神話」を生み出していることになる。先の正義論の立場に立てば、男女の政治家としての能力や資質に差はなく、法的には男女平等であっても、法を実現する社会構造、価値観、文化などが障壁として立ちはだかることが問題視される。クオータは、この法的平等の背後にある不平等な現実を変える手段なのである。そして、経験豊かな女性議員が増えれば、政治への向き不向きが性別による特性ではなく、個人のそれだということがはっきりするだろう。

　なかには、政治家に男女の相違はなく、女性にも政治に向く人はいると考えるものの、社会進出の遅れた女性には担い手が少ないと考える人もいるだろう。担い手が少ない現状を改善しないままクオータを導入すると、政治家として必ずしも素質や経験に恵まれていない人までが政治家となってしまうのではないかと危惧する声もある。このような懸念に対しては、そもそも現職の議員がすべて政治家として「ふさわしい」のかを問うことが必要になってくる。政治家は多様な国民を「代表する」ことが仕事である以上、社会経験の豊かさや異なる身体的経験は大きな資源である。社会における様々な階

層やアイデンティティを代表するというその職業の特性を考えると、政治家になるためのキャリアとして官僚や弁護士、議員秘書、あるいはタレント業が結果的に多い現状そのものを問題視する必要がある。

さらにいえば、はたして政治は男性にふさわしい職業なのだろうか。むしろ女性こそがふさわしいという見方が可能である。性差に関する実証研究では、男性と女性の政治家では政治やリーダーシップのスタイルが異なることがしばしば観察されている[16]。女性政治家のほうが協調的であり、より包括的に意見を汲み取り合意形成を図ることに関心を抱く傾向にあるのに対して、男性政治家のほうが闘争的・敵対的であり、より支配的傾向にあるというのである。権力闘争に勝つことが政治というのであれば男性性のほうが適しているかもしれないが、逆に熟議を通じて合意形成を図るのが政治の意味であれば、女性性のほうがふさわしいことになるのである。

このように政治家の性別をジェンダー視点から問うことは、単に女性の権利拡張の観点から必要なのではなく、私たちの社会における政治のあり方そのものを見直すことにつながる。ジェンダーに着目していくと、男女という性別だけではなく、性的志向に関しても配慮が必要であり、セクシュアル・マイノリティの政治的代表を確保することは、民主主義を深化させていくためにも重要な点であることが理解されるだろう。

では後半の「（男性議員でも）国民の代表として女性の利益のためにも働くべきだ」という点はどうだろうか。これは、政治学における代議制民主主義の基本的な考え方のひとつである。しかし、この考え方は現代において支持されるのであろうか。この国民の代表という考え方が登場したのは、18世紀のイギリスである。当時、参政権を持っていたのは中産階級以上の白人男性だけであり、無産階級や非白人系の男性、そしてすべての女性に参政権はなかった。18世紀のイギリス議会は、ブルジョワ男性のいわばクラブのようなもので、このクラブのメンバーは考え方から生活様式、趣味や嗜好まで共通性が高く、そのなかから議員に選ばれた人が、同じクラブの有権者の意見を代表できるのは当たり前だったのである。しかし、労働者階級から、女性へと参政権が拡大して、政治の参加者が多様化し、さらに現代のように多種多様な利益やアイデンティティが錯綜する政治社会を、18世紀の単一的な利益やアイデンティティでまとまるそれと同じ物差しで測ることはできな

い。21世紀は社会の多様性を反映した代表概念を発展させる必要があるのである。

　先ほど紹介した「存在の政治」では、「利益」というものが必ずしも自明ではない点にも配慮する。そもそも何が自分にとっての最善の利益なのかをあらかじめ明確に把握すること自体が困難である。通常は議論や対話を通じて様々な代替案を検討し、ほかにも考慮すべきことに目配りした上で、ようやく自分にとっての最善の利益が理解されるものであろう。実際の政策決定でもこうした過程を経る以上、その場に当事者である女性がいるのかいないのかでは、表出されたり実現されたりする利益には大きな違いが出てくる。したがって、男性議員が女性の利益やものの見方を細部にわたって十分に反映できるかというと、それはやはり不可能なのである。議員の所属する政党の政策志向だけではなく、個々の議員の属性も代表性を考える上では重要なのである。

4．クオータ導入の契機

　では、クオータはどのような経緯を経て世界的に導入されるに至ったのだろうか。導入の背景や経緯は、それぞれの国によって異なってはいるが、大まかに、主に政党型クオータが展開する西ヨーロッパと法律型クオータが広く浸透する非西洋諸国（アジア、アフリカ、ラテンアメリカ）とに分けることができる。

政党型クオータの展開
　クオータが初めて登場したのは、1975年であった。ノルウェーの左派社会党と自由党が立候補者の40％を女性にするという候補者クオータを導入したのが嚆矢である。この画期的な女性登用策は、数年後にはノルウェーから近隣諸国、そして西ヨーロッパ全域の政党に模倣された。1980年代から1990年代半ばまでに、西ヨーロッパ11ヵ国21政党がクオータを取り入れている[17]。
　北欧で生まれ、西ヨーロッパのなかで醸成された政党型クオータは、西ヨーロッパの政治文化と一体となった制度ということができる。ノルウェー

の政党は、なぜ候補者のなかに女性枠を設定する新政策を打ち出したのか。そして、西ヨーロッパの政党が矢継ぎ早にこの女性の積極的登用策を取り入れていったのは、いかなる事情によるのであろう。まず何よりも、女性議員の増加を求める女性運動の突き上げがあった[18]。

　北欧のなかでも、ノルウェーおよびスウェーデンの女性運動は、女性の労働市場参加が高まり始めた1960年代前後から、左派政党に接近し、政党内部から政治的権利を拡張することに力を注いだ[19]。女性団体の高い組織力に支えられた女性活動家たちは、政党に歓迎され、政界に進出した。その結果、これらの国の女性議員比率は、1980年代半ばには30％を占めるようになった。ある程度の数を占めるようになった女性議員たちは、党運営にも影響力を行使するようになり、女性議員をさらに増やすよう党幹部に要求した。一方、党外の女性たちは、組織的な運動によって、女性議員たちの要求を支持した[20]。

　女性議員を増やせという女性運動の要求は、女性票の獲得を目指す政党の方針と合致していた。政党型クオータを持つ西ヨーロッパの多くの国に共通する傾向のひとつが、クオータの導入がまず歴史の浅い新興政党から始まっている点である。新参の政党が、伝統的な左派政党やブルジョワ政党といった既存政党の一角に食い込むには、これらの政党の固定的な支持者ではない層に働きかけなければならない。伝統的な階級構造に必ずしも組み込まれていない女性は、格好の標的だったのである。1980年代から90年代に、西ヨーロッパ各国で緑の党（環境政党）の結成が相次いだが、そのほとんどがクオータを導入した[21]。緑の党が母体とする環境保護運動は、旧来の運動組織にみられる階層的な組織運営を拒絶し、より開かれた平等主義を志向した。また、フェミニズムとも連携した。これらの点が、クオータ導入の誘因になったのである。

　現職の男性候補者と競合することになるクオータの導入は、党組織の構造や運営が官僚化した政党よりも、柔軟な運営ができ権益構造がまだ作られていない新興政党のほうが容易である。しかしながら、クオータの導入によって新興政党が成功を収めると、既存政党も後に続いた。なかでも、緑の党や左派新党に支持層を脅かされた既存の左派政党の行動は素早かった。たとえば、旧西ドイツの社民党（SPD）は、緑の党が1987年に50％のクオータ

を実施して女性票の獲得に成功すると、早くも翌年には配分率こそ25％であったが、クオータの導入に踏み切った。党が候補者の選出に強制的に介入することになるクオータは、自由な競争を尊重する保守あるいはブルジョワ政党よりも、トップダウンな統制が可能な伝統的左派政党に受け入れられやすいと指摘されている[22]。ところが、ライバルの左派政党の動きに、中道・右派政党も同調せざるを得ず、クオータは政党のイデオロギーを超えて広まった。

　さらに、イギリス、フランスを除く西ヨーロッパ諸国の選挙制度が、比例代表を基礎に構成されていることも、クオータの浸透を促した[23]。既述のように、比例代表には女性を候補者として受容する素地があった上、制度自体がクオータを適用しやすい構造を備えている。西ヨーロッパで採用されている比例代表制は、有権者は政党に投票し、政党はその得票率に応じて、あらかじめ有権者に提示していた候補者名簿のなかから当選者を確定することが多い（候補者への投票も可能な場合もある）。この政党の候補者名簿登載者の40％、あるいは50％を女性に割り当てるというやり方は、技術的にも簡単であるばかりか、小選挙区で起こり得るような、候補者の選出をめぐって特定の候補者同士が軋轢を起こす事態を回避しやすい。

　小選挙区制の下でクオータを導入したイギリス労働党は、女性のみの公認候補者名簿を作成し、議員が引退する選挙区および勝算のある選挙区それぞれの半数の候補者を、この女性名簿から選出するという方法を採用した。そこには、女性が当選の見込みのない選挙区ばかりに回されるのを避ける一方で、現職議員の利益との調整を図るという配慮がみられる[24]。小選挙区制の下でクオータを採用するのは、比例代表ほど容易ではないのである。しかし、イギリス労働党のように、工夫次第でできないわけではない。

法律型クオータの展開

　西ヨーロッパにおいて、2000年時点で法律型クオータを取り入れていたのは、ベルギー、フランスの2ヵ国にすぎず、法律型クオータは西ヨーロッパ以外で主に発展してきた制度ということができる[25]。西ヨーロッパの政党のクオータの配分率が40％から50％であるのに対し、法律型クオータの配分率は20％から30％に設定されることが多い[26]。もっとも、ベルギー

とフランスは、50％の近似値を設定している[27]。ここでは、ラテンアメリカ、アフリカ、アジアの法律型クオータに注目し、それがどのような背景から登場したのかをみていくことにしたい。

　法律型クオータ導入の嚆矢は、1991年にクオータ法の制定によって、立候補者に30％の女性枠を規定したアルゼンチンである。クオータ制度の議論は、1980年代、軍事政権から民主政権への移行のなかで登場した。1983年に初めて公正な総選挙が実施され、1989年には民主化後初めて文民間の政権移譲が行われた。この政治体制の民主化過程において、優先課題のひとつとされたのが、女性の政治代表の向上であった。「二級市民」とされてきた女性の政治的地位を引き上げることで、民主化の進展を可視的に示すことができるからである。西ヨーロッパの経験からクオータの有効性を学んだアルゼンチンの各政党の女性党員たちはその導入を所属政党に訴え、それを組織的な女性運動が支持した[28]。クオータ法は、民主的政治体制の確立という国家プロジェクトと女性の要求との幸福な結婚によって生み出されたのである。アルゼンチンの新制度は、数年を経て近隣諸国に伝播した。ラテンアメリカの9ヵ国のクオータ法制定は1996年と97年の2年間に集中している[29]。

　ラテンアメリカで起こった「クオータ熱」[30]は、2000年代に入るとアジア、アフリカ、東欧などにも飛び火した。この時期にクオータ法を制定した国家のなかには、たとえばボスニア・ヘルツェゴヴィナ（2001年に33％のクオータ法を制定）、マケドニア（2002年、30％）、セルビア・モンテネグロ（2002年、30％）、ルワンダ（2002年、30％）、アフガニスタン（2004年、25％）、そしてイラク（2005年、25％）など、内戦や戦争で疲弊し、国家秩序の回復に苦闘する国々が含まれている。これらの国では、新しい憲法を制定し、民主的な政治制度を構築する国家建設の一環として、クオータ制が検討され、その法制化はこれらの国の復興を支援した国連や欧州連合（EU）など国際機関の支持や支援によって実現した。しかしながら、改革はただ上から降りてきたわけではなかった。現地の女性運動の強い要求が、国際的な復興支援機関を動かし、その改革を支えた。たとえばボスニア・ヘルツェゴヴィナでは、欧州連合によって組織された上級代表事務所がクオータを提案し、それを現地の女性組織が強く支持することによって実現をみたとい

う[31]。男性優位の政府を動かすには、国際機関と女性運動の双方向から圧力をかけ、挟み撃ちにするのが有効なのである[32]。

女性運動と国際社会からの圧力は、ポスト紛争国家以外でもクオータ法の制定を導く要件である。たとえば、アフリカ諸国の間にクオータが浸透したのは、何よりも女性運動の成果である。アフリカの女性たちは自らの政治代表の向上を求めて大衆運動を組織し、クオータ制の採用を政府や政党に迫り、その成功に至るまでの過程を女性運動が主導した[33]。伝統的に女性運動が活発なパキスタン、バングラデシュ、インド[34]など南アジアでも同様の傾向がみられる。

クオータを要求する女性運動がその主張の根拠としたのが、女性の政治的地位の向上を要請する国連の決議や勧告であった。国連は1975年を国連婦人（女性）年と定め、メキシコシティにて初の世界女性会議を開催した。1979年には女性差別撤廃条約が国連にて採択され1981年に発効したが、同条約の第4条に暫定的特別措置に関する規定が置かれた。すなわち、男女の事実上の平等を促進することを目的とする暫定的な特別措置は、当条約に定義される差別には当たらないことが明記されたのである。クオータもこの暫定的特別措置に当たる。その後、世界女性会議は1980年にコペンハーゲン、1985年にナイロビ、そして1995年の北京にて開かれたが、そこでの重要議題のひとつは女性の政治代表の向上であった。ナイロビ将来戦略勧告では1995年までに意思決定の場における女性比率を30％にするという目標が掲げられ、1990年の国連経済社会理事会でも同様の内容の決議が採択された。各国における目標の進捗状況は、国連女性の地位委員会によって逐次監視され、この目標がどの程度達成されているかが公表される[35]。女性運動は、女性の政治的代表性の向上は世界の潮流だという国際的な合意を楯に、自国の政府に圧力をかけたのである。政府にとっても、女性の政治的地位を向上するための国を挙げての取り組みは、自国が民主的政治体制の構築に努力していることを国際社会に顕示する格好の材料である。女性の政治的権利の強化は、民主化のシンボルとなった[36]。

さらに、西ヨーロッパやラテンアメリカの事例でもみたように、同様の制度が近隣国へ伝播する連鎖反応もクオータが広がっていく上で見逃すことのできない要因である。隣接する諸国が、競争心から似通った政策を採用する

第1章　なぜクオータが必要なのか

ことは、ラテンアメリカの例からも窺い知ることができる。また、隣国の先進事例を草の根の女性たちが学び、自国にそれを取り入れようと行動を開始することもある[37]。実際、2000年代後半になると、法律型クオータはヨーロッパでも広がり、スロベニア（2006年）、ポルトガル（2006年）、スペイン（2007年）、ポーランド（2011年）、ギリシャ（2012年）、アイルランド（2012年）で採用されている。

5．クオータの効果

　クオータの実施は、いかなる成果を生み出すのだろうか。クオータの成果をめぐる議論は、記述的評価と実質的評価という2つの側面から検討しなければならない。記述的評価は、どの程度女性議員が増加したのか、女性議員の数あるいは比率の変化を問うものである。他方、実質的評価は、女性議員の増加によって政治過程や政策決定にいかなる変化が起き、女性や社会全体にどのようなメリットをもたらしたのか、クオータによって増加した女性議員の政治活動に注目するものである。記述的評価は視覚的に、しかも数値として客観的に検討できる。他方、実質的評価は、測定可能な指標を設定する等の工夫が必要になる。

　記述的評価には、クオータの制度設計が影響する。とくに法律型クオータでは、配分率の設定の仕方、違反した場合の罰則規定の有無など、法の規定内容が効果を左右する。たとえば、配分率が5％や10％と低かったり、割当の指示が○○％「以下」あるいは「以内」といったように頭打ちになっていたりすると、増加の伸びを抑制し、逆効果にさえなりかねない。また、罰則規定が設置されているだけではなく、抜け道が作られないよう設計されていなければならない。2000年に制定されたフランスのクオータ、いわゆるパリテ法は、2002年に行われた施行後初の国政選挙で、女性議員の比率をわずか1.5ポイント引き上げたにすぎなかった。というのも、女性候補者が勝ち目のない選挙区に回されたことに加え、主要政党が女性候補を立てることよりも政党助成金の減額を選んだためであった（第4章石田）[38]。同様に、韓国のクオータ制では、小選挙区比例代表並立制のうち小選挙区部分への30％クオータは補助金インセンティブを設けてはいるものの遵守されず、

実効性は上がっていない(第6章中)。

　女性議員の増加によって女性政策やジェンダー政策が拡充するならば、クオータはより多くの女性たちの支持を獲得するであろう。しかしながら、女性議員による女性のための貢献を証明することは容易ではない。実は、女性議員が増加したあと、女性政策やジェンダー平等政策の新たな導入や大幅な改善が必ずしも進むとは限らない。これは、女性議員が増えたとはいっても、議会では依然少数派にすぎず、政策変化に影響力を行使するまでには至っていない、あるいは男性主導の党運営、議会運営のなかで女性の政策課題は取り上げられにくいなどの問題があるためである。また、政策変化には社会・経済環境も含め、実に多様な要因が関係しており、女性に資するような新しい政策の登場に女性議員がどの程度貢献したのか、測定が難しいという問題もある。

　女性議員は一般的には女性関連政策の実現のために男性議員よりも積極的に取り組むことが指摘されているが、女性議員の数が増えると女性関連政策がより立法されやすくなるかというとそうでもなく、両者の間の因果関係は複雑である。第1に、女性議員の増加に対して男性議員が反応し、男性議員も女性関連政策に関心を持つようになること、第2に、女性議員が増えたことでかえって女性議員が連帯しにくくなること、第3に、女性議員が女性政策だけに関心を持っているように思われることを避けるために、女性関連政策に取り組まなくなること、第4に男性議員の反発を招くこと、第5にアンチ・フェミニズムの女性議員が増えることが指摘されている。第1のダイナミズムは女性関連政策の進展にはプラスに作用するが、第2から第5のダイナミズムはマイナスに作用する。これらはいくつかが、あるいはすべてが、同時に起きることから、総合的には女性議員が増えたからといって、女性関連政策がより推進されるようになるとは限らないのである[39]。

　女性議員が微増しただけでは影響力を確保できないということから、ある程度の人数がなくては影響力を確保することは難しいという見方もある。これは「クリティカル・マス」(決定的女性議員比率)理論と呼ばれており、その比率はおおむね30％とされている[40]。では女性議員の数がクリティカル・マスを下回る場合、女性関連政策がまったく推進されないかというと、それは事実と異なる。女性議員が少なくても、女性関連政策に強い関心を抱く数

人がいれば、政策は動くことが確認されている。これは「クリティカル・アクター」(決定的アクター)説と呼ばれるが、国内女性運動と連携し、国際社会からの追い風を利用することにより、数が少ないという障壁を乗り越え政策を実現するような女性政治家もいるのである[41]。

　女性議員が増えたことによる成果として、政策だけではなく、女性全体への波及効果にも着目する必要がある。インドの地方選挙の事例は、クオータが女性の社会的・経済的エンパワーメントに貢献することを実証している[42]。インドの地方議会では、その議席の33%を女性に配分する議席クオータが定められている。農村地帯の女性の多くは、読み書きもできず、家庭では夫や年長者に虐げられ、政治とは無縁であるが、法の規定ゆえに彼女たちは半ば強制的に議会に動員される。しかし、議員になった村の女性たちは、文字を覚え、政治活動を通して自尊心を取り戻し、5年間の任期を全うするときには、夫や年長者に向かって自己主張ができる自立した女性に成長するという。議員活動は村の女性たちにエンパワーメントの機会を提供し、こうした彼女たちの政治参加は、クオータなしに実現されることはない。インドの事例は、クオータが女性を政治的かつ社会的に成長させ、それがひいては政治社会の民主化に貢献することを含意している。

おわりに

　本章ではクオータの意義および導入の経緯、制度設計、そしてその効果について概略を述べてきた。制度設計によって実効性には差があるものの、クオータは女性議員比率の上昇をもたらす突破口であることは間違いない。世界的にクオータ導入が相次いでいるのも、クオータの導入によってしか政治における男女の議席数の不均衡を解決できる見込みがないからである。

　女性議員の増加は、徐々にではあるが議会運営や政党のあり方を変え、やがて政策決定にも反映されていく。その効果は、経済活動や社会生活にも波及する。政治を起点に社会にジェンダー平等を染み込ませることも期待できる。また、女性が十分に代表されてこなかったことを身をもって経験している女性議員は、女性以外の多様なマイノリティの存在に敏感であろうから、多様なアイデンティティの政治代表にも道を開くものでもある。したがっ

て、クオータをすでに導入した国の経験を共有し、そこから学ぶとともに、日本ではなぜクオータが導入されなかったのか、翻って、導入する余地はどの程度あるのかについて検討する必要があるであろう。先行事例が豊富にある以上、日本がクオータを設計する際には、他国の例から教訓を活かし、よりよい制度を構想し得る立場に立っているともいえるのである。

【注記】
（1）Norris 2004: 180.
（2）列国議会同盟（Inter-Parliament Union, IPU, http://www.ipu.org/wmn-e/classif.htm）参照。列国議会同盟は、世界各国の議会によって構成される国際的な非政府組織で、1889年に世界の平和と協力および議会制民主主義の確立を目的に設立された。列国議会同盟のランキングは同一順位に複数国が並ぶ場合も次点の国の順位をその分下げずに算出している。本章ではこれを調整し、同一順位に複数国が並んだ場合には次点の国の順位をその分下げて算出している。たとえば日本は列国議会同盟のランキングでは122位であるが、調整を行うと162位になる。列国議会同盟は毎月ランキングを公表するので、順位は常に変動する。
（3）Sainsbury 2004.
（4）Quota Project: Global Database of Quotas for Women（http://www.quotaproject.org/）参照。このデータには台湾が含まれていないが、台湾を論じる本書は台湾を1地域として付加した。
（5）Quota Project: Global Database of Quotas for Women（http://www.quotaproject.org/）参照。
（6）Dahlerup and Freidenvall 2005: 36.
（7）Eto 2010: 178.
（8）Norris 2004: 187-191.
（9）この調査が実施された2000年の時点で、法的クオータを持つのはアルゼンチン1ヵ国で、それ以外は政党型クオータであった。また、この調査には、2000年に並立制のうち比例部分に法的クオータを導入した韓国の事例は反映されていない。
（10）Kittilson 2005: 640-641. 日本の参議院比例区も非拘束名簿を用いている。
（11）能力主義と積極的差別是正策の緊張関係に関しては様々な議論があるが、ここで問題になるのは、政治家としての「能力」とは何かということである。多様な人々の声を「代表する」のが政治家である以上、政治家の場合は能力主義に抵触せずクオータを正当化することが可能である。

(12) 共和主義におけるクオータ正当化理論もここに位置づけられる。また共和主義の場合は「機会の平等」を重視するが、個人主義に立脚するリベラリズムとも、集団(階級) を基礎とする社民主義とも異なり、個人のアイデンティティを超越した一般意思によって政治社会をまとめようとする。したがって、クオータは女性を「グループ化」するものであるから反対する、という立場をとることになる。詳しくは第4章 (石田) 参照。
(13) Phillips 1995.
(14) 政治家の政策選好における性差 (ジェンダー・ギャップ) に関しては終章 (三浦) を参照のこと。
(15) 性差を含む「身体性存在」(Corporeality、身体的経験によって形成されるアイデンティティ) が政治的に代表されることの意義については第2章 (スティール) を参照のこと。
(16) Kathlene 1989, 1994.
(17) Caul 2001: 1218-1221.
(18) クオータ導入における女性運動の重要性については、第3章 (衛藤)、第4章 (石田)、第6章 (申) を参照のこと。
(19) Phillips 1991: 85; Christensen 1999.
(20) Dahlerup 1988.
(21) Quota Project: Global Database of Quotas for Women (http://www.quotaproject.org/) 参照。
(22) Caul 2001: 1220-1222.
(23) ドイツは小選挙区比例代表併用制を採用している。併用制については表1を参照のこと。
(24) Norris 2004: 202. 労働党の女性のみの公認候補者名簿の詳細については補論 (木村) を参照のこと。
(25) イタリアでは、1993年にクオータ法が制定されたが、この規定は憲法違反だとされて1995年に廃止された。もっとも、欧州議会の選挙に関しては、2004年よりクオータを法的に実施している (Policy Department C 2011)。
(26) Dahlerup and Freidenval 2005: 33-34.
(27) ベルギーは、全候補者のうち一方の性が他方の性を上回ってはならないと、またフランスでは候補者の性別の差が2%を超えてはならないと規定されている (Quota Project: Global Database of Quotas for Women, http://www.quotaproject.org/uid/search.cfm)。
(28) Gray 2003: 57-60.
(29) この9ヵ国とは、ボリビア、ブラジル、コスタリカ、ドミニカ共和国、エクアド

ル、パナマ、パラグアイ、ペルー、ベネズエラである。また、メキシコも 1996 年にクオータの実施を勧告する暫定条項を設け、2002 年にクオータを法制化した。なお、ベネズエラのクオータは 2000 年に違憲判決が下され停止された（第 5 章菊池参照）。

(30) Dahlerup and Freidenval 2005: 32.
(31) Dahlerup and Freidenval 2005: 35.
(32) 規範先進国が国際規範を形成し、国際規範が今度は規範後進国の規範を引き上げるという「ブーメラン現象」は人権政策の分野ではしばしば観察されている (Keck and Shikkink 1998)。
(33) Tripp 2004: 72.
(34) インドでは地方議会においてのみクオータ（33％）が法制化され、国政レベルでは導入されていない。
(35) 武田 2010.
(36) 第 5 章（菊池）が指摘するように、アルゼンチンでは 1994 年の新憲法制定時に女性差別撤廃条約などの国際条約が国内法に対して優越することが確認された。そのような規定が置かれると、国際的圧力の影響力が高まる。他方、終章（三浦）は日本においては国際人権条約がそれほどの有効性を日本国内で持ち得ていない点を指摘する。
(37) Krook 2006: 114.
(38) Kittilson 2005: 639-640.
(39) Childs and Krook 2009.
(40) Studlar and McAllister 2002. 30％はあくまで目安の数値であり、25％という主張もある（第 7 章福田参照）。クリティカル・マスの意味については第 3 章（衛藤）注 19 を参照のこと。
(41) Childs and Krook 2009.
(42) Nanivadekar 2006.

【引用文献】

衛藤幹子（2007）「女性の過少代表とクオータ制度――特定集団の政治的優先枠に関する考察」『法学志林（法政大学法学部紀要）』第 104 巻第 4 号，1-46 頁．
武田美智子（2010）「議会は女性に開かれているか」『レファレンス』2010 年 11 月号，157-176 頁．

Carroll, Susan J. 2001. "Representing Women: Women State Legislators as Agents of Policy-related Change." In *The Impact of Women in Public Office*, edited by

Susan J. Carroll, 3-21. Bloomington: Indiana University Press.

Caul, Miki. 2001. "Political Parties and the Adoption of Candidate Gender Quotas: A Cross-National Analysis." *Journal of Politics* 63(4): 1214-1229.

Childs, Sarah. 2001. "In Their Own Words: New Labour Women and the Substantive Representation of Women." *British Journal of Politics and International Relations* 3(2): 173-190.

Childs, Sarah, and Mona Lena Krook. 2009. "Analyzing Women's Substantive Representation: From Critical Mass to Critical Actors." *Government and Opposition* 44(2): 125-145.

Christensen, Ann-Dorte. 1999. "Women in the Political Parties." In *Equal Democracies: Gender and Politics in the Nordic Countries*, edited by Christina Bergqvist et al. 65-87. Oslo: Scandinavian University Press.

Dahlerup, Drude. 1988. "From a Small to a large Minority: Women in Scandinavian Politics." *Scandinavian Political Studies* 1(4): 275-298.

Dahlerup, Drude, and Lentia Freidenvall. 2005. "Quotas as a 'Fast Track' to Equal Representation for Women." *International Feminist Journal of Politics* 7(1): 26-48.

Eto, Mikiko. 2010. "Women and Representation in Japan: The Causes of Political Inequality." *International Feminist Journal of Politics* 12(2): 177-201.

Gray, Tricia. 2003. "Electoral Gender Quotas: Lessons from Argentina and Chile." *Bulletin of Latin American Research* 22(1): 52-78.

Kathlene, Lyn. 1994. "Power and Influence in State Legislative Policymaking: The Interaction of Gender and Position in Committee Hearing Debates." *American Political Science Review* 88: 560-575.

———. 1989. "Uncovering the Political Impacts of Gender: An Exploratory Study." *Western Political Quarterly* 42: 397-421.

Keck, Margaret E., and Kathryn Shikkink. 1998. *Activists Beyond Borders: Advocacy Networks in International Politics*. Ithaca: Cornell University Press.

Kittilson, Miki Caul. 2005. "In Support of Gender Quotas: Setting New Standards, Bringing Visible Gains." *Politics & Gender* 1(4): 638-645.

Krook, Mona Lena. 2006. "Reforming Representation: The Diffusion of Candidate Gender Quotas Worldwide." *Politics & Gender* 2(3): 303-327.

Lovenduski, Joni, and Pippa Norris. 2003. "Westminster Women: the Politics of Presence." *Political Studies* 51: 84-102.

Nanivadekar, Medha. 2006. "Are Quotas a Good Idea? The Indian Experience with Reserved Seats for Women." *Politics & Gender* 2(1): 119-128.

Norris, Pippa. 2004. *Electoral Engineering: Voting Rules and Political Behavior*. Cambridge: Cambridge University Press.

Phillips, Anne. 1995. *The Politics of Presence: The Political Representation of Gender, Ethnicity, and Race*. Oxford: Clarendon Press.

―――. 1991. *Engendering Democracy*. Cambridge: Polity Press.

Policy Department C: Citizen's Rights and Constitutional Affairs. 2011. *Electoral Gender Quota Systems and Their Implementation in Europe*. Brussels: European Parliament.

Sainsbury, Diane. 2004. "Women's Political Representation in Sweden: Discursive Politics and Institutional Presence." *Scandinavian Political Studies* 27(1): 65-87.

Squires, Judith. 2007. *The New Politics of Gender Equality*. Basingstoke: Palgrave Macmillan.

Studlar, Donley T., and Ian McAllister. 2002. "Does a Critical Mass Exist?" *European Journal of Political Research* 41(2): 233-253.

Thames, Frank C., and Margaret S. Williams. 2013. *Contagious Representation: Women's Political Representation in Democracies around the World*. New York: New York University Press.

Trip, Aili Mari. 2004. "The Changing Face of Africa's Legislature: Women and Quotas." In *The Implementation of Quotas: African Experiences: Quota Report Series*, edited by Julie Ballington, 72-77. Stockholm: IDEA International.

第2章

多様な政治的アイデンティティとクオータ制の広がり
――日本の事例から

スティール若希
早川美也子訳

はじめに

　あらゆる民主主義国家、とくにいわゆる「すでに確立された民主国家」のすべての政策決定者は、以下の事実を看過すれば怠慢のそしりを免れないであろう。すなわち、民主主義の理想や民主主義を発展させていく歩みは、完全に実現されることは決してないという点である。「理念」としての「民主主義」、そしてとくに「実践」としての「民主主義」は、その性質からして、そもそも歴史的な「終わり」のない現在進行形のものである。現代において、我々が世界中の民主国家を指して「民主主義」と呼ぶ際には、現代の「民主主義実験群」のように、複数形で語るのがより正確だといえるだろう。民主主義のもともとの理念と実践には非常に特殊な歴史的起源があり、19世紀中盤以降に代表制民主主義の形式で普及した民主制が、民主的自治のモデルとして、また集団で共に生きるための理想的手段として、象徴的な位置を占めている。だが実際には、それぞれの社会が不完全ながらも民主制の目標を設定し発展させてきた。それは政治共同体において政治力を行使しよう

　＊本章は日本の選挙制度の「地域的クオータ」を考察する最初の試みである。これはカナダにおける代表制民主主義と連邦主義についての批判的考察に基づいている。なぜならば、地域的あるいは地域に基づかない少数派の声をいかに代表させるかに対して、これらのカナダの制度は影響を及ぼしたからである。オルターナティブな理論と代表制の実践に関しては、博士論文で展開している（Steele 2009）。

とする多様な文化的・政治的アイデンティティが競い合っているという現実を踏まえてのことである。アイデンティティを共有する社会集団のうち政治力のあるものは、政治力の乏しいものと比較すると、よりよい条件で政治的意思決定機関に代表を送り出し政治に参加することができる。また、平等に市民権を行使することに関しても、より実質的に経験を積んできている。現代の代表制民主主義は矛盾に満ちており、とくに社会から疎外された集団にとって「法的に認められた」平等と「民主的」平等との間、あるいは制度的平等と議会内や公共政策への影響力との間には根強い乖離が残っている。このことに関しては、他で理論的な分析がなされているので本章では扱わない[1]。本章の課題は、ジェンダー・クオータに対するいわれのない「神話」に実証的に対決し、完全なシティズンシップの獲得を求める多様なアイデンティティのなかでもジェンダーは最も重要なアイデンティティだと示すことにある。

　以下ではまず、上にみたような代表制民主主義の齟齬、すなわち多くの先進民主国において、男女の間で民主的な「権力分有（power-sharing）」（男女の議席数の均衡）がなされていない点、民主的制度を男性が支配し続けている問題を指摘する。代表制民主主義の起源を追いながら、憲法で保障された、あるいは規範的原理としての、形式的な平等からより踏み込んで、民主的平等とは、政党内部および外部において、より実質的に平等な公共文化を醸成し維持することを可能にするような権力分有の実践を制度化するものであることを論じる。ジェンダー・クオータには誹謗中傷が向けられることも多い。しかし、そうした非難は根拠が薄く、実際にはほとんどの国において、クオータの一種と解釈できる「地域的な（territorial）クオータ」が選挙戦や政党の候補者擁立を左右していることを示す。

　第2に、日本における現在の選挙制度と法的に実施されている「地域的クオータ」を分析することで、クオータ制を用いることは「新しい」アイディアでもなければ、日本および諸外国で現在一般的に行われている代表制民主主義の手法から外れるわけでもないことを論じる。それにより、ジェンダー・クオータは政党が自由に候補者を選び、公認することを妨げる「非民主的な侵害」であるとする保守的な断定に反論する。候補者のリクルートメントには地域的なクオータによってすでに制限が設けられているのである。

また、ジェンダー・クオータを採用したからといって、地域的なクオータを用いる場合と比較して、「優秀な」候補者を擁立するに際してのリスクがより高くなるわけではないことを示す。
　第3に、ジェンダー・クオータがなぜG8諸国が採用すべき非常に重要で、必要最低限の改革であるのか、その根拠を示すために、現代の代表制民主主義と選挙制度の設計を通じて、政治的アイデンティティがどのように形作られてきたのかについて探る。これまで、地域性（どこに住んでいるか）やイデオロギー（いずれの政党を支持するか）の2点が重要であり、この2点で現代の政治的主体性に関して重要なあらゆる側面を適切に捉え得ると考えられてきた。本章はその仮定に異を唱え、「身体的存在性（corporeality）」の概念を導入することが「現代的」かつ「政治的」主体とアイデンティティにとって3番目の必要不可欠な基礎であると主張する。地域的なクオータが地方や地元の様々なアイデンティティを汲み取るものであるように、ジェンダー・クオータも「身体的存在」を体現し、それゆえに現在行われている民主的代表や権力分有の手法を向上させ、さらに拡大させることができるものである。民主主義の質の高さを確保するためには、女性の占める割合が少なくとも30%は必要である（クリティカル・マス、決定的女性議員比率）[2]という国際的なコンセンサスに鑑みれば、とりわけG8諸国は選挙に関する法律や代表制度を改革する必要があるだろう。それは、政治的主体の中核となる3つの側面、すなわちイデオロギー、地域性、身体的存在性のすべてを反映させるためである。

1．民主主義と権力分有：実践としての政治的平等

　女性と男性との間に不平等が存在することは、理念上、そして実践上の問題である。我々が実践している民主主義の下では、政治的代表の数において男性よりも少ないがために、政治的主体としての女性がいかに多様であるかを示すことができず、また子どもを含むすべての市民、その国に住む人々の心を摑むことができないでいる。過去1世紀にわたって行われた無数の選挙結果をみる限り、「自然な形で」男性と女性が平等に代表に選出され、政策決定に関わることのできる可能性はないといえる。社会のなかで排除され

てきた女性やその他の政治的少数派の社会集団にとって、選挙権を獲得したからといって平等に選挙に立候補できる権利が行使できるわけではなく、またジェンダー平等が選挙によって促進されたわけでもなかった。

　ピッパ・ノリスは、女性が単に選挙権を獲得するだけでなく、さらなる政治的権力の中枢に進出する上で3つの障害があると述べている[3]。すなわち、「文化的」「社会経済的」「政治的」障害である。「文化的」要素とは、平等に関して社会がどのような価値を置いているかであり、「社会経済的」な要素は、選挙戦を戦うに際して女性がどの程度の社会経済的資産を投入し得るかである。先進民主主義国においては一般的に民主的平等の文化が醸成されており、形式的な資格や学歴の上では女性は必要な条件を満たしているということができる。しかし、エリートの文化的価値観を考察する際にはノリスの枠組みには若干の修正を施す必要がある。表1に明らかなように、2013年のG8諸国においては、政治エリートや政党内部の有力者は依然として顕著に男性を優先しており、男性優位の候補者選出、男性中心の政策決定がなされ、公職就任に関しても同様である。

　事実、先進民主主義国家を含むG8諸国において、選挙に打って出ようとする女性に極めて強い影響力を及ぼしているのは「政治的」な要因である。すなわち政党において候補者選出を担う責任者の態度が問題なのである。候補者選出責任者は、選挙区や比例名簿の候補者選出に影響力を及ぼすという点で、政党内の意見を主導するエリートである。彼らは、女性や、その他の政治的中心から排除された人々に対して非公式な門番としての役割を果たす。というのも、彼らは候補者の政治的能力や当選の可能性を推し量ろうとする際に、政治的な資源や影響力、評判にまつわる男性モデルと従来の仮定を用いるからである。このことは、候補者選出責任者が、選挙以前の段階で政治的に有為な人材をリクルートする際に、もっぱら男性に的を絞って人材発掘をするという結果をもたらす[4]。少数派や政治の中心から排除された人々は、先の男性モデルに合致するどころか、あたかも「スーパー候補者」といったような、男性モデル[5]を超えることさえ求められる。あるいは、こうした人々は、彼らの身体的存在が政党エリートの求める「政治人 (*homo politicus*)」から外れているゆえに、候補者選出から排除される恐れもある。実際、ドゥルゥデ・ダールラウプとモニク・レイナールが最近行った

表1：G8諸国における選挙制度、クオータ、下院の女性議員比率

順位	国名	選挙制度	クオータ	女性議員比率*
25	ドイツ	小選挙区比例代表併用制	任意	32.9%
34	イタリア	比例代表制	任意	28.4%
38	フランス	小選挙区制（2回投票制）	法律	26.9%
46	カナダ	小選挙区制	任意	24.7%
58	イギリス	小選挙区制	任意	22.5%
78	アメリカ	小選挙区制	なし	17.8%
98	ロシア	比例代表制	なし	13.6%
124	日本	小選挙区比例代表並立制	なし	7.9%
	ヨーロッパ平均**	——	なし	22.4%

* 2013年4月1日現在。
** 女性議員比率はヨーロッパの地域平均（北欧諸国を除くOSCE諸国）。
出典：列国議会同盟（http://www.ipu.org/wmn-e/world.htm）; ACE Electoral Knowledge Network（http://aceproject.org）; Global Database of Quotas for Women（http://www.quotaproject.org）。

　西欧11ヵ国の最も伝統のある民主主義国家についての研究は、残念なことに、これらの国でも男女の平等と権力の分有が進んでいると我々が抱く期待を裏切る傾向にあることを明らかにしている[6]。政党内の有力政治家が男性候補者や男性指導者を好んでいる限りは、有権者が選挙の際に自動的に女性と男性を最低40％ずつ支持するという機会がめぐってくることはないであろう。

　民主主義・選挙支援国際研究所（International IDEA）は、どのようにすれば政党を強化することができるのかについての重要な研究結果を公表している[7]。そこでは、より包括的な政治参加およびアカウンタビリティのある代表制を作り出すための規制が重要であることを指摘している。政党は民主主義の媒介となるものである。しかし、だからといって政党がその組織や実践において、「民主的」であるとは限らない。政党は民主主義的、非民主主義的な様々な価値観を持つ個人によって構成されており、候補者のリクルートメントには、政党指導者自身の思惑や選挙に勝利できるかといった点が影響する。自由で公正な政治の対極にある汚職や特定集団による公職の制度的独占は民主主義を侵害するものである。

　たとえば、カナダ自由党は第二次世界大戦後に政界を支配し、とくに1993年から2006年まで連続して政権の座に就いていたが、これは汚職やスキャンダルが生まれる温床となった[8]。日本では、1990年代になると

自由民主党の一党支配はシステム障害であると批判を受け、本当の意味でアイディアを戦わせ、また国民に対して真のアカウンタビリティを確保するために、選挙制度改革が必要であるとの認識が広がった[9]。

　ひとつの政党や特定の社会集団の支配が続くと、それはすなわち間接的な形であれ汚職の温床になる。なぜならば、その特定の集団は、公共サービスやアクセスの平等、あらゆる集団の自由を追求するよりもむしろ、公共政策や公的資金を用いて自らの私的利益や再選のために立法を行うことになるからである。汚職は発展途上国の問題であると捉えられることが多いが、現実には、ひとつの社会集団が制度を独占的に利用することも民主的制度の汚職の一形態であり、G8における深刻な問題なのである。

　言い換えれば、現代の民主主義国家には次のようなパラドックスがある。すなわち、憲法や法律の文言に平等が明記されているがゆえに、我々は正統な「自由民主主義国家」に住んでいると考えがちであるが、現実には、政策決定者はそれらの文言を実践していないのである。彼らは自らの社会エリート集団内部で権力を分かち合って満足しているだけである。彼らは官職を独占できる現在のルールに承認を与え、民主的な統治のアウトプット（法律や政策）に関して、自身の所属する社会集団が過度に恣意的な影響力を及ぼすことができるようにしている。彼らが作り出す法律や政策は、彼ら自身の利益や優先事項にとって都合のよいものなのである。

　男女間で権力分有が行われるかどうかは、以下の2つの種類のリーダーシップに左右される。第1は、政党幹部が男女間での権力の分有を常に優先課題とし、候補者をリクルートする際に政党がジェンダー平等を達成することを目標に掲げる場合である。日本では土井たか子（1989年）と小泉純一郎（2005年）が女性候補者擁立を目標に掲げ、彼らのリーダーシップに多くの女性たちが賛同し、それぞれの政党の下で立候補に至った。これら2つの条件が満たされた結果、女性議員が増加した。第2は、すべての先進民主主義国の政権党が、議会で多数を占めていることを利用して、時代遅れで家父長的な候補者選出方法が過去のものとなるよう、リーダーシップを発揮して選挙法制を改正する場合である。女性議員比率の上位30ヵ国中16ヵ国において、政治エリートは選挙制度に法的クオータを導入することを決断している。また、政党クオータを用いている国も含めると、その数は24ヵ国

にのぼる[10]。これらの国々は、男女間で権力を分有し、平等を推進して国家を民主的に運営するという道を選択し、この民主的な道はそれらの国における公共文化の重要な一側面となっている。

 もっとも、G8諸国に限るならば、そのような選択をしたのはドイツだけである。その他のG8諸国では、ジェンダー平等は確固たる目標にはなっておらず、党内派閥間の均衡など、その他の権力配分に関する配慮によって容易に犠牲にされている。ある政党指導者が一度掲げたジェンダー平等のための試みは、次のリーダーによって次回の選挙でも引き継がれるかもしれない。しかし、さらにその次のリーダーがその政党の公式の文化として引き継ぐことはないかもしれない。政党による自発的なクオータ制は継続的に採用されれば大きな成果を生み出すかもしれないが、それは政党が自ら内部で決めたルールに熱心に取り組んだ場合のみである。ジェンダー平等なエリート・大衆政治文化を構築した国々においては（スカンジナビア・モデル）[11]、政党は権力を分有する必要があることをすでに認識しており、こうした国においてならば、自発的なジェンダー・クオータ制も有効である。

 以下では、政治代表、選挙制度、政治アイデンティティがどのように交錯しているかを簡潔に考察する。その後に日本の事例を取り上げ、日本の選挙法制の枠内において、政党が候補者を擁立する際、地域的クオータがいかに制限と規制を加えているのかについて検証する。

2．日本における地域的クオータ制の実際

日本の選挙制度と地域的クオータ制

 『世界選挙制度ハンドブック（*Electoral System Design: The New International IDEA Handbook*）』によれば、1980年代と1990年代は世界中で選挙制度の設計に関しての議論が活発になった時期であり、それぞれに異なる代表のあり方や目標を見据え、選挙制度に関する様々なモデルが評価の対象となった[12]。選挙制度は、政党が可能な限り公平に「戦う」ために、選挙戦のあり方を構造づけ規制するものである。現代の法治社会では、選挙法や投票方式は中立的でもなければ、単純に技術的なものでもない。それらの制度を通じて、民主主義の理想や原則は実行に移され、また代表制のあり方や、選

挙前後に表明される政治的アイデンティティに影響を与えているのである。政治的アイデンティティのうち2つの主要な側面を代表制民主主義に反映させることが必要だと考えられている。その2つとは、「イデオロギー」と「地域性」の概念である。

　様々な形式の選挙制度を考察すると[13]、どのようにイデオロギーと地域性が表現されているかがわかる。主に小選挙区選挙によって展開される多数代表制は、市民の持つ数々のイデオロギーを二大政党間の競争に還元する結果、議会で議席を持つ政党が少なくなり、反映されるイデオロギーの幅も狭くなる。比例代表制はイデオロギーや地域性をより幅広く議会に反映させることを目的としており、有権者の得票をより正確に政党の議席に反映させることができる。多数代表制における政策決定はより効率的で、アカウンタビリティが確保できるといわれている。というのも、ひとつの政党が過半数を達成しやすく、あまり大きな障害にあわずに立法を行うことができるからである。他方、比例代表制が導き出すことの多い複数政党による連立政権は、政策決定においてはあまり効率的でないかもしれない。しかし、比例代表制を支持する議論にみられるように、複数政党によって構成された政権は、幅広く複数の政党の支持が得られたときにしか法律を通すことができないため、逆に社会をより広く代表しているといえる。どちらの制度も利点と欠点がある。近年では、これら2つの制度をあわせ持つ小選挙区比例代表併用制が最善であるといわれており[14]、小選挙区制を採用している社会においても、市民からより大きな関心を寄せられている[15]。

　現在の日本の衆議院の選挙制度は、2つの制度を同時に用いる混合型の選挙システムである。一方は2党間の競争を促進する多数代表型の制度（小選挙区制）であり、他方は複数政党の競争を促し、地域レベルでイデオロギーを反映させる比例代表型の制度である。小選挙区制は、それぞれの選挙区でいずれの候補者が最も多い票を獲得したかに基づいて、62.5％の議席（300の選挙区）を決定する。比例代表制は、11の複数区（比例ブロック）において政党が獲得した票数に応じて、37.5％の議席（定数180）を決定する。すなわち、小選挙区制と比例代表制は、日本を2つのレベルの地域単位に分けるものである。地域の代表という側面を担保すべく2つの地域単位が採用されているので、ここではそれらをあわせて「選挙ブロック」と呼ぶことに

48

しよう。政治における平等を実現し、多様な市民の意見や利益を適切に代表するために、選挙ブロックごとに議席を割り振ることが必要と考えられているのである。私が呼ぶところの「地域的クオータ」は、日本国民が重要と考えている地方や地元の複雑性を議会に反映させるものである。有権者のイデオロギーや考え方は、ひとつには地元の小選挙区での投票、もうひとつにはより大きな地方レベルである比例ブロックでの投票というように、選挙で2度反映されていることになる。

　日本の衆議院における選挙制度は、古くは1947年に1度改正されており、当時は左派イデオロギーや左派政党の影響力を削ぐために、大選挙区制限連記制から中選挙区単記制へと変更された[16]。直近の改正は1994年と2000年であり、この際も前回の改正と同様に、より中道の包括政党の支配を確かなものにすることを目指し、左派の理念や政党の影響力を間接的に削ぐことを目的にしていた。1994年の政治改革は党派的な思惑が先行したものであり、自民党の一党支配が政治のシステム障害を起こしているということから、小選挙区比例代表並立制が採用された。改革の目的は、二大政党化を促す小選挙区制を導入することによって、より政策を重視する選挙が行われるようにすることであり、究極的には二大政党間での政権交代を可能にすることにあった[17]。定数の少ない選挙区には女性が立候補しにくいという点に関して[18]、政治学で膨大な研究蓄積があるのにもかかわらず、1994年の選挙制度改革は女性の政界進出に必要な条件を整えなかった。むしろ優先されたのは、300の小選挙区と200の議席を選出する地方別の比例代表制（11の比例ブロック）を組み合わせる多数代表型優先の選挙制度であった（比例区議席は2000年に180に削減）[19]。全体としてみると、480議席すべてが地域で区切られた「選挙ブロック」で選出されており、2つの包括政党が多数決型の競争を展開することを促進する選挙制度である。ジェンダー・クオータはまったく考慮されていないのに対して、地方のアイデンティティや地域独自の関心事項を反映させるための地域的クオータは新しい選挙制度の中に綿密に計算され、取り入れられたのである。選挙ブロック（比例ブロック）の境界線がまず引かれ、そのなかで小選挙区の区割りが決定され、選挙ブロックごとの議席数が配分された。事実上の地域的クオータにより、それぞれの選挙ブロックから一定割合の代表が選出されることになっている。

表2：地域アイデンティティの二重代表：地方と地元共同体

選挙ブロック	地域アイデンティティ代表のための法的クオータ	180の比例代表議席 (37.5%) 地方アイデンティティ	300の小選挙区議席 (62.5%)＊ 地元アイデンティティ	実際の地域クオータ (%)
北海道	20 議席	8 比例議席	12 小選挙区議席	4.26
東北	39 議席	14 比例議席	25 小選挙区議席	8.12
北関東	52 議席	20 比例議席	32 小選挙区議席	10.83
南関東	56 議席	22 比例議席	34 小選挙区議席	11.66
東京	42 議席	17 比例議席	25 小選挙区議席	8.75
北陸信越	31 議席	11 比例議席	20 小選挙区議席	6.45
東海	54 議席	21 比例議席	33 小選挙区議席	11.25
近畿	77 議席	29 比例議席	48 小選挙区議席	16.04
中国	31 議席	11 比例議席	20 小選挙区議席	6.45
四国	19 議席	6 比例議席	13 小選挙区議席	3.95
九州	59 議席	21 比例議席	38 小選挙区議席	12.29

＊ 2013年の区割り変更（0増5減）以前の議席。

　表2は、比例ブロックに割り当てられている議席数と、それぞれの比例ブロックにおける小選挙区の議席数を足し合わせたものを示している。

　表3は11の選挙ブロックの人口比率と議席比率を比較したものである。ここに示されているように、11の選挙ブロックはそれぞれの人口に大まかに応じる形で比例代表および小選挙区の議席が割り当てられている。これらの地域的クオータによって、各選挙ブロックは一定の議席を確保されており、その割合は中国ブロックの3.95％から、近畿ブロックの16.04％にまで及ぶ。関東地方は3つの選挙ブロックに分かれており（北関東、南関東、東京）、全体では480議席のうち150議席を占め、その割合は全議席の31.25％に及ぶ（表3の網かけ部分）。

政治アイデンティティと地域への帰属：議員は何を代表しているのか？

　政治的アイデンティティ、代表性、政治争点という観点から考えたときに、以上のような地域的クオータは一体何を保障する目的で作られたのだろうか。また、地域的クオータは政党が候補者を擁立する際にどのような影響を及ぼしているのだろうか。政治的アイデンティティの点からみれば、現在の選挙制度は、我々が住んでいる場所が非常に重要だという前提に立っており、したがって比例ブロックと地元選挙区の双方で意思表示を行う余地を設

表3：選挙ブロック、人口比率、議席比率

ブロック／地域								人口（万人）	人口比率（%）	議席比率（%）
北海道								557	4.35	4.26
東北	青森 141	岩手 136	宮城 235	秋田 112	山形 120	福島 207		951	7.44	8.12
北関東	茨城 297	栃木 201	群馬 202	埼玉 709				1409	11.02	10.83
南関東	千葉 610	神奈川 888	山梨 88					1586	12.41	11.66
東京都								1276	9.98	8.75
北陸信越	新潟 240	富山 111	石川 117	福井 82	長野 218			768	6.01	6.45
東海	岐阜 210	静岡 380	愛知 736	三重 188				1514	11.84	11.25
近畿	滋賀 140	京都 264	大阪 881	兵庫 559	奈良 141	和歌山 101		2086	16.32	16.04
中国	鳥取 60	島根 73	岡山 195	広島 287	山口 147			762	5.96	3.95
四国	徳島 80	香川 101	愛媛 145	高知 78				404	3.16	3.95
九州	福岡 506	佐賀 86	長崎 145	熊本 183	大分 120	宮崎 114	鹿児島 173 沖縄 137	1464	11.45	12.29
合計								12777		

出典：衆議院小選挙区の都道府県別議席数：なるほど選挙，総務省（http://www.soumu.go.jp/senkyo/senkyo_s/naruhodo/naruhodo03.html, 最終アクセス：2013年7月8日）；衆議院小選挙区──県別区割り図＆人口（全国順位、人口密度）（2009年以降のデータ．asahi.com）（http://homepage2.nifty.com/Tsubaki/Work/asahi./%E8%A1%86%E8%AD%B0%E9%99%A2%E5%B0%8F%E9%81%B8%E6%8C%99%E5%9C%B0%E5%9B%B3-%E7%9C%8C%E5%88%A5.html, 最終アクセス：2013年7月8日）．

けている。第2に、選挙に際して地域の代表という側面が非常に重要なため、政党が候補者を擁立する際には、比例代表と小選挙区の双方において、地域の利益や視点を代表する人物を探さざるを得なくなっている。たとえば、北海道で擁立される候補者は、道内の有権者の票を集める能力に長け、地元の視点や利益に関する人脈があると政党幹部によって判断されたのであり、北海道のクオータである4.26%の議席を確保すべく立候補する。たとえば、あなたが北海道に住む女性あるいは男性であったとして、自らの男性なり女性なりのジェンダーが北海道で市民として生きる際にどのような影響を与えているかということと、現在の選挙制度の下で立候補するということとの間にはまったく関連性がない。選挙では、すべての北海道民が同じ利益

や視点、ニーズを持つとみなされており、北海道に住むあらゆる年齢層や職業、家族構成のなかで男女が生きている現実やニーズを政治に反映させるためには、地域のアイデンティティと政党のイデオロギーさえ考慮に入れれば十分であると仮定されている。

　8.75％の議席が割り当てられている東京ブロックについても、候補者は同様に選出される。すなわち、東京という地域のアイデンティティと東京に関する視点、そして関連する利益を代弁できる候補者が擁立されるのである。政党は、これからも東京の有権者と関心事を共有して東京らしさを伝えられるかどうかを判断基準に候補者を擁立し続けるだろう。女性であるか男性であるか、シングルマザーあるいはシングルファーザーであるか、単身者か、無年金の高齢女性か、または身体などの障がいのため常時介護者を必要とするかなど、自分の人生に関わるこれらの点は、政治的平等や民主的代表性と関係があると正式に考慮されてはいないのである。

　衆議院の女性議員の多くは常々次のように語っている。女性の有権者は多くの場合、女性として、自らの現実の生活に関して話がしたいと女性議員に声をかけてくる。それは、女性の政治家のほうが話しやすいからである[20]。選挙制度および候補者擁立に関わる政党幹部が前提としているのは、東京のすべての候補者はそれぞれのジェンダーあるいは身体的経験の違いにかかわらず、似通った利益、視点、ニーズを持っていて、いずれの有権者にとっても適切な代表となり得るということである。現在の選挙制度の下では、過少代表の状態にある身体的アイデンティティについては、誰かが「代理人」として行動し、これら重要な事柄について伝えてくれるのを待つしかない[21]。というのも、現在の選挙制度の枠内では、お飾りでなく十分な数の多様な議員——経験や共感力があり、民主的諸制度のなかで身体性のイシューについて問題を提起することのできる人材——を組織的に確保する仕組みができていないからである。現在の選挙制度は、思想的・地域的なアイデンティティを別にすれば、たとえば東京選出の議員は、そのすべてが他の様々なアイデンティティや争点を隈なく反映するという前提に立っている。しかも、彼らはこれら多様なアイデンティティを代弁する能力があり、女性、外国人、若者、障がい者などの関心事に親身に取り組むであろうと考えられている。しかし現実には、選出された議員の大部分が代弁しようとするのは、自分自身

と政党の利益やイデオロギーに関わる事柄、そして自らが政治的に重要だと考える課題である。多くの場合、優先順位が高いのはよいガバナンスの指標でもある強い経済と雇用問題か、もしくは外交政策のような大多数の票を動員できる分裂的争点である。

　日本の現在の選挙制度では、小選挙区が大勢を占めており（62.5％）、包括政党の 2 党間での競争を促す多数代表型の色合いが濃い[22]。したがって、選挙戦や政権内部、現職議員の関心はいかに再選を可能とするかに集約しがちである。ジェンダー、ライフサイクル、高齢者、障がい者、人種差別のような身体性から派生する争点は、議員の個人的な思い入れや知識、特別の興味関心がない限り、あまり注目されることはない。人口が男女半々で構成されているにもかかわらず、人口の半分を占める人々の身体的側面の問題（ジェンダーやライフサイクルによる役割や貢献）をそのまま放っておいたり、政党の優先事項に縛られた議員個人が自らの利益に基づいて恣意的に行動するのに任せたりするのは奇妙であるといえる。もし地域的クオータが導入されていなかったとすれば、多くの地域や都道府県、人里離れた農村部のニーズや現実は成り行き任せとなり、ほとんどの議員は人口が密集した都市部から選出されることになるだろう。すべての議員はあらゆる有権者を代表して活動し、彼らのニーズを平等にそして効果的に代弁するという理論は、代表制民主主義の幻想にすぎない。その事実は、世界中でこれまでに行われてきた選挙で経験的に証明されていることである。理論と実践との間に横たわるこれらのギャップを理解するために、以下では現代における政治的アイデンティティの現実を考察する。

3．代表制再考：イデオロギー、地域性、身体性

　2014 年現在、地域やイデオロギーに関する政治アイデンティティは、市民生活や民主的平等に関わる上での唯一の政治的アイデンティティだろうか。政治的アイデンティティの他の側面と比較して、地域の概念はより重要で意味があるといえるだろうか。どこに住んでいるかという 1 点のみが、現代の市民生活のあらゆる側面を決定し、また代弁するのだろうか。断じてそうではない。歴史的には、選挙制度を通じて、地域共同体から議員を確実

に選出することは重要であるとみなされていた。地域別の選挙区の区割りは、地方あるいは地元の社会を代弁するという役割を持ち、選挙制度そのもののなかに導入された。地方や地元のアイデンティティ、文化、経済、産業その他の利益を守ることができるように、地域社会にはある一定の議員数が保障される地域的クオータが取り入れられたのである。当時の政府が社会福祉、医療サービス、移民、その他の家族問題、育児・介護、そしてライフサイクル問題などにあまり取り組んでいなかったことに鑑みると、これは極めて納得がいくことである。過去100年間、そしてとくに第二次世界大戦以後は、民主国家は大きな進歩を遂げた。経済がグローバル化し、人口が増加し、そして現代社会の生活が複雑化したことによって、政府がより横断的に市民の生活を支援し、育成し、そして規制するようになった。ジェンダー、人種、先住民、障がい、年齢、母国語などによる違いは、市民権を享受する上での政治的アイデンティティを示すものである、という点が認識されるに至った。そして、世界規模で展開された漸進的な社会運動は、これらの政治的アイデンティティを持つ人々の代表が選挙で正式に選出されるように、政治的意思決定者に対して選挙制度改革を求めたのである。

　様々に交錯する現代の政治的アイデンティティを我々はどのように考えればよいだろうか。それは社会のなかで我々が生理（学）的、象徴的、政治的な存在としていかに表れているかということと密接な関わりがあるがゆえに、エリザベス・グロスは「身体的存在（corporeality）」という用語を用いている。身体的存在とは、政治的主体性に関するひとつの概念を示しており、現代的な自己と政治的アイデンティティとは複雑で密接に絡み合う性質を持つ、という前提に立つものである。それによれば、身体とは文化的に作られた産物であり、「社会的、政治的、文化的、地理的に刻み込まれ、作られ、形成された場である」[23]。以上のような定義に基づき、また身体的存在がいかに動態的に作られるかに焦点を当てながら、ミクロ・マクロ双方のレベルで進行するダイナミックな「身体化のプロセス」[24]を明らかにするために、この概念を拡張することとする。これは、完全な市民権を持つ「市民」と住民として納税などの務めを果たしながらも市民権を与えられていない他の「住民」との相互主体的関係を通じて進行するプロセスである。具体的には、他の人々との交流が繰り返されると、ある特定の身体的経験が政治

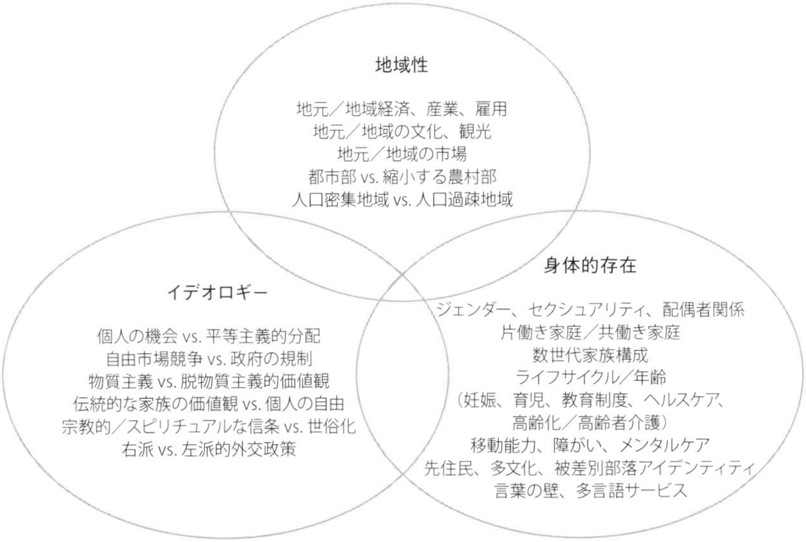

```
              地域性
        地元／地域経済、産業、雇用
          地元／地域の文化、観光
            地元／地域の市場
       都市部 vs. 縮小する農村部
       人口密集地域 vs. 人口過疎地域


   イデオロギー                        身体的存在

  個人の機会 vs. 平等主義的分配      ジェンダー、セクシュアリティ、配偶者関係
   自由市場競争 vs. 政府の規制           片働き家庭／共働き家庭
   物質主義 vs. 脱物質主義的価値観           数世代家族構成
  伝統的な家族の価値観 vs. 個人の自由        ライフサイクル／年齢
  宗教的／スピリチュアルな信条 vs. 世俗化  （妊娠、育児、教育制度、ヘルスケア、
      右派 vs. 左派的外交政策                高齢化／高齢者介護）
                                   移動能力、障がい、メンタルケア
                              先住民、多文化、被差別部落アイデンティティ
                                    言葉の壁、多言語サービス
```

図1：現代における政治的アイデンティティの3つの連動領域

問題化するに至る。その際には、それが政治的に排除される場合も優遇される場合もあるがゆえに、間違いなく政治的に重要な問題となる。民主主義における平等を取り戻すためには、これらの主体性に関する事柄について、民主的に何らかの制限を加える必要がある。

　図1は、複雑な身体化のプロセスが進行した結果として、3つの大きな政治的アイデンティティが生じていることを示している。これは有権者の利益や市民ニーズが何であるかを表すものである。ここから明確な政治的含意を導き出すことができる。身体化のプロセスは、政策目的を定めて方向性を決定する際に、政治的平等、個人の自由、民主的包摂をはたして個人が享受できるかどうかという点に非常に大きな影響を及ぼしているという点である。

　私個人の例を挙げれば、以下の点——日本に暮らす外国人、カナダ人、非日本人、白人、外国女性の身体など——はすべて、それぞれ何らかのサインを相手に与えている。その相手とさらに議論や交流を重ねると、私のジェンダー・アイデンティティ、また母国語が英語であることが明らかになり、また、フランス語圏のケベックやカナダのフェミニズム運動と深く関わってい

ることもわかると、私のアイデンティティについて更なる示唆を与える。同様に、私の日本語力からは長期にわたって日本と深く関わっていることがわかるだろう。家族構成と、自分が主たる稼ぎ手であるとともに母親であるという点は、私が日本で一般的な女性の生き方の規範から外れていることを明らかにする。それは好意的に受け止められる場合もあれば、そうでない場合もある。これらの数々の側面はすべて日本における私自身の政治的主体性を形作ると同時に、身体的存在としての重要な要素を構成するものである。他の人々が私を理解し、公式であれ非公式であれ私の日本における政治的立場を推し量ろうとする際、彼らはこれらの数々の側面を捉え、解釈し、ステレオタイプ化し、そして様々な推論を行う。仮定の話になるが、現在外国人には投票や立候補の権利は与えられていないものの、もし与えられていたとすれば、私が日本の国会議員に立候補する際には上述のような身体的存在の側面に基づいて、有権者は支持するかしないかを決定するはずである。

　小選挙区と比例区の双方において、以上のような身体的存在の側面は重要な鍵となるだろう。私が一体誰であり、なぜ私や私のような人間が日本に住んでいるのか、政治討論の際にはどのような意見を述べるかについて、有権者は私の身体性の側面から判断するのである。そして、有権者、友人、同僚、さらに外国人は、これらの身体性の側面をもとにして、所属する政党や地域とのつながりも考慮に入れた上で、当選した暁には私がいかなる価値観や信条を持ち、どのような政策的立場をとるかについて推論するだろう。

　上述のような身体的存在の側面は、ジェーン・マンスブリッジが代表制を分類した「ジャイロ（回転儀）モデル」と重なる部分がある。ジャイロモデルにおいては、有権者は選挙の際に、将来が予見できるような根本的価値を示すもの、また外的なサインを探し求めるとされている。それらは候補者の性格や、属性や、所属する政党などである[25]。

　さらにマンスブリッジは、以下の４つの場合において、過少代表されている主要な社会集団（たとえば女性）の「記述的代表 (descriptive representation)」の向上が望ましいと述べている。すなわち、①社会集団間に不信感がある際に、相互のコミュニケーションが改善される場合、②政策論争において当事者にとっての最善の利益が必ずしも明確になっていない場合、③当該集団の「統治能力」が疑われる際に、その偏見を正し、社会的理

解を広げる場合、④被抑圧集団の政治的権利が低いために、民主主義制度の正統性が事実上損なわれていることに対抗する場合である[26]。これら4つの場合すべてにおいて、政治的身体化の中でもジェンダーに関する代表性を保障することは、市民的自由の確保、政策の効率性、および代表制民主主義制度の正統性にとって極めて有益であろう。なぜならば、ジェンダーに関するアイデンティティは、個人的アイデンティティの重要な側面のほか、現代の社会経済生活と密接に関わり合っているからである。また、福祉国家のあらゆる公共サービスの制度設計を一定レベルの効率性や専門性、アカウンタビリティによって行い、かつ提供するという点とも密接に関わり合っている。地方独自の問題、経済問題、ジェンダー問題など、意見の分裂した議題がある際に、対立する利害関係者が活発に議論に参加することにより、民主的プロセス自体の正統性が増していくと考えられる。

　日本の例を考えてみよう。「公正な」国会審議や「効果的な」政策決定を行う際には、日本全国すべての地域からの代表者の参加が必要だとされている。つまり、地域間で権力分有が行われるよう、政党が「効果的な」地域的クオータを実現するべく規制をかけることが「公正」であると考えられている。たとえ1人1票の原則を維持することが難しくなってもである。もし日本の選挙制度が特殊な地域的クオータを採用しておらず、11の選挙ブロックすべてからそれぞれ議員を出すことが保障されていなかったならば、政党幹部は形ばかりの候補者を各地域から擁立するだけでなく（現在女性候補に行われているように）、選挙で勝利するため、日本で最も人口が集中している地域から候補者を擁立することに力点を置くだろう。そして、この各地域から多様な代表者を確保するという点は、利己的に再選を目指し、得票数を計算するという行為の前に顧みられなくなるに違いない。地域的なクオータは、日本全国の地域や地方のアイデンティティが選挙や国会に反映されるよう、政党を縛る法的拘束として機能している。しかしこれらの地域的な制約によって、選挙ブロックごとに候補者を確保するためだけに能力のない人物を擁立するよう迫られた、と政党が主張したことはこれまで一度もなかった。たとえ、政党が全国で有能な候補者の関心を引き、リクルートし、擁立することに失敗したとしても、その責めは政党自身が負っているのである。

　同様に、「公正」な審議と「効果的な」政策決定を実現するためには多様

な男女の視点や経験が必要不可欠であると考えた場合、それぞれのジェンダーという身体的アイデンティティを持つ人々が権力を分有できるよう、「効果的な」ジェンダー・クオータを用いて政党の候補者擁立に規制を加えることは正当なことである。ジェンダーは確かに身体的アイデンティティの一側面にすぎない。しかし、以下の事実――すなわち女性が今日社会で果たしている役割と責任、民主的な政府が現在実行力を持って取り組むべき課題の多様性、女性が子どもや障がい者（年齢を問わず）、高齢者などの世話を依然として多く担っていること（とくに日本ではそうである）、そして家族が移動する際や健康問題が発生した際には女性が対応を迫られるという現実――などを考慮すると、身体的アイデンティティの諸側面はジェンダーによって代弁させることが相当程度可能であるといえよう。あらゆる年齢層の女性は、この現代において民主的な市民生活を送るとはどういうことか、また個人や家族がいかに幸せに生きるかについての経験的知識を備えている。なぜならこれら生殖（出産・育児）や医療サービス、ライフサイクルなど重要な問題は彼女たち自身が個人的に経験してきたことか、もしくは多様なケアの担い手として身近に経験したことだからである。彼女らの有償労働や無償労働を引き合いに出すまでもない。2014 年現在、これらの知識や経験、専門的な見識なしには民主主義の議論はたちゆかなくなっている。人口の 50％を占める女性が政治的に代表されることにより、代表性民主主義や政策決定の質が高まるのである。

　「地域」というものが地元や地方のアイデンティティや経済、産業、利益を代弁するように、「ジェンダー」も現代民主主義のガバナンスにとって決定的に重要な身体的アイデンティティの数々の現実を代弁するものである。身体的アイデンティティの多様な側面は、会社の人事戦略や労働市場に影響を与えると同時に、自由選択と主観的な幸福感を測る個人的指標としても決定的に重要である。地域的クオータのおかげで地域の多様性、政党の競争のおかげでイデオロギーの多様性、そして、ジェンダー・クオータのおかげで身体的存在の多様な現実が政治に反映されるのである。民主主義の観点からすれば、異なる思想背景を持ち、すべての地域から選出された多様な男女の候補者の間で権力を分有することは、公正な選挙と多様な代表性を確保するためには常に最善の手段である。

それぞれのジェンダーのアイデンティティ間で権力を分有し、一定の比率のバランスをとるためには、政党が少なくとも男女の候補者をそれぞれ40％以上当選させるようなジェンダー・クオータを導入することが理に適っているだろう。これは同時に、将来にわたって男性の選挙へのアクセスも保護するものである。なぜならば、女性が政治指導者としてより信頼されるようになるのも、あながち考えられないことではないからである。比例名簿で男女の平等な勝利が見込めるようにするためには、他国の例で明らかなように、政党に割り当てられた37.5％の比例区の議席を強制的交互割当制（男女の候補者を交互にするジッパー方式）で割り振るよう定めるべきである（50％クオータ）。小選挙区において少なくとも40％の女性候補者をリクルートするのは政党にとってより調整を必要とする課題かもしれない。しかしながら、政党内部の派閥や連立する政党との間で選挙区をどのように割り振るのかについては、日本の政党は多くの経験を積んでいる。比例代表制で候補者名簿に男女を交互に割り当てる方式に比較して、小選挙区におけるクオータでは、その選挙結果が予見しにくいものであることを考慮に入れると、小選挙区で少なくとも40％というジェンダー・バランスの数字を下回ると、30％のクリティカル・マス達成という国際的な目標には届かないものと思われる。

おわりに

　1992年、カナダ人哲学者のチャールズ・テイラーは、性や人種、あるいは文化に対する差別的な見方が存在するということ[27]、そしてそのような見方が原因となって彼らのアイデンティティが承認されない――あるいは誤解される――という事実は、こうした社会集団に属する個人の政治的平等や将来の可能性を否定することになると論じた。代表制民主主義において鍵となる身体的アイデンティティが過少代表されているという事実は、よき統治と効果的な政策決定を行う上での妨げとなるばかりでない。それ以上に、地方政治および国政において彼らの政治的モデルが存在していないことによって、過少代表されている人々には能力がなく、価値が低いというステレオタイプを助長させるのである。女性の場合、家庭や社会を長らく支配してきた家父長制に鑑みれば、女性は自分自身や家族、社会全体についての決定を下

し、統治する能力に欠けるという思い込みが続いてしまうこととなり、これは非常に有害である。

　他方、ジェンダー平等はすべての人々の幸福と自由に貢献するものである。ロナルド・イングルハートらの研究によれば（2005年）、「ジェンダー平等を促進し、外部の集団に対して寛容であるかは、幸福であるかどうかと密接に結びついている──寛容な人々がより幸福であるというだけでなく、寛容な社会に生きることは、すべての人々により大きな選択の自由を与えるもの」なのである[28]。また、イングルハートらの2008年の研究によると、1981年から2007年にかけて実施された調査では、人々がより幸福で人生に満足しているという結果が得られた社会では、「政府の腐敗が少なく、より高水準のジェンダー平等が達成されていた」という[29]。さらに重要なのは、25年以上をかけて、35万人に行われた価値観調査（世界価値観調査とヨーロッパ価値観調査）の結果から、イングルハートらが次のような結論を導き出していることである。すなわち、低所得の国々における主観的幸福感は経済的要因に影響を受けるものの、先進国において個人的幸福感を生み出しているのは「民主化が進展し、社会的寛容が増大すること」である[30]。なぜならばこれによって、自由選択の意味が広がるからである。これらは、現代の代表制民主主義において身体性の様々な側面の代表を向上させるために、効果的なジェンダー・クオータを用いることが、いかによいことかを示している。

　本章では、ジェンダー・クオータに関する神話を解体すべく議論を展開した。主流の政治文化や、選挙制度の設計に関する伝統的な政治学研究でさえも、「ジェンダー・クオータ」は選挙戦に関する通常の考え方からは外れたものであるとみなしている。それは、ジェンダー・クオータが政党の候補者選出方法に対して制限を課すものだからである。しかし現実には上述のように、地域的な区割りを用いて政党の候補者選出を規制しているあらゆる選挙制度は、地域における候補者の人脈や評判に基づいて公認を決定することを政党に課している。言い換えれば、候補者の「地域アイデンティティ」が重要であり、つまりは、その地方や地元の利益、見識、経験などを活用できるかが問われることになる。地域的クオータは、イデオロギー的なアイデンティティも考慮に入れつつ、地元やより広域の地方レベルの地域アイデン

ティティや価値観、地域経済を代表するものである。なぜなら、候補者を多様な選挙ブロックから隈なくリクルートするように政党に強制し、また地域間や選挙ブロックの間で権力を分有することを公に認めさせることになるからである。

　ジェンダーは身体的アイデンティティのひとつにすぎないとはいえ、身体的アイデンティティを代弁するものとして、選挙制度において反映されるべきものである。民主主義の観点からみれば、あらゆる地域から、あらゆる思想的背景を持つ多様な男女の候補者で権力を分有することにより、毎回の選挙で公正な競争がなされ、かつ多様な代表が確保される。それこそが代表制民主主義のプロセスと制度の正統性を強めるのである。列国議会同盟の世界ランキングで明らかなように、最低30％のクリティカル・マスの女性議員を確保している国々（39ヵ国、2013年12月現在）の大多数が法的にジェンダー・クオータを定めている。選挙に関してこれらの種類の法的措置が民主主義の深化、市民的自由、より建設的な熟議にとって非常に重要な施策であることは明らかである。ジェンダー・クオータが導入されれば、地域的クオータとあわせて、すべての政党が男女の候補者をバランスよく擁立することになり、女性と男性の政治家は、保守からリベラルに至るあらゆるイデオロギー的立場から、政治議論に参加し政策形成に寄与することになろう。現行の制度では、ジェンダー・バランスの改善がなかなか進まないばかりか、後退することさえあり得る。地域・地方のアイデンティティ（・クオータ）、イデオロギー的アイデンティティ（の政党競争）、そして身体的アイデンティティ（・クオータ）による権力分有のメカニズムが選挙制度に導入されれば、平等で民主的な文化が政党内のみならず社会全体に対しても広がっていくことにつながる。であるならば、なぜジェンダー・クオータだけを特別扱いし、騒ぎ立てる必要があるのだろうか。

《謝辞》

Caroline Andrew 氏、衛藤幹子氏、三浦まり氏、Greg Noble 氏から有益なコメントを頂戴しました。そして、本書の概念やアイディアを日本語で送り出すため、衛藤幹子氏と三浦まり氏が監訳の労をとられたことに、心から感謝いたします。

【注記】
(1) Mansbridge 1999; Pateman 1988; Phillips 1995; Williams 1989; Young 1990, 2000.
(2) クリティカル・マス（決定的女性議員比率）については第1章（衛藤・三浦）を参照のこと。
(3) Norris et al. 2008.
(4) Norris 1987.
(5) こうした現象はカナダの例にみることができる（Black 2000; Black and Erickson 2000）。
(6) Dahlerup and Leyenaar 2013: 8.
(7) International Institute for Democracy and Electoral Assistance (International IDEA) (http://www.idea.int/parties/index.cfm, 最終アクセス：2013年7月11日).
(8) Nanos 2005.
(9) Groffman and Taniguchi 2012.
(10) 第1章（衛藤・三浦）表1を参照のこと。
(11) Dahlerup 2004.
(12) International IDEA 2005: 2.
(13) Lijphart 1994; Katz 1997; Farrell 2001.
(14) Shugart and Wattenberg 2001.
(15) 日本の改革は得票順多数決型の小選挙区的な傾向を促進しているのに対して、ニュージーランド、スコットランド、ウェールズでは、得票順多数決型により生まれた弊害の解消を目的とした選挙改革（小選挙区比例代表併用制）が導入された。カナダでは、住民投票や改革案は実現しなかったものの、小選挙区比例代表併用制がオンタリオ、ケベック、プリンス・エドワード島、ニュー・ブランズウィック、ノヴァスコシアで真剣に検討された。ブリティッシュ・コロンビアでは、単記移譲式投票が検討された。
(16) Ogai 2001: 207.
(17) Giannetti and Grofman 2010.
(18) Darcy 1996.
(19) Di Virgilio and Kato 2010.
(20) 2005年から2006年に著者が行ったインタビューより。
(21) 代理代表の概念については、Mansbridge（2003）。
(22) 比例議席をさらに削減する議論が行われているが、それはこの傾向を助長し、国政にアクセスする政党のイデオロギー的多様性を減少させることになる。これは、女性の公職へのアクセスをも減らすことになると思われる。なぜならば、女性は小選挙

区制より比例代表制で選出されやすく、政党は小選挙区制よりも比例代表制の下でのほうが権力分有を行うことを好む傾向にあるからである。
(23) Grosz 2004: 23.
(24) Steele 2009: Chapter 2.
(25) Mansbridge 2003: 520-521.
(26) Mansbridge 1999: 628.
(27) Taylor 1992.
(28) Inglehart et al.（2008: 226）にて引用。
(29) Inglehart et al. 2008: 279.
(30) Inglehart et al. 2008: 279.

【引用文献】

Bird, Karen. 2005. "The Political Representation of Visible Minorities in Electoral Democracies: A Comparison of France, Denmark and Canada." *Nationalism and Ethnic Studies* 11(3): 425-465.

Black, Jerome. 2000. "Entering the Political Elite in Canada: the Case of Minority Women as Parliamentary Candidates and MPs." *The Canadian Review of Sociology and Anthropology* 37(2): 143-166.

Black, Jerome, and Lynda Eryckson. 2000. "Similarity, Compensation, or Difference? A Comparison of Female and Male Office-Seekers." *Women and Politics* 21: 1-38.

Blanc, Olivier. 1995. *Une femme de liberté: Olympe de Gouges*〔辻村みよ子訳（1995）『女の人権宣言──フランス革命とオランプ・ドゥ・グージュの生涯』岩波書店〕.

Brodie, Janine. 1991. *Women and the Electoral Process in Canada*. Ottawa: Royal Commission on Electoral Reform and Party Financing.

Caverero, Adriana. 1992. "Equality and Sexual Difference: Amnesia in Political Thought." In *Beyond Equality and Difference*, edited by Gisela Bock and Susan James, 32-47. London: Routledge.

Christensen, Ray. 2006. "An Analysis of the 2005 Japanese General Election: Will Koizumi's Political Reforms Endure?" *Asian Survey* 46(4): 497-516.

Dahlerup, Drude. 2004. "Quotas are Changing the History of Women." In *The Implementation of Quotas: African Experiences. Quota Report Series* 3,16-20. Stockholm: International IDEA,

Dahlerup, Drude, and Monique Leyenaar. 2013. *Breaking Male Dominance in Old Democracies*. Oxford: Oxford University Press.

Darcy, Robert. 1996. "Women in the 1946 and 1993 Japanese House of Representatives Elections: the Role of the Election System." *Journal of Northeast Asian Studies* 15: 3-19.

Di Virgilio, Aldo, and Junko Kato. 2010. "Party Competition Under New Electoral Rules in Italy and Japan, 1994-2009." In *A Natural Experiment on Electoral Law Reform*, edited by Daniela Giannetti and Bernard Grofman, 13-32. New York: Springer.

Eto, Mikiko. 2012. "Making a Difference in Japanese Politics: Women Legislators Acting for Gender Equality." *Harvard Asian Quarterly*, 14(1/2): 25-34.

Farrel, David. 2001. *Electoral Systems: A Comparative Introduction*. New York: Palgrave.

Gaunder, Alisa. 2012. "The DPJ and Women: The Limited Impact of the 2009 Alternation of Power on Policy and Governance." *Journal of East Asian Studies*, 12(3): 441-466.

Giannetti, Daniela, and Bernard Grofman. 2010. "Introduction: Long-Run Consequences of Electoral Rule Change: Comparing Italy and Japan." In *A Natural Experiment on Electoral Law Reform*, edited by Daniela Giannetti and Bernard Grofman, 1-12. New York: Springer.

Groffman, Daniela, and Naoko Taniguchi. 2012. "The Changing Bases of Party Support in Italy and Japan: Similarities and Differences." In *A Natural Experiment on Electoral Law Reform*, edited by Daniela Giannetti and Bernard Grofman, 33-57. New York: Springer.

Grosz, Elisabeth. 2004. *Volatile Bodies: Toward a Corporeal Feminism*. Indiana: Indiana University Press.

Inglehart, Ronald, Roberto Foa, Christopher Peterson, and Christian Welzel. 2008. "Development, Freedom, and Rising Happiness." *Perspectives on Psychological Science* 3(4): 226.

International IDEA, 2005. *Electoral System Design: The New International IDEA Handbook*. Stockholm: International IDEA（www.idea.int/publications/esd/loader.cfm?csmodule=security/getfile&pageid=10445, 最終アクセス：2013年10月31日）.

Katz, Richard. 1997. *Democracy and Elections*. Oxford: Oxford University Press.

Landes, Joan. 1995. "Rousseau and Modern Feminism." In *Feminist Interpretations and Political Theory*, edited by Mary Lyndon Shanley and Carol Pateman, 95-111. University Park: Penn State University Press.

Laycock, David. ed. 2004. *Representation and Democratic Theory.* Vancouver: UBC Press.

Lijphart, Arend. 1994. *Electoral Systems and Party System: A Study of Twenty-Seven Democracies 1945-1990.* Oxford: Oxford University Press.

MacIvor, Heather. 1996. *Women and Politics in Canada*, Peterborough: Broadview Press.

Mansbridge, Jane. 2003. "Rethinking Representation." *American Political Science Review* 97(4): 515-528.

―――. 1999. "Should Blacks Represent Blacks and Women Represent Women? A Contingent 'Yes'." *Journal of Politics* 61(3): 628-657.

Nanos, Nik. 2005. "The Sponsorship Scandal: Chrétien's Mess, Martin's Inheritance." *Policy Options*, 41-22. http://www.sesresearch.com/library/polls/TheSponsorshipScandal-06.pdf

Norris, Pippa. 1987. *Politics and Sexual Equality: The Comparative Position of Women in Western Democracies.* Boulder: Lynne Rienner.

Norris, Pippa, and Joni Lovenduski. 1989. "Women Candidates for Parliament: Transforming the Agenda?" *British Journal of Political Science* 19(1): 106-115.

Norris, Pippa, Kenneth Carty, Lynda Eryckson, Joni Lovenduski and Marian Simms. 2008. "Party Selectorates in Australia, Britain and Canada: Prolegomena for Research in the 1990s." *The Journal of Commonwealth and Comparative Politics* 28(2): 219-45.

Ogai, Tokuko. 2001. "Japanese Women and Political Institutions: Why Are Women Politically Underrepresented?" *PS: Political Science and Politics* 34(2): 207-210.

Pateman, Carole. 1991."God Hath Ordained to Man a Helper: Hobbes, Patriarchy and Conjugal Right." In *Feminist Interpretations and Political Theory*, edited by Mary Landon Shanley and Carole Pateman, 53-73. University Park: Pennsylvania State University Press.

―――. 1988. *The Sexual Contract.* Stanford: Stanford University Press.

Phillips, Anne. 1995. *The Politics of Presence.* Oxford: Clarendon Press.

Schugart, Matthew Sobert, and Martin Wattenberg. 2001. *Mixed-Member Electoral Systems: The Best of Both Worlds?* New York: Oxford University Press.

Steele, Jackie F. 2009. "Liberté, Diversité, Co-Autorité: Towards a Late Modern

Praxis of Radical Representative Democratic Corporealpolitiks." *PhD Thesis.* Ottawa: University of Ottawa.

Taylor, Charles. 1992. *Multiculturalism and "The Politics of Recognition."* Princeton: Princeton University Press.

Williams, Melissa S. 1989. *Voice, Trust, and Memory. Marginalized Groups and the Failings of Liberal Representation.* Princeton: Princeton University Press.

Young, Iris Marion. 2000. *Inclusion and Democracy.* Oxford: Oxford University Press.

———. 1990. "The Ideal of Community and the Politics of Difference." In *Feminism/Postmodernism,* edited by Linda J. Nicholson, 300-323. London: Routledge.

第3章

スウェーデンにおける政党型クオータと女性運動

衛藤幹子

はじめに

　西ヨーロッパ諸国におけるクオータ導入の経緯は一様ではないが、政府や政党にそれを強力に求める女性運動が存在するという点で共通している[1]。言い換えれば、女性運動なくしてクオータの導入はなかなか進まない。また同時に、それらの国では女性運動に連動する政界再編や政党間競争の激化、政権交代といった政治環境の変化が伴っている。本章の目的は、こうした政治的機運と女性運動、そしてクオータの登場と進展の関連性に注目してスウェーデンにおける女性の政治的代表性向上の要因について考察することにある。

　スウェーデンが最も進んだ政治的ジェンダー平等国家のひとつであることは、誰もが認めるところであろう。スウェーデンの国政における女性議員比率は44.7％（2010年9月の総選挙結果）である。列国議会同盟が発表している女性議員比率の世界188ヵ国中の順位こそ4位であるが（2013年9月1日現在）[2]、政界における女性の活躍には目覚ましいものがある。たとえば、現在の中道・右派連立政権の閣僚24名のうち13名が女性である。また、現政権の一翼を担う中央党が2001年以降女性党首を頂き、他方最大野党の社会民主党は2007年から2011年まで女性が党首であったし、緑の党は伝統的に女性が共同党首を務めている。

　女性の政治的代表性をめぐるスウェーデンの成功にクオータが貢献していることは間違いない。しかしながら、クオータは唯一の要因ではなく、女性

の政治的影響力の向上を促進する複数の要因のひとつにすぎない。事実、スウェーデンの主要8政党のうち、党規約に基づいてクオータを導入しているのは、左派の3政党（社民党、緑の党、左翼党[3]）であり、中道・右派の4政党（穏健党、自由党、中央党、キリスト教民主党）および極右のスウェーデン民主党は、少なくとも明文化されたクオータを実施していない[4]。

　スウェーデンにおける女性議員数の顕著な増加は1970年代に始まるが、この契機となったのが、女性の労働市場進出に伴う2方向からの変化である。すなわち、社会的責任の対価として政治的地位を強く求める女性たち自身の声と、女性票獲得を目指す政党の事情である。わけても、女性の政治的代表性の向上を求めて行動する女性運動の存在抜きにスウェーデンの成功を語ることはできない[5]。本章は、この女性運動を縦軸に、女性の労働市場参加の急速な進展に伴う政治的・社会的変動や政党の動きなどの外在的要因を横軸に分析を進め、自らの代表性の向上を社会に向かって強く主張する女性自身の声が女性の政治的影響力の向上を基礎づけていることを明らかにする。

　スウェーデン王国議会（Riksdag）は349議席からなる一院制である。選挙は4年ごとに行われる[6]。選挙日は9月の第3日曜日と定められ、国政と同時にコミューン（市町村）議会と県議会、さらに欧州議会と、あわせて4つの議員選挙が同時に実施される。選挙制度は比例代表で、国政は39の選挙区から構成されている。有権者の投票先は政党である。政党は投票用紙に順位づけをした候補者名簿を記載しており、選択した政党の候補者名簿のなかに意中の候補者がいる有権者はその候補者を指名して投票することができる（選好投票）。政党にはその得票率に応じて議席が配分される。政党は名簿の順位に従って当選者を確定するが、名簿の順位が下位であっても有権者からの指名が多いと順位は上がり、上位者を飛び越して当選する可能性もある。政党が国政で議席を獲得するには4％以上の得票率を上げなければならない。

　女性に有利な選挙制度は、現職やその後継者が立候補や当選において有利な小選挙区制よりも比例代表だということが実証研究によって明らかにされている[7]。比例代表はクオータとも相性がよい。というのも、小選挙区の場合、男性候補者を退けて女性を立てることになるので党内に激しい軋轢を生

じさせ導入には抵抗が少なくない。その点、名簿方式であれば女性候補者が名簿の下位に入れられてしまうという課題はあるものの、男性候補者と直接争うわけではないので比較的円満に導入を進めることができる。さらに、小選挙区に比べて比例代表の選挙戦の穏やかさも女性の立候補には有利に働く。前者の場合、候補者個人の選挙戦になるので、資金、知名度、支援団体といった政治的資源に乏しい女性が立候補し、当選まで漕ぎ着けるのは容易ではない。ところが、政党主体の選挙になる比例代表は候補者個人への負担は相対的に軽い。事実、スウェーデンの選挙戦はテレビなどマスメディアを介した党首の論戦、テレビ・コマーシャル、ポスター、パンフレット、大小の集会といった政党主体の運動である。スウェーデンの事例には、このような女性の立候補と当選にとって有利な選挙制度が前提となっている[8]。

1．スウェーデン・モデルをめぐる2つの誤解

　スウェーデンにおいて最初の女性議員は1921年に誕生したが、その比率はわずか1％であった。それから90年をかけて44.7％に至った。このように、議会における女性議員比率が年月を経るなかで徐々に増えていくという傾向は、「漸進的軌道」[9]あるいは「段階的モデル」[10]と呼ばれ、経済成長や社会の発展のなかで女性の政界進出が徐々に進む欧米先進国にみられる傾向である。それでも、図1に示すように、その上昇線は1970年代から1980年代に急勾配を描いている[11]。すなわち、1960年代までは緩やかな上昇であったのが、1970年代に入ると上昇率が急速に高まって、1980年代半ばには30％に達し、それまでの2倍のスピードで女性議員が増加している。

　1970年代から80年代のスウェーデンにおける女性議員の目覚ましい増加は、海外の注目を集めるようになり、やがて政治的男女平等を求める諸外国のフェミニストたちを鼓舞し、政治的ジェンダー平等のモデルとしてみられるようになった。国際社会主義女性会議は、西ヨーロッパの左派政党に対し、スウェーデンの経験に倣って、女性議員を増加させることを求める決議を行った[12]。また、イギリスを代表するフェミニスト政治理論家のアン・フィリプスは、スウェーデンなどスカンジナビア諸国を女性の政治的代表性

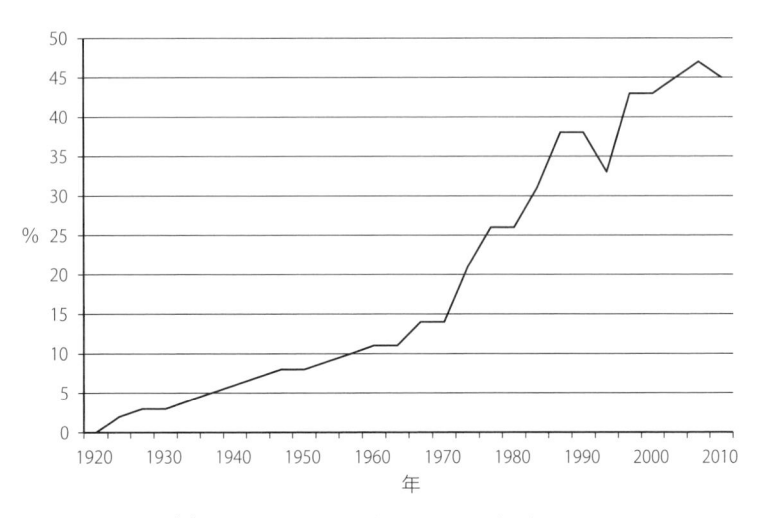

出典：Freidenvall, 2006, Table 1; Laesson and Bäck 2008: 158.
図1：スウェーデン議会における女性議員比率の年次推移

向上の成功例として取り上げた[13]。しかしながら、スウェーデン・モデルに対する外からの評価には誤解も少なくない。このような誤解はスウェーデンのジェンダー平等に対する正しい理解を妨げるだけでなく、女性の政治的代表性の向上を求める他国の研究者や女性運動家の進むべき方向を誤らせる危険性もある。近年スウェーデンのフェミニスト政治学者によって誤解を解く試みが行われている。

クオータと女性議員増加の関連性をめぐる誤解
　スウェーデン・モデルに対する誤解のひとつは、法的クオータはスウェーデンで創設されたのであり、女性の政治的代表性の目覚ましい向上は法的クオータが実施されたためだというものである。たとえば先に挙げたフィリプスは、法が定めるクオータにスウェーデンを含むスカンジナビア諸国における女性の政治的成功の秘訣があると示唆した[14]。また、ラテンアメリカで法的クオータの導入が議論された折に、ラテンアメリカの女性運動のグループは、スウェーデンにおける女性の政治的代表性の向上は法的クオータによって実現されたという根拠に基づいて法的クオータの導入を強く要求し

た[15]。だが、スウェーデンはおろかデンマークやノルウェー[16]でも、少なくとも政治の場においてクオータが法によって定められたことはない[17]。

スウェーデンでは、1987年に左翼党と緑の党が、また1993年には社会民主労働党（以下、社民党）がクオータを導入している[18]。しかしながら、これらの政党がクオータを始める以前の1970年代半ばに女性議員比率は20％に達し、1985年には30％を超えるようになった（図1）。政党の明文クオータは、左翼党と緑の党が採用した1988年の総選挙以降、そして最大政党である社民党が導入した1990年代において、女性議員の増加に貢献するようにはなるが、それがスウェーデン女性の政治的代表性の向上の契機となったわけではなかった。

ところで、議会で女性（政治的少数派）が多少なりとも影響力を行使できるようになるにはある程度の人数が必要である。ドゥルゥデ・ダールラウプは、女性議員が政策決定や政治過程に変化を起こすために必要な比率を30％とし、これを「クリティカル・マス（決定的女性議員比率）」と称した[19]。しかしその一方で、ダールラウプは、女性議員の比率が30％（1980年代後半時点）に達していた北欧4ヵ国（スウェーデン、ノルウェー、デンマーク、フィンランド）を検証し、数の増加が必ずしも政治や政策における成果に反映されていないことを明らかにした。そして、数に注目するクリティカル・マスよりも、政治過程や政策決定の節目で影響力を効果的に発揮する女性議員の行動、すなわち「クリティカル・アクト」のほうが重要だと指摘した[20]。このような結論にもかかわらず、クリティカル・マスという用語は独り歩きし、やがて女性議員がジェンダー政策を推進させ、政治過程をよりジェンダー平等な方向に変えるために最低限必要な勢力（30％）と定義されたようになった[21]。

女性議員が政策決定や政治過程において成果を上げるためには、数だけではなく、政党の党議拘束の強弱、政治的状況の変化、さらには女性運動や労働組合など市民社会との関係、政党横断的な連携など女性議員の行動が影響する[22]。とはいえ、こうした個々の議員の行動も人数が増えればそれだけ、より影響力が増すことになる。たとえ志と資質の高い議員であっても、少数派である限りその影響力には限度がある。やはり人数は重要であり、ゼロあるいは数％からスタートしたとき30％は最初の目標として適切な数値であ

ろう。スウェーデンでは、この最初の目標値である「クリティカル・マス」はクオータが導入される以前に達成されていた。クオータは、クリティカル・マスをさらに均等なジェンダー・バランスに引き上げるために貢献したのである。

「上から」の平等という誤解

　2つ目は女性運動をめぐる誤解である。1960年代末から80年代、北米や西ヨーロッパでは第2波フェミニズムと称される新しい女性運動が台頭したが、ダイアン・セインズベリーは、この分野の研究を主導した欧米の比較研究者がスウェーデンでは第2波フェミニズムの女性運動は弱いと評価したと指摘している[23]。そのため、スウェーデンにおけるジェンダー平等は、いわば「フェミニスト不在の国策フェミニズム」[24]によってお膳立てされたと評される。しかし、実際にはこの時期のスウェーデンの女性運動は極めて活発で、しかも他の欧米先進諸国のフェミニスト運動が停滞した1990年代以降においてもその勢いが衰えることはなかった。なぜスウェーデンの女性運動に、このような誤解が生じたのか。

　セインズベリーは、スウェーデンの女性運動の特徴からその理由を説明している[25]。欧米において、第2波フェミニズムは、議会や政党、選挙といった既成の政治制度を否定し、家族や結婚、社会制度、文化や人々の価値観など社会のありようを根源的に変革することを目指すラディカル・フェミニズムによって先導されたが、スウェーデンではラディカル・フェミニズムはあまり受け入れられず、法制度の改革を志向する改良的運動がより盛んであった。とはいえ、スウェーデンのフェミニズムはリベラル・フェミニズムにみられがちな改良主義にとどまらず、社会主義フェミニズムとラディカル・フェミニズムの思想をも内面化させていた。そのため、社会主義フェミニズムが説く結果の平等を重視し、さらにラディカル・フェミニズムが重視したドメスティック・バイオレンス（以下、DV）[26]やセクシュアル・ハラスメントといった女性の身体やセクシュアリティの問題にも深い関心を寄せていた。

　しかも、スウェーデンのフェミニストたちは、他の欧米先進諸国のラディカル・フェミニストたちが拒絶した政党や労働組合に参加し、また1984年に設立された伝統ある女性権利団体、フレドリカ・ブレマー協会に合流して

体制内からの変革を試みた。もっとも、スウェーデン女性の政党参加はこの20世紀中葉に突然起こった出来事ではなかった。19世紀末から20世紀初めにかけて起こった第1波フェミニズム（あるいは女性参政権運動）においてフェミニストたちは保守党（現穏健党）[27]、自由党、中央党、そして社民党の4つの政党のなかに女性部局を設立しており、1970年代の新しい波の担い手が政党を自らの活動の場としたことは自然な流れであった[28]。いずれにせよ、スウェーデンの女性運動は他の欧米諸国でみられたフェミニズムとはかけ離れていたために、その存在が正しく認識されなかったのである。スウェーデンの女性運動は停滞していたどころか、むしろ他の欧米諸国のそれとは異なった道を歩むことによって女性の政治的平等を推し進めることに成功したのである。

2．スウェーデン社会の変化と女性の政治代表：1960年代から1980年代まで

スウェーデンには全政党に女性候補者数の引き上げを義務づける法的クオータがないばかりか、左派政党が党綱領でクオータの実施を定めたとき女性議員比率がすでに30％になっていたという事実は、何が女性議員の増加を促したのかという疑問を生じさせよう。そして、上に述べたように、その解答のひとつはスウェーデンの女性運動にあることが示唆された。だが、あわせて労組や政党に積極的に斬り込む女性運動を生み出し、また女性運動の影響力行使を有効なものにした社会の構造的変化、政治的機運も見逃すことはできない。

政治的ブロックとしての「女性」の登場

1950年代から1960年代、スウェーデン経済[29]は目覚ましく発展したが、それは人口の高齢化と相まって労働力不足を引き起こした。労働力不足解消の手っ取り早い手段として採用されたのが女性の労働市場への取り込みである[30]。実際、女性の労働市場参加は急速に進展した。たとえば、15歳から64歳までのスウェーデン女性の就労率は、1965年の44.4％に対し、70年は51.9％で、7.5ポイントの伸び率であった[31]。しかしながら、女性の就労を促すためには、育児支援や介護サービスなどの公的福祉政策の充実

はもとより男性優位の社会制度や人々の価値観、文化の変革が不可欠であり、伝統的な性別役割分業観のなかで埋もれていた「女性」を能動的な政治的行為者として登場させることになった。それは、政治的対立軸には、左派対右派という伝統的な分断だけでなく、男性対女性という性別による分断が存在することを意味した[32]。折しも、1960年代「平等と偉大な民主主義の実現」がスウェーデンの政治的議論の課題になっており、フェミニストたちは普遍的な平等の議論のなかでジェンダー平等を取り上げるよう求めた[33]。幸運にも彼女たちには、ジェンダー平等を政治的アジェンダに乗せるにために利用することができる資源が2つあった。ひとつは1960年代初期に性別役割論争に乗り出した女性研究者のネットワーク、もうひとつは先に述べた政党の女性部局であった[34]。

女性研究者のネットワークは、階級間の不平等を取り除くという意味に限定されていた「平等」の概念を、男女の間にある不平等の解消を含む概念に拡大するという役割を果たした。他方、政党の女性部局はジェンダー平等がスウェーデン社会にとって重要な課題であることをより多くの人々に伝え、全国的な政治的議論の過程に乗せる役割を担った。わけても、与党の社民党の女性部局は『女性の平等』[35]と名づけられた男女平等のための改革プログラムを作成し党に提案した。プログラムには、男女平等の観点から税制、労働政策、家族法、教育、社会保障を改革する提案が盛り込まれていた。『女性の平等』プログラムは1969年の社民党大会で採択され、社民党の最重要政策課題に位置づけられた[36]。

1969年の総選挙で大勝した社民党は、教育機会の平等、ジェンダーに中立的な税制、育児手当、延長保育、家族政策の推進など『女性の平等』プログラムの提案に従って改革を実行した[37]。社民党はこの改革に必ずしも積極的ではなかったが、結局これらの政策は実現され、女性は仕事と家庭生活を両立できるようになった。図2は、20歳から50歳までのスウェーデン女性の就労率を、1968年から2000年まで経年的にみたものである。70年代に、急速に有職者が増加し、無職の女性が減少していることがわかる。図3は、図2と同じ条件で、小さな子どもがいる場合の就労状況をみたものである。有職の母親が増加する一方で、無職の母親の割合が下降しており、育児と仕事の両立がスウェーデン女性のライフ・スタイルになっていく様子が

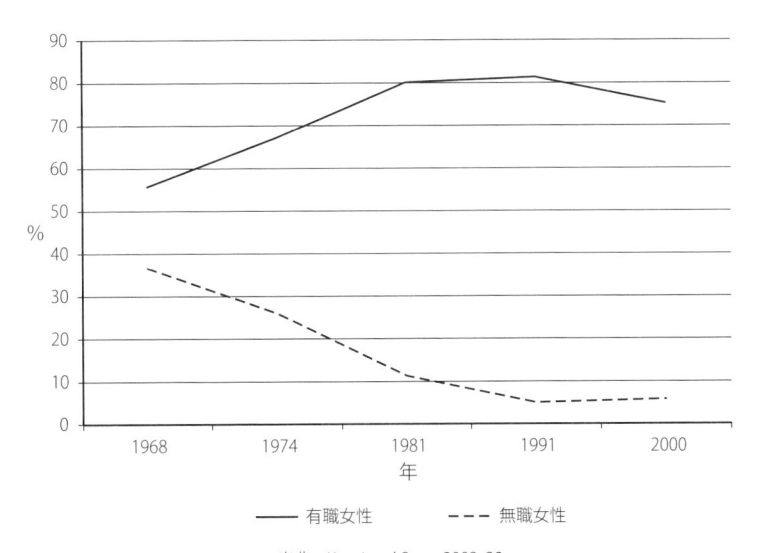

出典：Korpi and Stern 2003: 20.
図2：20歳から50歳までのスウェーデン女性の就業率の年次推移

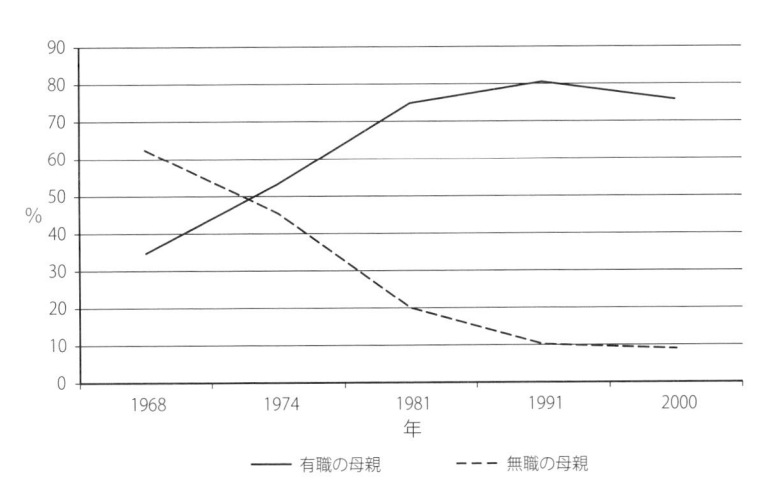

注記：小さな子どもの定義は、1967年から1981年は7歳以下、1991年と2000年は9歳以下。
出典：Korpi and Stern 2003: 21.
図3：20歳から50歳までの小さな子どものいるスウェーデン女性の就業率年次推移

示されている。フェミニストたちは、社民党をその内部から突き上げジェンダー平等政策の実現を成功させた。しかしながら、改革プログラムのなかには女性の政治的代表性の向上を求める要求やそのための方策は含まれていなかった。

　女性の過少代表の問題は社民党ではなく、まず左翼党（旧共産党）と中央党の女性たちによって取り上げられた。左翼党は1967年の『もうひとつの社会主義』というプログラムのなかで、女性はスウェーデン人口の半分を占めているにもかかわらず、労働組合や政党の幹部会に女性は極めて少なく、女性の過少代表は民主主義に対する脅威であると指摘した。左翼党が党内や組合組織内の意思決定における男女の不均衡を取り上げたのに対し、中央党は議会における女性の過少代表を問題視した。中央党は1960年代におけるスウェーデンの政党のなかで最も女性議員の比率が低く、しかも地方の農民組織を母体に創設されたという経緯から党運営に家父長的な側面が残っていた。左翼党の動きに呼応するように、中央党の女性たちは、女性の過少代表は民主主義の原理と矛盾すると党幹部を糾弾し、女性議員の増加とそれを実現するための党運営の民主化を要求した[38]。女性の過少代表を批判する声は、女性団体からも上がった。フレドリカ・ブレマー協会は、1970年代初頭、機関誌のなかで『政治により多くの女性を』というキャンペーンを展開した[39]。

　女性の政治的過少代表はどの政党にも共通する問題であったので、すべての政党の女性たちを党派を超えて団結させた。また、国家の半分を支える女性の過少代表は民主主義の欠陥だという主張は世論を納得させ、この問題に対する社会的合意形成を促した。世論の動向は選挙結果に直結するので、全政党のリーダーたちは、女性候補者を増やすために努力すると発言せざるを得なかったのである。しかしながら、候補者の選出は党の地方組織に委ねられていたため、リーダーたちはどのようにして女性候補者を増やすのか具体的な方策を提示することはできなかった[40]。女性候補者を増やすという約束はできても、それをどのように実現するかが問題だったのである。それでも、党内の意思決定に女性を積極的に登用する方法はいくつかの政党で導入された。

　自由党は1972年、党のすべての機関と幹部会の要職の少なくとも40％は女性にするという指針を打ち出した。この決定に追い立てられるように社

民党、左翼党も同様の指針を導入した[41]。また、いずれの政党も女性運動から政界入りをする女性を競って支援するようになった[42]。党内外において政党に女性候補者の増加を迫る女性たちの強い声に加え、党の意思決定機関で発言力を持つようになった女性幹部の増加は、1970年代における女性議員の増加を押し上げた。女性議員の比率は1971年に14%であったのが、1974年に21%、さらに1979年には26%に増えた[43]。

政党間競争とクオータ

　女性議員の比率は、1980年代には30%台に上昇していくが、この80年代の上昇は政党が相次いで導入した積極的差別是正策に負うところが大きい。スウェーデン政党のクオータは上記のように党内組織のリーダーや幹部会メンバーなど党の要職に登用する「党内クオータ」から始まり、選挙の候補者に女性を積極登用する方策へと発展する形で進んだ。しかしながら、スウェーデンにおける政党の選挙クオータは政党綱領などで規定するのではなく、政党内の合意として推進する「ソフト・クオータ」と呼ばれる方法が一般的で、党綱領に定めを持つ「公式」の政党クオータは、後に述べるように1987年に初めて登場したにすぎない。しかも主要8政党のうち公式のクオータを持っているのは、左派3政党のみである。

　ソフト・クオータは自由党からすべての主要政党に広まった。自由党は、1972年に導入した40%の党内クオータを1974年に選挙候補者名簿にも拡大した。さらに自由党は1984年の党大会において、総選挙では男女を交互に並べた候補者名簿を作成するという方針を決定した。自由党のソフト・クオータの導入は女性票の行方を左右するだけに、他の政党にもすぐに波及した。たとえば、左派勢力では1978年に左翼党が党内要職と選挙候補者の比率を女性党員の比率と等しいものにするという決定をした。社民党は女性議員の比率を人口における女性の比率に等しいものにするという方針を打ち出した。他方、自由党、中央党、キリスト教民主党の中道・右派勢力は女性の過少代表を改善するための特別措置を導入した。もっとも、その措置をいつ、どのように実施するのか具体的な手続きは示さなかった[44]。

　党綱領で規定したクオータは1987年に緑の党と左翼党によって導入された。1981年に結成された緑の党は結党時に40%の党内クオータを定めて

いたが、これを選挙における候補者名簿にも適用することを 1987 年の党綱領に定めた。左翼党は、それまでの「女性候補者と女性党員の比率を等しくする」という取り決めを「女性候補者を選挙区における女性有権者の比率に等しくする」という文言に変え、同時にこの変更を綱領に明文化した。左翼党は、さらに 1990 年には候補者と有権者の比率を等しくするという曖昧な文言を改め、女性候補者の比率を 40％と明示した。このような左派 2 党の動きのなかで、社民党の動きは鈍く、同党がクオータを党綱領で定めるには 1993 年まで待たなければならなかった[45]。

　トルビョーン・ラーショーンとヘンリー・バックは、スウェーデンにおける有権者の支持率をめぐる政党の勢力地図に大きな変化がみられたのは 1917 年、1932 年、1948 年、1991 年、そして 2006 年の 5 回であると述べている[46]。1960 年代から 1980 年代は有権者の支持政党が相対的に安定していた時期であった。とはいえ、個々の政党の趨勢に顕著な変化がなかったわけではない。この時期の各政党の得票率をみておこう。

　社民党が 40％を安定的に維持していたのに対し、他の政党には有権者の支持に変化がみられる。穏健党は、1930 年代から 1970 年まで得票率は 12％と長く低迷していたが、1970 年代から上昇に転じ、1979 年以降 20％前後を維持するようになった。緑の党は、結党翌年の 1982 年に初挑戦した選挙の得票率は 1.7％で国政に議席は得られなかったものの、地方議会に 129 議席を獲得した。そして、1988 年の選挙では 5.5％の得票率により 20 議席を得て、国政進出を果たした。他方、自由党の得票率は、1950 年代には 20％を超えていたが、60 年代に入ると下降し始め 70 年代以降は 10％前後で推移した。中央党は 1970 年代こそ 20％の得票率を維持していたものの、その後下降している。この時期支持が大きく落ち込んでいたのが左翼党であった。冷戦の影響もあり、1968 年の得票率は国政で議席を失う 3％にまで落ち込み、その後 25 年かけて 6.2％まで回復した。なお、キリスト教民主党は 1985 年まで国政に議席はなく地方議員のみであった[47]。

　1960 年代から 80 年代における政党支持率の動向から、政党が女性の積極的登用策を打ち出した理由の一端を推察することができる。まず、支持率の低下に悩む政党ほど率先して積極的女性登用策を実施している点である。自由党が党内クオータやソフト・クオータを導入したのは得票率が 20％か

ら10％台に下降する時期であり、国政における議席を失うまでに支持が低迷した左翼党はそれに続いたばかりか、候補者クオータを党綱領で定めた。反対に、70年代以降支持率が上昇している穏健党は女性登用策に消極的であった。一貫して40％台の高支持率を維持していた社民党も、党内クオータとソフト・クオータのいずれも他党に追従して実施したにすぎず、また選挙クオータの制度化も90年代に入ってからである。つまり、党勢が上昇あるいは高止まりしている政党よりも、下降し、低迷する政党のほうが女性登用策を積極的に導入する傾向が窺える。そこには、党内の要職や候補者に女性を積極的に登用すれば、女性有権者の支持が得られるという論理が働いているようにみえる。加えて、得票率を少しでも上げるために鎬を削る中小政党間の競争も作用していよう。ライバル政党が半数を占める有権者の関心を誘う政策を取り入れるのを傍観する手はないのである。

3．女性運動と政党とのせめぎ合い：1990年代、2000年代

1990年代スウェーデンの女性議員比率は40％に達し、女性の政治的代表性はさらに改善された。2010年の総選挙で若干の減少はあったが、2000年代には45％前後を維持するようになった。この1990年代以降の傾向において、中心的な役割を果たしたのが、女性運動のなかから立ち上がってきた女性による女性のための2つの政党であった。

女性政党「サポート・ストッキング（SS）」と社民党

スウェーデンの政党のリーダーの多くは性別を問わず、自らを「フェミニスト」と称するという[48]。すでにみたように、事実、それらの政党は党内で女性登用策を積極的に取り入れてきた。しかし、政権党として実効力のある女性政策を推進してきたのは社民党であり、フェミニストや女性運動、女性労働組合員が最も支持したのも同党であった[49]。社民党が率先して女性登用策を打ち出さなかったのも、同党がすでに女性のなかに確固とした支持基盤を持っていたことも一因であろう。しかし、1991年に「サポート・ストッキング（以下、SS）」[50]という女性政党が登場し、社民党とフェミニストとの蜜月に亀裂が入った。

SS 結党のきっかけは、1988 年の総選挙で 38％にまで伸びた女性議員比率が 1991 年の総選挙で 33％に下降したことにあった。1991 年の選挙では社民党が敗退し、穏健党、自由党、中央党、キリスト教民主党からなる中道・右派連立政権が誕生した。だが、フェミニストたちには福祉政策の充実を推進してきた左派が政権を去ったことよりも、1928 年以来上昇し続けてきた女性議員数が低下に転じたことのほうがショックであった。1991 年の選挙における女性議員減少の主要因は、女性立候補者の擁立が減少したことであった。わけても、最大政党である社民党の女性候補者数が低下していたことが大きい。そのため、フェミニストたちの間に、政党が男性によって支配されている限り、女性の候補者は増えない、この障害を取り除くには女性候補者だけを擁立する女性政党を立ち上げるしかないという強い思いが湧き上がり、SS が結成されたのである[51]。

　SS の中心的なメンバーは、フェミニスト研究者や女性ジャーナリストであったが、彼女たちは既成政党には所属していなかった。そのうちの何人かはラディカル・フェミニストたちの団体である「グループ・エイト」のメンバーであった。SS を立ち上げた女性たちの党派やイデオロギーには違いがあり、政治的方向性は必ずしも一致しなかった。しかし、SS はこうした違いを超え、女性議員を増やすというひとつの目的で団結した。SS は 1994 年の選挙に打って出た。1991 年の選挙で政権に就いた中道・右派政権が断行した福祉サービス削減を弾劾する「女性法廷」を開催するなど有権者に強く訴えかける選挙運動を展開し、事前世論調査では支持率は平均して 25％、一時は 40％にも達した。ところが、SS は選挙直前に候補者の擁立を取りやめて選挙から撤退、解党した。SS が集めた支持票は、社民党に流れた[52]。

　選挙を断念し、解党したにもかかわらず、SS は女性の代表性の向上に大きく貢献することになった。というのも、1993 年、社民党は SS 結成の動きに追い立てられるように、男女の候補者比率を同数にする 50％のクオータを明文化した。1994 年の選挙で社民党が大勝したため、同党の女性議員はそれ以前の 41％から 48％と大幅に増加した。1994 年の選挙全体でも女性議員比率は 40％に達したのである。当時の SS の動向を詳細に検証したセインズベリーによると、SS の目的は議席を獲得し政党として自立することよりも、女性議員を増やすことにあったという[53]。SS の党首は社民党か

ら50％のクオータを引き出し、さらに女性候補者に対する有権者の関心を引きつけることに成功したので、どの政党が勝利するにせよ、女性の議席数は増加するだろうと予言していた。しかも、SSの解党理由はその選挙戦参入が女性有権者の社民党や他の左派政党への支持を分散させないことにあった。つまり、SSの目的は既成政党に「女性票を奪うぞ」という脅威を与え、女性候補者の増加を促すことにあったのである。

フェミニスト政党「フェミニスト・イニシアティブ（Fi）」の脱「政党」、そして根源的平等へ[54]

　2006年の総選挙に、再び女性政党が登場した。しかし、「男性よ、一歩下がれ」と過激なスローガンを掲げて登場した「フェミニスト・イニシアティブ（以下、Fi）」[55]と呼ばれるこの政党は、SSのように穏やかな政党ではない。Fiの政党綱領によれば、スウェーデン社会において女性は相変わらず男性に従属させられており、Fiはこの家父長制的秩序を廃絶することを第1の政治課題に、年齢や性別、人種など属性の違いにかかわらずこの闘いに共鳴するすべての人のために存在する。事実メンバーにはかなりの男性が含まれ、多額の寄付や献身的な選挙運動など物心両面から党を支えている男性党員も少なくない[56]。しかし、2006年の総選挙でFiが擁立した58人の国政の議員立候補者のうち男性はわずか2人、主役はあくまで女性である。女性候補者たちは20歳代前半から60歳代前半までの幅広い年齢層によって構成されている。彼女たちの職業も政治家、大学教員、ジャーナリスト、ミュージシャン、画家、映像作家、会社員、学生と実に多様である[57]。

　Fiの結党には、ジェンダー平等をめぐるスウェーデン社会の問題が引き金になっており、大きく3点に整理することができる[58]。まず労働市場における男女の分業化の問題である。女性の多くは相変わらず公務員（それも福祉）や教師、看護職といった伝統的な女性の職業に就いている。また、企業に勤めている場合でも管理職は圧倒的に男性によって占められ、労働市場において女性は依然として「二流労働者」の地位に置かれている。たとえば2006年当時の女性の平均賃金は、男性よりも年間で4300クローナ少なく、比率にするとその70％程度であった。

　次に、女性に対する暴力の実態が明らかになったことである。1999年

に全国的な「女性に対する暴力の実態」調査が行われたが、その結果はスウェーデンの人々にとって衝撃的なものであった。46％の女性が身体的、精神的、物質的などあらゆる種類のものを含む男性による何らかの性的暴力や嫌がらせの被害に遭遇している実態が明らかになった。実に、スウェーデンの女性のほぼ２人に１人が性的なハラスメントの被害にあったことになる。また、DVについても、この調査が行われる以前は、DVというのは移民などの一部の家庭に起きる極めて例外的な事件であり、いわゆる白人の家庭にはみられない問題だと信じられていた。ところが、この調査結果は、DVの問題が、白人で、しかも教育水準の高い家庭にも少なからず存在するという事実を明らかにしたのである。

　そして第３が、制度と現実の乖離に対する女性たちのフラストレーションである。スウェーデンでは女性が働くことは当然であり、女性が家庭と仕事を両立することは今では社会通念になっている。しかしながら、その一方で、家庭のなかでは相変わらず女性はより多くの家事や育児を負担し、女性は家庭と仕事の両方に責任を負う「二重負担」にあえいでいる。育児休暇[59]をとるカップルのうち、もっぱら母親が優先的に取得する事例が81％にものぼる（2006年当時）。つまり、現行の制度は職場における女性の従属的地位と男性の家庭と子どもに対する免責を改善するどころか容認している[60]。

　ジェンダー平等政策が強力に推進され、確かに制度的には目覚ましい改善がもたらされてきたが、女性の置かれた現実に一歩踏み込めば、「大して変化していないのではないか」という疑問、「表面的な平等が現実の不平等を覆い隠している」という不満が女性たちの間に充満していた。そして、現実がなかなか変わらないのはこうした政策の意思決定が男性主導で行われているからであり、フェミニスト自ら政党を立ち上げ、フェミニストの視点で政治を運営し、真に平等を実現する政策を打ち出すほかないというわけである。Fiは、スウェーデンの女性たちの間にくすぶる不満を、次のように表現している。

　　Fiは、平等に関する議論が立ち上がっても、もう平等は十分ではないか、平等よりも他に大切な問題があるといって、平等についての議論の中止を主張することは決してしない。「平等」こそがFiの最重要課題なのである。すべての女性たちはただ自分たちが女性だというだけで、女

性を条件づけ、その可能性を狭める構造的問題に直面している。真の平等を達成するためには、男女の間に存在する権力構造を完全消滅させなければならない。それゆえに、女性はもっと権力を握る必要があり、他方男性は権力から一歩引き下がらなければならない。（Fi マニフェストの前文より）

　このような現状を打破するために Fi は 3 つの公約を掲げた。すなわち、① 100％の賃金の実現（男性の 7 割程度の女性の賃金を男性と等しくする）、②男性の育児休暇取得率の 50％引き上げ（父親と母親が育児を平等に担う）、③女性に対する暴力の 0％（女性に対する暴力やハラスメントを撲滅する）である。

　Fi の選挙戦は、メディアによる注目が高かった半面、中傷や醜聞などもあって苦戦を強いられた。だが、終盤にはアメリカ映画俳優のジェーン・フォンダや著名なフェミニスト詩人、欧州議会のフェミニスト議員など海外から応援団が駆けつけ盛り上がりをみせた。しかしながら、選挙結果は得票率が 1％にとどまり、議席獲得の 4％には及ばなかった[61]。

　長年にわたってスウェーデンの女性と政治を研究してきた政治学者のセインズベリーは、SS との比較から Fi の敗因を次のように指摘している[62]。まず政党としての完成度の違いである。SS は女性議員を増やすことで党内が一致し、党としてもまとまっていた。それが有権者に安心感を与え、一定の支持を獲得することができた。他方、Fi の政治目標はイデオロギーの違いによってなかなか一本化せず、政党としての一体性を欠いていた。第 2 に、SS は社民党内の女性党員と連携して社民党に圧力をかけ、最終的に社民党に 50％のクオータを採用させることに成功した。しかし、Fi は左派の女性票を奪うだけで終わってしまった。最後に、SS が登場した当時男女平等は今日ほど進んでおらず、女性政党が立ち上げられる理由は一般の有権者にも納得できるものであった。

　確かに Fi は、いみじくもスウェーデンのフェミニスト政治学者のダールラウプが「遅れてきたラディカル・フェミニスト」と評したように、議席を目指す政党というより華やかな行動で世論の注目を集める運動組織に近いものであった[63]。しかも、2006 年の選挙では社民党、左翼党、緑の党の左派政権が敗れ、中道・右派政権が誕生した。Fi が左派政党を多少なりとも引っ掻き回してしまったことは否めない。それでも、この選挙では女性議員の比

率が、2002年の45％から2ポイント伸びて、47％になった。中道・右派政党も左派政党に劣らず多数の女性候補者を擁立していたのである。Fiの登場は、左右を問わず既存政党に改めて「女性票」の重要性を意識させ、結果として女性候補者の一層の擁立に向かわせたのである。

　2010年、Fiは総選挙に再び挑戦した。2006年の選挙戦に比べると、派手なパフォーマンスもなく国政に擁立した候補者も37人と減少した。メディアの注目度も低かった。2010年の選挙では社民党が女性党首を立て、もし社民党を中心とした左派連合が勝利すれば初の女性首相の誕生が期待されたこと、また右派の自由党の女性候補者が「フェミニスト」であることを前面に打ち出してアピールしたことなど、Fiの存在感を薄める話題も少なくなかった。前回同様Fiの得票率は4％に満たず、今回も国政での議席獲得はできなかった。しかも、この選挙では、女性議員比率が約2ポイント減少して44.7％になり、2002年のレベルに後退した。減少の主な要因は、極右政党のスウェーデン民主党が5.7％の得票率で20席を獲得し、この20人の議員のなかに女性が皆無であったことにあった。

　女性議員の増加を直接の目的としたSSが中道・右派政権の福祉政策削減に不満を持った女性有権者だけでなく、広く世論の支持を得、しかも社民党の票を奪わないように選挙戦から撤退するという賢明な戦術によってその目的を果たしたのに対し、Fiが掲げたのはスウェーデン社会に根源的な平等を実現するという法制度だけでは解決しない、いわば「壮大な」目標であり、それゆえにSSのように目に見える成果を上げることができなかった。しかしながら、Fiが提起した課題は、いうところの「実質的平等」を問うものであった。議会におけるジェンダー平等が形式的にはほぼ実現したにもかかわらず、権力は相変わらず男性によって支配されている。Fiは政治の中枢権力の平等な配分を求めた。その意味で、Fiは形式的にはほぼ達成された平等を真に根付かせて、実態においても平等を実現するというジェンダー平等の深化を志向したのである。

おわりに

　スウェーデンにおける女性の政治的代表性の向上は、経済・社会環境の変

化、政党の集票行動、そしてこれらの動きを巧みに捉えて自らの政治的影響力を強めっていった女性運動という3つの要因によるところが大きい。なかでも女性運動は、女性議員増加の原動力であった。クオータは女性議員増加の直接的契機というよりも、すでにクリティカル・マスに達した比率をさらに押し上げ、ジェンダー・バランスをより等しいものにする上で効果を発揮した。

　スウェーデンの女性運動は、伝統的に政党との結びつきが強く、1970年代前後に登場し、女性議員の増加に大きく貢献した第2波フェミニズムも、この伝統を引き継いで既成政党や労働組合に合流した。フェミニストたちの政党への合流が、スウェーデンの女性運動を早くから女性の過少代表の改善という目的に向かわせた。政党内のフェミニストと党外のフェミニスト活動家、そしてフェミニストの訴えに共鳴する多くの女性たちという三者の連携プレイが政党に女性議員の増加を約束させた。女性有権者を意識した政党は、党内クオータなどを導入して女性党員を幹部会などの要職に抜擢した。党内で影響力を持つようになった女性党員は党外のフェミニストや女性有権者の声を後ろ楯に、党に女性候補者を積極的に増やすように迫った。女性票を取り込みたい政党は選挙クオータの実施に踏み切った。とはいえ、公式にクオータを導入しているのは左派の3政党であり、中道・右派はソフト・クオータのみを実施している。しかし、明文規定がないとはいえ、ソフト・クオータも有権者への公約として遵守されている。これも、ひとえに党内外における女性の政党に対する影響力の強さの賜物であろう。

　1990年代、2000年代には女性政党SSとフェミニスト政党Fiが設立された。2つの政党には性質と目的において違いはあるものの、一層の政治的平等を求めるという点では共通している。また、1980年代までの女性運動が既存の政党に合流することによって主張を実現しようとしたのに対し、SSとFiは自前の政党を立ち上げていることにも特徴がある。わけてもFiは、既存の政党に組み込まれることを拒絶し、自らの主張を妥協することなく全面的に実現するために政党を立ち上げている点で従来とは異なる女性運動のあり方を予感させる。

　さて、政治的ジェンダー平等におけるスウェーデンの成功はその政治過程にいかなる効果をもたらしたのであろう。すでに論じたように、1980年代

に女性議員比率が30％に達していたスウェーデンなど北欧4ヵ国について検証したダールラウプの結論は、数が必ずしも政策の変化を生み出していないというものであった。しかしながら、政治、とくに政策決定の変化には議会運営、政党の意思決定過程や党議拘束から社会経済環境や政治文化まで、多様な要因が影響しており、変化がないからといって女性議員が成果を上げていない言い切ることも、逆に大きな変化を女性議員の働きだけに帰することもできない。たとえば、スウェーデンのジェンダー平等政策の形成は女性議員急増直前の1970年代前半、社民党政権下ですでに着手されており、これを女性議員のクリティカル・マス達成の文脈から評価することには無理がある。

　軸足を労働組合に置く社民党は、ジェンダー平等を実現するための法の整備には熱心ではなかった。男性優位の労働組合幹部はジェンダー平等には乗り気ではなかったのである。また、政権内で平等政策の推進に貢献することが期待できる女性議員の数もまだ少なかった。それでも、社民党政権下でジェンダー平等政策が実現されたのは、野党がジェンダー平等を重要課題として掲げていたことに加え、票田である女性運動や女性労働組合員の強い要求の前に社民党も取り組まざるを得なかったからである[64]。80年代以降は、この70年代に基礎づけられたジェンダー平等政策を拡大・発展する形で進められた。

　だが一方で、ジェンダー平等をドラマティックに推進する政策も登場している。たとえば、1994年に女性政策や福祉政策といった特定の政策領域だけでなく、政府のあらゆる政策にジェンダー平等を浸透させる「ジェンダー主流化」が法制化された[65]。ジェンダー主流化は後に国連や欧州連合（EU）で採用されることになる先駆的な政策である。1995年には同性愛者の同棲カップルに遺産相続などの婚姻関係に準ずる権利を認める「パートナーシップ登録」制度が導入された[66]。さらに1999年、性的サービスを受けた者を処罰の対象にするという画期的な成人買春禁止法が制定された[67]。これらの法案には男性議員の抵抗や躊躇はつきものである[68]。その点で、こうした法案の成立は女性たちが議会で強い発言力を持つようになったことの証左ではなかろうか。

《謝辞》

本研究は、日本学術振興会科学研究費補助金・基盤研究 B（2）（研究課題：「シティズンシップ」の再構築に関する国際比較研究、研究期間：平成 15 年度〜18 年度）、学術振興野村基金・国際交流助成・派遣（研究課題：スウェーデンにおける女性と政治に関する研究、2009 年度下期）、日本学術振興会特定国派遣研究員（スウェーデン）（研究課題：ジェンダーと民主主義をめぐるスウェーデン・モデルの研究——参加と代表の補完性の実証分析、期間：2010 年 9 月 1 日〜2011 年 5 月 31 日）の助成を受けて遂行された。深く感謝いたします。

【注記】
（1）たとえば、イギリスのフェミニスト政治学者のジョニ・ロベンドゥスキ（Lovenduski 1993: 14）は、「女性が自ら行動しなければ、政府も政党も女性議員を増やそうとはしない」と指摘している。
（2）データは、列国議会同盟（http://www.ipu.org/wmn-e/classif.htm）に基づく。
（3）岡沢憲芙（2009）は左翼党を左党と表記しているが、本章では左派連立と区別するため、あえて左翼党とした。
（4）8 政党のスウェーデン語による名称は、穏健党（Moderaterna）、自由党（Folkpartiet Liberalerna）、中央党（Centerpartiet）、キリスト教民主党（Kristdemokraterna）、社会民主労働党（Socialdemokratiska Arbetarepartiet Socialdemokraterna）、緑の党（Miljöpartiet de gröna）、左翼党（Vänsterpartiet）、スウェーデン民主党（Sverigedemokraterna）である。
（5）岡沢（2009: 212-213）も、女性運動がスウェーデン女性の政治的代表性の向上に大きな役割を果たした点について言及している
（6）スウェーデンの選挙制度については、Elections in Sweden（http://www.val.se/in_english/general_information/index.htm、最終アクセス：2013 年 1 月 15 日）を参考にした。また、スウェーデン政治については、岡沢・奥島（1994）、岡沢（2009）に詳しい。
（7）Norris 2004.
（8）筆者が、2006 年 9 月 14 日から 18 日にストックホルムで実施した総選挙（9 月 17 日）の現地調査に基づく。
（9）漸進的軌道（incremental track）に対し、主に非欧米諸国でみられるのが、クオータの法制化によって一夜にして女性議員比率が顕著に上昇するパターンで、「急速軌道（fast track）」（Dahlerup and Freidenvall 2005）と称されている。

(10) この段階（step-wise）モデルは Wängnerud（2004）による。
(11) スウェーデン王国議会は1971年にそれまでの二院制から一院制に変わった。1971年までの女性議員比率は両院を平均した値である。
(12) Short 1996: 18.
(13) Phillips 1991: 83-91.
(14) Phillips 1991: 84.
(15) Freidenvall, Dahlerup and Skjeie 2006: 56.
(16) ただし、ノルウェーでは、企業における女性役員の比率を上げるための法的措置が講じられている。2004年に国営企業における取締役員の男女比について片方の性が40％を割ることがないよう義務づけられ、この措置は2006年に民間企業の取締役員にも拡大された。
(17) Freidenvall, Dahlerup and Skjeie 2006: 56.
(18) Freidenvall, Dahlerup and Skjeie 2006: 70-73.
(19) ダールラウプ（Dahlerup 1988: 275-276）によると、この用語（critical mass）は、「ある現象が連鎖的に反応し、新局面に進化していくために必要な量的変化」を意味する原子物理学用語からの援用である。
(20) Dahlerup 1988.
(21) Childs and Krook 2008.
(22) たとえば、Carroll（2001）、Lovenduski and Norris（2003）を参照。
(23) Sainsbury 2004: 67.
(24) Gelb 1989. なお、「国策フェミニズム」とは、英語の state feminism の和訳で、政府内に女性政策機関やジェンダー平等政策を取り扱う組織を設置し、国家が率先してジェンダー平等政策あるいは女性優先政策を推進することを意味する。「上からのフェミニズム」と表現されることもある。
(25) Sainsbury 2004: 67-69.
(26) ドメスティック・バイオレンスとは、配偶者や恋人など親密な関係にある、またはあった者から振るわれる暴力のことで、DV と省略して用いられることが多い。
(27) 1969年、保守党は穏健党（Moderata Samlingspartiet）に名称を変更した（Larsson and Bäck 2008: 82）。
(28) Sainsbury 2004: 69.
(29) スウェーデンの経済動向については、EH. net（http://eh.net/encyclopedia/article/schon.sweden, 最終アクセス：2013年1月15日）を参照。
(30) Björnberg and Dahlgren 2003: 2.
(31) レグランド塚口 2004: 22.
(32) Peterson 1984.

(33) Sainsbury 2004: 69.
(34) Sainsbury 2004: 70.
(35) スウェーデン語の表記は「Kvinnans jämikhet」である。
(36) Sainsbury 2004: 70.
(37) Women and Men in Sweden: Facts and Figures 2002 (Statistics Sweden) (http://www.scb.se/statistik/LE/LE0201/2003M00/X10ST0302.pdf, 最終アクセス：2013 年 1 月 15 日) を参照のこと。
(38) Sainsbury 2004: 71-72.
(39) Sainsbury 2004: 72.
(40) Sainsbury 2004: 72.
(41) Wängnerud 2004: 238.
(42) Sainsbury 2004: 73.
(43) Larsson and Bäck 2008: 158.
(44) Freidenvall 2006: 15.
(45) Freidenvall, Dahlerup and Skjeie 2006: 72-73.
(46) Larsson and Bäck 2008: 89-91.
(47) Larsson and Bäck 2008: 81-89.
(48) Wängnerud 2004: 239.
(49) Sainsbury 2004: 69-74.
(50) サポート・ストッキングは、英語表記の Support Stockings からの引用で、スウェーデン語では、「Stödstrumporna」と表記される。
(51) Sainsbury 2005: 207-299.
(52) Sainsbury 2005: 207-299.
(53) 2006 年 9 月 16 日に、筆者がストックホルム大学政治学部のダイアン・セインズベリー名誉教授に行った聞き取り調査に基づく。
(54) フェミニスト・イニシアティブに関する記述は、2005 年 9 月 7 日から 28 日、2006 年 9 月 15 日から 18 日に筆者がスウェーデンで実施した現地調査に依拠している。
(55) フェミニスト・イニシアティブは、英語表記の Feminist Initiative からの引用で、スウェーデン語では「Feministiskt initiativ」と表記する。なお、略称の Fi は、このスウェーデン語に基づいている。
(56) 2005 年 9 月 7 日から 28 日まで、筆者がストックホルムで実施した現地調査に基づく。
(57) 2006 年 9 月 15 日から 18 日まで、筆者がストックホルムで実施した現地調査に基づく。

(58) 2005年9月20日、22日に、筆者がシェルター運動活動家のアン＝マリー・タン（Ann-Marie Tung）氏と党幹事会のメンバーで、ストックホルム大学政治学科講師のマリア・ヤンソン（Maria Jansson）氏に行った聞き取り調査による。
(59) スウェーデンでは子どもが3歳になるまで、両親のいずれかが育休をとることができる。
(60) 男女の休暇分担に関する政策は、その後変更され、少なくとも3分の1を男性が取得すべきことが義務づけられた。
(61) 2006年9月16日から18日に、筆者がストックホルムで実施した現地調査に基づく。
(62) 2006年9月18日に、筆者がダールラウプ教授に行った聞き取り調査に基づく。
(63) 2006年9月17日に、筆者がダールラウプ教授に行った聞き取り調査に基づく。
(64) Björklund 2007: 4-5.
(65) Björklund 2007: 6. この法は、スウェーデンでは、「Delad makt, delat ansvar (shared power, shared responsibility)」と呼ばれる。
(66) 釜田 2004: 119.
(67) Björklund 2007:7-8.
(68) 世界価値調査（World Value Survey）は、男性よりも女性のほうが同性愛者に対する理解や寛容度が高いことを明らかにしている。また、フェミニストは少数者の権利に敏感で、彼らとの連帯に積極的である。

【引用文献】
岡沢憲芙（2009）『スウェーデンの政治──実験国家の合意形成型政治』東京大学出版会.
岡沢憲芙・奥島孝康編（1994）『スウェーデンの政治──デモクラシーの実験室』早稲田大学出版部.
釜野さおり（2004）「レズビアンカップルとゲイカップル──社会環境による日常生活の相違」善積京子編『スウェーデンの家族とパートナー関係』青木書店, 117-143頁.
レグランド塚口淑子（2004）「女性の労働と政策」善積京子編『スウェーデンの家族とパートナー関係』青木書店, 19-41頁.

Björklund, Erika. 2007. *Issue Histories Sweden: Series of Timelines of Policy Debates* (Quality in Gender + Equality Policies: European Commission Sixth Framework Programme Integrated Project). Vienna: Institute for Human Sciences.

Sweden." (http://www.york.ac.uk/inst/spru/research/nordic/swedenlabo.pdf.)
Carroll, Susan J. 2001. "Representing Women: Women State Legislators as Agents of Policy-related Change." In *The Impact of Women in Public Office*, edited by Susan Carroll, 3-21. Bloomington: Indiana University Press.
Caul, Miki. 2001. "Political Parties and the Adoption of Candidate Gender Quotas: A Cross-National Analysis." *Journal of Politics* 63 (4): 1214-1229.
Childs, Sarah, and Mona Lena Krook. 2008. "Critical Mass Theory and Women's Political Representation." *Political Studies* 56: 725-736.
Dahlerup, Drude. 2004. "Quotas Are Changing the History of Women." In *The Implementation of Quotas: African Experiences: Quota Report Series*, edited by Julie Ballington. 16-20. Stockholm: International IDEA.
―――. 1988. "From a Small to a Large Minority: Women in Scandinavian Politics." *Scandinavian Political Studies* 1(4): 275-298.
Dahlerup, Drude, and Lenita Freidenvall. 2005. "Quotas as a 'Fast Track' to Equal Representation for Women." *International Feminist Journal of Politics* 7(1): 26-48.
Freidenvall, Lenita. 2006. "The Political Representation of Women in Sweden: Struggle for Institutional and Discursive Change." Paper prepared for the session Gender Quotas and Electoral Democracy I, RC 19 Gender and Policy, the International Political Science Association World Congress, at Fukuoka, Japan, 9-14 July, 2006.
Freidenvall, Lenita, Drude Dahlerup, and Hege Skjeie. 2006. "The Nordic Countries: An Incremental Model." In *Women, Quotas and Politics*, edited by Drude Dahlerup, 55-82. London and New York: Routledge.
Gelb, Joyce. 1989. *Feminism and Politics: A Comparative Perspective*. Berkeley: University of California Press.
Korpi, Tomas, and Charlotta Stern. 2003. "Women's employment in Sweden: Globalization, Deindustrialization, and the Labor Market, Experiences of Swedish Women 1950-2000." (http://www2.sofi.su.se/~lst/docs/Women's_Employment_in_Sweden.PDF.)
Larsson, Torbjörn, and Henry Bäck. 2008. *Governing and Governance in Sweden*. Stockholm: Studetlitteratur.
Lovenduski, Joni. 1993. "Introduction: the Dynamics of Gender and Party." In *Gender and Party Politics*, edited by Joni Lovenduski and Pippa Norris. 1-15. London, Thousand Oaks and New Delhi: SAGE Publications.
Lovenduski, Joni, and Pippa Norris. 2003. "Westminster Women: the Politics of

Presence." *Political Studies* 51: 84-102.

Norris, Pippa. 2004. *Electoral Engineering: Voting Rules and Political Behavior.* Cambridge: Cambridge University Press.

Peterson, Abby. 1984. "The Gender-Sex Dimension in Swedish Politics." *Acta Sociologica* 27(1): 3-17.

Phillips, Anne. 1991. *Engendering Democracy.* Cambridge: Polity Press.

Sainsbury, Diane. 2005. "Party Feminism, State Feminism and Women's Representation in Sweden." In *State Feminism and Political Representation*, edited by Joni Lovenduski, 195-215. New York: Cambridge University Press.

———. 2004. "Women's Political Representation in Sweden: Discursive Politics and Institutional Presence." *Scandinavian Political Studies* 27(1): 65-87.

Short, Clare. 1996. "Women and the Labour Party." *Parliamentary Affair* 49(1): 17-25.

Wängnerud, Lena. 2004. "Sweden: A Step-wise Development." In *Women in Parliament: Beyond Numbers* (A Revised Edition), edited by Julie Ballington and Azza Karam, 228-247. Stockholm: IDEA.

第 4 章

フランス共和国とパリテ

石田久仁子

はじめに

2012年5月にフランスで誕生した男女同数内閣は日本でも大きな関心を呼んだ。ここでの男女同数はフランス語のパリテ（parité）の訳語である。パリテは後期ラテン語の「等しい」「類似した」を意味するパリタス（paritas）を語源とし、2つのものの間の類似性を示す言葉である。それがフランスで議会をはじめとする政治的意思決定の場への男女の平等参加の意味で用いられるようになるのは1990年代初頭のことである。パリテはその後さらに意味を広げて、経済その他あらゆる領域における意思決定の場への男女の平等参加や男女平等のための公共政策さえ示すようになる。本章が考察対象とするのは、そのうちの政治権力の場への男女の平等参加という狭義のパリテである。

女性の参政権が実現して以来半世紀を経ても、政治の場への女性の進出が遅々として進まなかった1990年代初頭のフランスで、「すべての議会に男女同数制を！」というユートピアのような要求を掲げて始まったパリテ運動は、10年足らずのうちに政治を動かし、多くの議会の選挙に候補者の男女同数を規定したいわゆるパリテ法の成立にまで漕ぎ着けた。男性議員が圧倒的多数を占める議会で、なぜ彼らの不利になるような法律の採択が可能だったのか。そもそもフランスのフェミニストたちは、国際的にも正当化され他国で実施され効果も証明されているクオータ制ではなく、なぜより実現困難のようにみえる男女同数議会を要求したのか。その背景には何があったの

か。パリテとクオータの違いは何なのか。パリテは呼び名を変えた50％クオータなのか。そうだとすればなぜパリテと呼び変える必要があったのか。そしてまたこの法律によって、国と地方のすべての議会は男女同数になったのか。本章の目的はこれらの疑問への答えを模索することにある。

　本章では、まず第1節でパリテの要求が生まれるまでのフランスのフェミニズム運動を概観し、そこでも1970年代から80年代初頭にかけてクオータによって女性議員を増やそうとする試みのあったことを確認する。第2節では、パリテ運動の誕生とその展開を、ジェンダー平等をめぐる国際社会の動向、とりわけ欧州連合（以下、EU）[1] の男女機会平等政策の取り組みとの関係から検証する。パリテ運動がフランス国内の孤立した運動ではないことを示すためである。第3節ではフェミニストたちによるパリテをめぐる哲学論争を通して、パリテへの接近を試みる。第4節はパリテに法的な形を与えることになるフランス社会党とフェミニストとの1970年代からの関係を振り返る。第5節はパリテ法（2000年）とそれに先立ち採択された憲法改正（1999年）を分析し、パリテ法の効果と課題を探る。

1．クオータからパリテへ

1970年代のフランスの女性運動

　数人のフェミニストがパリ凱旋門の無名兵士の墓に「無名兵士よりもっと無名な無名兵士の妻」のために花束を捧げた1970年8月26日が、メディアがアメリカのウーマン・リブに倣い女性解放運動（以下、MLF）と名づけたフランスの第2波フェミニズム運動の公式の誕生日である。1968年の5月革命に端を発したこの運動は、女性が固有に被る抑圧の源を家父長制にみて、女性が自らの身体を取り戻すことを主な要求として展開された。MLFに参加するフェミニストの多くが5月革命世代だったことから、序列関係の否定、挑発的抗議行動、祝祭性等が彼女たちの活動を特徴づけていた。「プランニング・ファミリアル」や後述の「ショワジール（選択する）」のように組織化されたいくつかの市民・女性団体も含まれていたが、ほとんどは、ラディカル・フェミニズム、マルクス主義フェミニズム、社会主義フェミニズム、精神分析派フェミニズム等の様々な立場をとる自立した無数の小

グープが横断的につながった混沌とした星雲のような運動体であった。

フェミニストとクオータ

　MLFが派手なパフォーマンスでメディアの話題を独占していた1970年代、そのメンバーと一部重なりつつ、左翼政党、とくに新社会党[2]内には、北欧のフェミニストに倣いクオータ導入や女性部局の設置を求めて闘うフェミニストがいた。彼女たちは、1974年、党内のすべての意思決定機関および候補者名簿への10％クオータを党規約に盛り込ませ、女性の条件全国委員会（1977年に女性行動全国事務局に昇格）を設置させることに成功した。後に女性の権利大臣としてフェミニズム政策を進めるイベット・ルディと30歳そこそこでパリから数十キロのドゥルー市長に選出されて、党の近代化の象徴的存在であったフランソワーズ・ガスパールの2人が1979年に欧州議会議員に選出されたのも、このクオータ制による。しかし、ガスパールらの働きかけにもかかわらず、クオータへの党内の抵抗は強く、1977年と1979年に5％ずつ引き上げられ20％になった後、30％になるまでに10余年を要した[3]。

　ガスパールはその後国民議会議員を2期務めるが、1980年代末からは社会党と一定の距離をとるようになる。第4節でみるように、社会党の路線転換で、フェミニストとして党内の活動が困難になったことが理由のひとつである。それ以後、彼女はフランス国立社会科学研究院の専任講師として教育・研究活動に従事する一方で、EUの第3次男女機会平等中期行動計画（1991-1995）の策定に参加してEUとの関係を深め、EUとフランス国内の男女平等政策、とりわけ女性の政治をはじめとする意思決定の場への政策推進の仲介役を果たすとともに、多様な経験・経歴を活かしてフランス国内のパリテ運動を主導していくことになる。

　ボビニー裁判[4]で有名なフェミニスト弁護士のジゼル・アリミも女性の政治参加に取り組んでいた。アリミはMLFに参加していたが、政治的対話や選挙を否定する主流とは一線を画した制度改革派に近い立場をとるフェミニストである。20年間続いた保守政権に代わり左翼連立政権の誕生が期待された1978年の総選挙に、社共の「左翼共同綱領」に対抗する「女性共同綱領」を掲げて、彼女の主宰するフェミニスト団体「ショワジール」から自

身も含む 43 名の女性候補者を出し、男性権力の牙城、国民議会への進出を試みた。フランス版女性党の挑戦といえるだろうか。しかし全員落選する惨敗を喫した。第 5 共和制初の政権交代となった 1981 年の総選挙に、今度は新大統領に選出されたばかりのフランソワ・ミッテランに請われて社会党推薦「ショワジール」代表として出馬し、当選した。

憲法院によるクオータ制違憲判決

翌年、市町村議会選挙に比例代表制を導入する法案が内閣から国民議会に提出されたが、ミッテラン候補の公約だった 30％クオータがなぜか抜け落ちていた。どちらか一方の性が 75％を超えてはならないとする実質 25％クオータを加える修正案がアリミの強い働きかけを受け、与党の社会党議員から提出され採択された。ところが、野党保守系議員グループの申し立てにより別の条項の審理を求められた憲法院が自らの権限を超えてクオータ条項を審理して、この条項だけに違憲の決定を下した[5]。その根拠となったのが、憲法第 3 条で「国民主権は人民に属し」かつ「人民のいかなる部分も、いかなる個人も主権の行使を自分だけのものとすることはできない」と規定されたひとつにして不可分の国民主権と、第 5 共和制憲法前文に置かれて憲法的価値を持つ「人と市民の権利宣言」第 6 条の最終項「すべての市民は、法の目からは平等であるから、その能力に従い、かつその徳性およびその才能以外の差別を除いて平等に公の位階、地位および職務に就任することができる」の定める法の下の平等原則だった。積極的差別是正措置と男女平等原則の関係が問われたのではなく、クオータ制は共和主義シティズンシップの基本的諸原理に抵触すると憲法院は判断したのである[6]。共和主義代表理論は、信仰や出自や職業等の一切の属性を抽象化した普遍的個人を基本としている。この交換可能な抽象的個人の概念が、革命以前の身分制を排して、個々人の政治的平等を保障している。この個人に男女の区別を持ち込むことは共和国の普遍主義に抵触し、被選挙民に男女の区別を持ち込もうとすることは、国民主権の不可分性に抵触するとされたのである。

クオータからパリテへ

それ以後、女性議員を増やそうとするフェミニストは、この違憲判決を乗

り越えるために、共和主義代表理論の俎上で、クオータとは異なる論理に根ざした何かを打ち立てる必要に迫られる。そのために「女性と民主主義」をテーマに定期的な勉強会を開き、議論を積み重ねていった。

　1981年の政権交代直後のフランスでは、新たに設置された女性の権利省の大臣に就任したイベット・ルディの進めるフェミニズム政策により、フェミニストと政治との関係は新しい段階を迎えていた。ルディは女性団体と対話を進め、それを政策に活かそうとしていた。そのなかで、戦前から続く婦人参政権運動団体から5月革命以降の急進的なフェミニスト団体に至るまでの多種多様な女性グループの交流も進み、様々な地平のフェミニストが出会い経験を分かち合い議論を豊かにする環境が生まれていた[7]。

　女性の権利省によるフェミニズム研究への助成も忘れてはならない。1989年の革命200周年を控え、フェミニズムからの近代民主主義を問い直す研究[8]が進み、シンポジウムも各地で開催され、その成果がその後のパリテ運動を理論的に支えることに役立った。

　また国連やその他国際機関、とりわけ欧州評議会がパリテ運動に理念的に大きな影響を与えた。民主主義、人権、法の支配の確立に取り組む欧州評議会は、1980年代を通して女性の政治社会への統合の問題を議論してきたが、1989年以降、女性不在の民主主義は民主主義ではないとし、男女同数民主主義の考え方を提唱するようになる。

　フランスのフェミニストたちの議論はやがて男女同数議席を求めるパリテの要求へと収れんしていく。パリテ運動の中心となるのは、本節で見たクオータによって女性議員を増やそうとしたフェミニストたちだった。

2．EUの男女機会平等政策とフランスのパリテ運動

自由、平等、パリテ

　1992年の『女性市民よ、政治権力をとれ！　自由、平等、パリテ』の出版とともにパリテ運動は本格的にスタートする。この本はクオータ違憲判決以後のフェミニストたちの考察のひとつの到達点を示している。著者は前節で紹介したガスパール、社会党内のフェミニスト・グループのリーダーの1人で弁護士出身のアンヌ・ルガル、フェミニスト月刊誌『Fマガジン』を

主宰するクロード・セルヴァン＝シュレベールの３人の女性である。語源的に男性同士の連帯を示す友愛（fraternité）の代わりに置かれたパリテは、いうまでもなく女性の排除から成り立つフランス近代民主主義を批判している。フランス共和主義の政治文化のなかでパリテを要求するフェミニストにとって重要なのは、パリテがクオータとは異なることを論理的に説得することである。だから冒頭から彼女たちは、パリテが差別を被っているカテゴリーへの差別是正措置ではなく、人類の半数を占める女性の権利であることを強調した。パリテは普通選挙、権力分立とともに民主主義の３要件のひとつであり、この権利の保障のために「地方と国のすべての議会は男女同数からなる」[9]と規定する法律を著者たちは求めた。権利としての男女同数を主張するのは、近代の出発点で、政治的平等を保障する普遍的個人の資格が女性に与えられていなかったからである。男性による政治の独占状態は「普遍主義と男性性が同義とみなされていることの結果」[10]である。彼女たちは、この普遍的個人に、人間に２つの形を与えるだけの、いかなる意味も削がれた解剖学的な男女の性を導き入れることによって、最終的にフランスの「政治社会を構成する個人集団を脱性別化しようと試みた」[11]のである[12]。それが男女同数議会法制化要求の意味することだった。だから３人の著者にとって、男女同数議会は男女が別々にそれぞれの利益を代表する議会ではない。議員が選挙区ではなく国民全体を代表するのと同様に、議員は性にかかわりなく国民全体を代表する。パリテはその意味でこれまでの国民主権の概念に適合する。

　しかしこの考え方をパリテ派フェミニストのすべてが共有していたわけではない。前節で紹介したアリミもガスパールらと同様に、人間の普遍的なあり方としての女と男という考え方に立つ。しかしなぜパリテなのかと問われたときに、彼女は躊躇せずに女性固有の利害があるからだと答える[13]。次節でみるパリテ論争が示すように、パリテ推進派は人間の２人に１人は女性であることを強調し、女性の脱マイノリティ化を主張することでは共通しているが、誰もがパリテについての同一見解を持っているわけでない。とくに運動が広がるにつれて、『自由、平等、パリテ』で展開された抽象的なパリテ論を離れて、パリテによって女性の経験や視点を政治に活かすというわかりやすく一般の共感も得られやすい主張が多くみられるようになる。

欧州委員会主催「アテネ会議」とパリテ運動の展開

『自由、平等、パリテ』の出版と同時期に欧州委員会主催で開かれた「アテネ会議」がフランス国内のパリテ運動を勢いづけることになる。EUの第3次男女機会平等中期行動計画 (1991-1995) は意思決定機関への女性の積極的な参加をその重要な目標のひとつに定めていた。この行動計画推進のために、加盟各国を代表するジェンダー問題の女性専門家で構成された「政策・方針決定の場の女性たちの欧州ネット」（以下、欧州ネット）が設置された。調査研究、政策提言、啓蒙活動を主な任務とするこの欧州ネットのフランス代表に選ばれたのが『自由、平等、パリテ』の著者、ガスパールだった。そして欧州ネットが最初に取り組んだ仕事がアテネ会議だった。域内各地で活動する女性団体の代表が参加した会議の最終日には、加盟各国の主要な女性政治家20人による女性サミットが開かれ、アテネ宣言が採択された。宣言文中の「民主主義は国の議会や行政におけるパリテを要請する」という言葉はその後のパリテ運動のスローガンのひとつとなり、フランス国内の女性団体の連帯の環が広がっていった。男女同数をあるべき姿として明確に示すパリテの用語が不平等な現実を一気に可視化させたのである。

　パリテ運動の特徴は、男女同数議会の実現を唯一の目標に掲げ、パリテ法の採択だけを要求したことである。それが急進的フェミニスト団体から穏健女性団体までをつなぐ全国的なネットワーク型運動の展開を可能にした。そうした運動体のひとつ「パリテのための女性ネットワーク」は、翌1993年11月、ルモンド紙一面を買い取り、著名な知識人577人（女性289人、男性288人）が署名する「パリテ民主主義のための577人のマニフェスト」を掲載した。577は下院の国民議会議席数である。マニフェストは、「国と地方のすべての議会は男女同数で構成される」とするパリテ法の採択を求めた。このすぐれたメディア戦略にガスパールも一役かっている。

　1992年の欧州ネットによる欧州各国議会の男女別比較統計資料の公表も重要な意味を持つ。初公開の男女別数値がフランスに衝撃的事実を突きつけていた。1848年、世界に先駆けて男子普通選挙を実現した民主主義の先進国であるはずのフランスの女性国民議会議員率は6％弱で、3年後にEUに加盟する3ヵ国を加えた15ヵ国中、ギリシャに次いで最も低く、戦後初めて女性が参政権を行使したときと変わらなかった。この数値にパリテ推進派

は早速飛びつき、「フランスの遅れ」[14] を問題化した。国民議会における女性の不在状態は民主主義の機能不全を示す症状のひとつで、社会が取り組むべき重要問題だと訴えたのである。実際 1980 年代末から 90 年代初頭にかけて、政治家をめぐる汚職疑惑事件が相次ぎ、市民の間には政治不信が広がっていた。国立行政学院卒の一握りのエリート官僚出身者たちによる政治の独占が問題視されていた。パリテ運動は市民社会と乖離した政治社会の危機を強調して、女性不在の未完の民主主義を男女が平等に参加する真の民主主義へと変えるためにパリテ議会の実現を訴える戦略に出た。

進む EU との協働

　1994 年の欧州議会選挙はパリテの考え方をさらにフランス社会に浸透させた。当時、EU の男女平等政策における法的介入領域は当初の雇用分野から社会保障や育児といった雇用の周縁領域にまで広がっていたが、政治的平等分野で EU が加盟各国へ行使できる手段は調査研究や啓蒙活動等の強制力のないものに限られていた。欧州ネットはこの権限内で男女が平等に議席を分かち合う議会のための大規模なキャンペーンを欧州全域で展開していく。大手広告会社に依頼して「ロメオが 81％もいて、ジュリエットが 19％しかいない社会をあなたは想像できますか」といった一連のキャッチ・スローガンやテレビ・スポット等が作成された。それを用いた自国の政府・政党・世論への働きかけはフランスをはじめとする加盟国内の女性団体が行った。

　フランスでは、社会党、共産党、緑の党を含む左派系の 6 政党が男女同数候補者名簿で選挙に臨んだ。その結果フランスの欧州議会女性議員は改選前の 22.2％から 30％に増加した。このとき女性議員比率においてフランスを超えたのはデンマークだけだった。

　翌 1995 年の大統領選挙でもパリテは争点のひとつだった。世論の圧倒的なパリテ支持を前に、有力候補者は皆、実現の方法や時期に違いはあるものの、パリテに賛同した。保守のジャック・シラク候補が大統領に選出され、首相府内には諮問機関のパリテ監視委員会が設置されて、保守系女性政治家のなかでも筋金入りのフェミニスト、ロズリーヌ・バシュロ国民議会議員が委員長に、市民活動家に戻っていたアリミが政治問題部会長に任命された。アリミが各界の有識者からの意見聴取をもとに 1996 年末に作成した第 1 次

報告書は、1982年のクオータ違憲判決を乗り越えパリテを実現するために、パリテ原則を憲法に盛り込むことを提案していた。保守政権からほとんど無視されたこの提案は、数ヵ月後の政権交代で日の目を見ることになる。

　1996年にはEUがさらに一歩踏み出した。政策決定機関であるEU理事会が権力の場への女性の参画促進政策に賛同する立場を初めて公式に表明し、必要ならば法的措置も含む適切な措置をとるように加盟各国政府に勧告（96/694/E）したのである。

　EUの男女平等政治参画政策は加盟各国への直接的な強制力はなかった。しかしパリテ運動はアテネ宣言や欧州理事会の勧告、欧州ネットが半年ごとに出していたパリテ実現に向けての諸策や戦略が記された報告書や男女別統計データ等を有効に利用して、自らの主張を正当化し有利に運動を進めることに成功した[15]。そして1997年の社会党の政権復帰とともに、パリテ目標の実現が政治課題となる。

3．パリテ論争

　女性政治家もパリテのための行動に出た。1996年6月6日、10人の首相・閣僚経験者が党派を超えて連帯しエクスプレス誌に「パリテのための10人のマニフェスト」を発表したのである。マニフェストは男女の政治的平等を拒む歴史的・制度的要因を分析した後、段階的なパリテ到達のためのクオータの実施と女性の視点による政治刷新の必要性を訴えた。女性政治家としての経験と現実主義に根ざした、必ずしも本質主義的であるとはいえない主張だったが[16]、「クオータ」と「女性の視点」がパリテ反対派に格好の口実を与えた。

　口火を切ったのはエリザベート・バダンテールで、数日後「女性クオータに反対する！」と題する彼女の署名入り記事がルモンド紙に掲載された[17]。彼女はそこで、伝統的な共和主義者でリベラル・フェミニストの立場から、市民を男女に区別することは社会を構成する各々の集団の利益を重視するアメリカ的共同体主義への扉を開き、ひとつにして不可分な共和国を危機に陥れると主張した。数日後、シルヴィアンヌ・アガサンスキーがそれに反論し、実質的に女性を排除した近代普遍主義を批判する立場から、パリテを擁

護した[18]。その後アガサンスキーは、男女カップルがシティズンシップの基本的単位であるという考え方を提示し、その法的表明がパリテだとする、『自由、平等、パリテ』の著者たちとはまったく異なる主張をするようになる[19]。1999年のいわゆるパリテ原則を導入した憲法改正まで続いたこの論争は、普遍主義あるいは平等主義のフェミニスト（反パリテ派）と差異派のフェミニスト（パリテ派）の対立とみなされがちだが[20]、そうした単純な図式化には無理があるようにみえる。

　パリテ論争からみえてくるのはむしろパリテの多義的な捉え方である。ジュリア・クリステヴァのような差異派が女性固有の視点や利益を代表させるためのパリテ論を展開していたことは事実だが、他方でクリスティーヌ・デルフィのように、普遍主義とは別の論理で、女性以外の社会的マイノリティと女性運動の連帯を重視してパリテに反対しクオータに賛成するフェミニストもいた。実際パリテ運動を担ったフェミニストの多くは、第2節でみたガスパールらのように、女性を実質的に排除した偽りの普遍主義に代わる、パリテによる真の普遍主義を主張していた。彼女たちによれば、女性議員は彼女たちを選出した選挙区でも女性選挙民でもなく、国民全体を代表し、女性の利益のためではなく一般利益のために議員活動をする。だがそうはいっても、男女同数議会は政治を具体的にどう変えるのか、と問われる局面では、彼女たちも女性の経験や視点に触れざるを得なかった。それに対し、反パリテ派の主流の共和主義者たちは、1982年の違憲判断に依拠して、パリテ派のフェミニストすべてに共和国を分断する共同体主義の烙印を押した。フランスの共和主義とフェミニズムの関係に詳しい歴史家ジョーン・スコットは、普遍主義の伝統の強いフランスで女性が政治社会への統合を求めるときに、女性として排除されたのだから女性であることを強調せざるを得ないと同時に、性差を捨象した普遍主義のなかでは女性であることをやめなければならないフェミニストの矛盾や困難を、大革命期のオランプ・ド・グージュ、1848年の2月革命期のジャンヌ・ドゥロワン、19世紀末から20世紀初頭のユベルティーヌ・オクレール、両大戦間のルイーズ・ヴァイスらを例に引きながら、パリテ運動のなかにもみている[21]。パリテ論争はまさしくこの普遍主義の政治文化のなかで展開されたフランス知識人の間でのフランス的論争だった。

4．フェミニストとフランス社会党

　パリテに法的な形を与えたのは、1997年に政権に復帰した社会党を中心とした左派連立政権である。本節は1970年前後からパリテ法成立までのフェミニストと社会党との関係を主に後者の政権奪取戦略に焦点を当てて検証する。

ミッテランの政権奪取戦略
　保守政権が20余年続いた後、第5共和制初の政権交代を実現させた社会党のフランソワ・ミッテランは、市民がほぼ男女同数からなることに気づき、この事実を共和国の政権奪取の戦略に組み込んだ最初の政治家だった。1965年、初の直接選挙による大統領選に左翼統一候補として臨んだときから、彼は自立を求める女性たちの票を意識してきた。イベット・ルディらフェミニストの側近の影響も大きかったと思われる。決選投票ではシャルル・ドゴールに敗退したが、1970年代の女性解放運動に先駆け、ピル解禁や妊娠中絶の合法化を主張していた。女性の自立が時代の要請であること、それを政策に取り入れることが他の既成政党にはない現代的イメージを社会党に付与することを理解していた。フランスの女性が1944年に参政権を得た背景には、レジスタンス運動で勢力を伸ばした共産党対策としての保守的な女性票への期待もあったといわれているが、学歴でも男性に追いつきつつあり、労働市場へも進出し始めていた1960年代半ばの女性たちはもはや、両大戦間の共和主義者たちが共和国を危機に陥れるとして参政権を与えたがらなかった信心深いカトリック信者ではなかった。

　1981年の大統領選でもミッテラン社会党は女性票を意識して選挙戦を展開する。党のマニフェストといえる「ミッテラン候補の110の提案」中の「女性にも平等な諸権利を」のタイトルのついた64番から70番では、雇用の機会均等、給与の平等、農家やその他自営業者の妻の法的地位の保障、避妊の無料化、妊娠中絶の条件緩和、女性の尊厳の尊重、母子家庭への経済支援の拡充等が、また47番の選挙制度関連の提案では国民議会、地域圏議会、市町村議会選挙への比例代表と30％クオータの導入が約束されていた。「家

族と子ども」に関する 71 番から 73 番には、父親・母親向け育児休暇、第 1 子からの家族手当、保育所整備等が盛り込まれていた。女性政策ではないが女性に直接関係する最低賃金の値上げ――最低賃金労働者の 4 分の 3 は女性――の経済政策もあり、選挙終盤には女性解放運動の一部[22]がミッテラン支持へ傾いた。1978 年の総選挙では右も左も変わらないとして既成政党を一蹴していたシモーヌ・ド・ボーヴォワールもミッテラン支持を表明した。

　実際、1970 年代末から第 1 期ミッテラン政権半ばまでの社会党は党内外のフェミニストの要求を取り入れ、女性問題への取り組みを党の重要な政策に位置づけていた[23]。この時代は党内フェミニストにとっても社会主義とフェミニズムの両立を信じられる幸福な時代だった。

　しかし 1983 年の社会党のネオ・リベラリズム的政策への路線転換以後、フェミニズム政策も後退せざるを得なくなる。保革共存政権になった 1986 年に女性の権利省は姿を消した。社会党とフェミニストの蜜月時代は終わり、社会党フェミニストも党内の活動に限界をみて、市民運動へ軸足を移していった。パリテ運動はそこから生まれたのである。

ジョスパン社会党とパリテ

　1988 年の政権復帰を経て、社会党が再度下野した 1993 年は、パリテ運動が展開され始めた時期である。女性の人権や社会の要請に敏感な社会党にとって、とくにグローバリゼーションの進展やベルリンの壁の崩壊以後、経済政策で保守との明確な差異化を図れないのであればなおのこと、パリテを政権奪取の戦略に組み入れないことはあり得なかった。

　1995 年、第一書記に選出されたリオネル・ジョスパンは政権奪取へ向けて舵を切った。戦略の柱のひとつがパリテだった。この年の大統領選の左翼統一候補になったジョスパンは、3 月 8 日の国際女性デーの集会で女性団体からパリテについての質問を受けると「政界を刷新し、パリテを具体的に進展させるために必要な立法的措置を提案したい」[24]と答えてパリテ推進の姿勢を鮮明にした。このときは保守のシラク候補に負けたが、遅くとも 3 年後には必ず実施される総選挙のための女性候補 30％擁立の準備を着々と進めていた。1996 年 5 月のエクスプレス誌のために行われた IFOP（フランス

世論調査研究所）の世論調査では、77％がパリテのための憲法改正に賛同していた。社会党は社会が何を求めているのかを知っていた。

　1997年の総選挙に社会党は実際30％近くの女性候補を擁立した。1993年と1995年の2度の選挙の惨敗がそれを可能にしたのだが、シラク大統領の出身政党の共和国連合は現職男性議員を多く抱えていたから、新人の女性候補を出すことはできなかった。女性候補者たちの多くは不利な選挙区から出たが、予想以上の健闘で、社会党の勝利と女性議員比率の上昇に貢献した。国民議会全体で初めて10％を超えて10.9％になり、社会党所属女性議員は17.1％に達した。

　新内閣の女性閣僚は26人中8人、30％を超え、司法や雇用連帯大臣等の重要ポストにも女性が起用された。それ以後、政権は交代しても女性閣僚は30％前後と、いくつかの重要閣僚ポストへの女性起用は暗黙の規則のように継承されていく。さらに19日の国民議会での所信表明演説でジョスパン首相は、アリミのジョスパンへのロビイング[25]も効果的だったのか、前政権が無視しようとした彼女の報告書の提言に沿って、憲法を改正してパリテ目標の導入を目指すと表明したのである。

　憲法改正の発議権は大統領にある。パリテへの世論の圧倒的支持を知るシラク大統領は、身内の保守派を刺激しないためにパリテの表現は避ける条件で、改憲手続きに入ることを承諾した。

5．進化を続けるパリテ法

パリテのための憲法改正

　1999年7月、国民主権を規定した第3条に「法律が選挙で選ばれる議員職および公職への男女の平等な就任を促進する」、政党活動に関する第4条に「政党は法の規定する条件の下で第3条最終項に表明された原則の実行に寄与する」を加える憲法改正が実現した。1982年のクオータ違憲の判断が第3条の国民主権の単一不可分性を事由にしていたことを思い出そう。歴史家ジュヌビエーブ・フレスの言うように、この憲法改正により主権は再定義され、「男女がともに主権者を体現すべきである」[26]ことが明確にされ、男女同数議会と男女同数地方政府実現に向けてのポジティブ・アクションを

法律で定めることが可能になった。第4条はパリテを推進する上での政党の責任を明確にした。

しかしこの改正はねじれ関係にある内閣と大統領、国民議会と元老院との妥協の産物である。当初の法案で用いられていた結果責任を立法府に問うことを「保障する」という文言が元老院で「促進する」に修正[27]され、この修正案が両院合同会議でほぼ満場一致で採択されたのである。アリミはこれについて「促進する、しない？ 少しだけ、それとも沢山、男女同数？ 政府の政治的意思次第でどうともなる」[28]と批判している。2000年のパリテ法は多くの選挙で候補者のパリテを義務づけた世界初の画期的な法律だが、アリミが危惧したように、「促進する」が男性の政治権力独占を象徴する国民議会の選挙に政党の抜け道を用意することを可能にしていた。

パリテはどこまで来たか

日本の行政は国、県、市町村の3層からなるが、フランスは国、地域圏、県、市町村の4層にさらにEUが加わる。上院である元老院は間接選挙で一部比例区、下院の国民議会は小選挙区2回投票制、県議会も小選挙区2回投票制、地域圏と市町村議会は変則比例代表2回投票制（人口3500人以下は連記式多数制）、欧州議会は比例代表1回投票制である（詳細は表2参照）。2000年の最初のパリテ法は、すべての比例代表選挙で法律施行後の最初の選挙から男女同数候補を政党に義務づけ、小選挙区制の国民議会選挙には男女同数候補が奨励された。男女同数議席を実現する手段としての50％クオータがパリテ法に規定されたのである。それ以外の県議会、元老院選挙区、人口3500人以下の町村議会はパリテ法の適用外に置かれた。その後、数回の法改正を経て、今日では大統領選、元老院選挙区と人口1000人以下の町村議会を除くすべての選挙にパリテ規定がある。以下、表1、表2、表3を参照しながら議会ごとに現状、課題をみてみよう。

表1にあるように、パリテ規定の有無は女性議員比率の上昇に直接的影響を及ぼしている。パリテ義務のある人口3500人以上の市町村[29]議会選挙は、当初のパリテ法では6人ごとの男女同数制だったが、2007年の改正で、厳密な男女交互登載が政党に義務づけられた（表3）。パリテ法施行以前には男性が議席の80％近くを占めていたが、今日ではほぼ男女同数議会が

表1：パリテ法は政治的意思決定の場をどう変えたか

議員または選挙による公職	パリテ法施行直前選挙				パリテ法施行以降の直近選挙			
	選出年	総数	男性数	男性率(%)	選出年	総数	男性数	男性率(%)
							パリテ規定なし***	
県議会議長	2001	99	98	99	2011	100	95	95.0
EPCI議長*	2001	2001	1893	94.6	2009	2601	2414	92.8
地域圏議会議長	1998	26	23	88.5	2010	26	24	92.3
市町村長	1995	36555	33804	92.5	2008	36568	31522	86.2
人口3500人未満町村議会	1995	497208	389232	78.3	2008	431675	292608	67.8
							パリテ規定あり	
県議会**	2001	3977	3613	90.8	2011	4035	3476	86.1
国民議会（パリテ奨励）	1997	577	514	89.1	2012	577	422	73.1
上院（比例区のみパリテ義務）	1998	321	304	94.4	2011	348	271	77.9
							パリテ義務あり	
欧州議会	1999	87	52	59.8	2009	72	40	55.6
地域圏副議長	1998	265	225	84.9	2010	353	194	55.0
地域圏議会	1998	1880	1363	72.5	2010	1880	985	52.4
人口3500人以上市町村助役	1995	497208	389232	78.3	2008	20116	10420	51.8
人口3500人以上市町村議会	1995	497208	389232	78.3	2008	87742	45206	51.5

* EPCI（Etablissement public de coopération intercommunal, 市町村協力公共機構）はいくつかの市町村から構成された広域行政組織で、独自の財源を持つものとそうでないものがある。各EPCIメンバー市町村議会の代表者がつくるEPCI審議会が議長を選出。
**2007年に候補者／補充候補者の男女カップル規定が導入。それ以前はパリテ規定なし。表3参照。
*** パリテ規定の有無・強弱の違いが一目でわかるように網かけの濃淡で区別した。
出典：パリテ監視委員会.

　実現し、人口3500人以下の町村議会も波及効果で女性議員は増加傾向を示している。
　憲法に盛り込まれたパリテ原則は選挙で選ばれる公職も含むので地方政府も対象となる。フランスの地方公共団体は議院内閣制で、議会が首長とこの首長を手助けし地域行政を司る助役たちを選出する。2007年の改正で、首長候補が提案する助役候補名簿の構成にもパリテが義務づけられたため、今では助役団も男女同数である。問題は、市町村長のほとんどが男性で、自治体の規模が増すに従いその傾向が強まることである。パリテ法には比例名簿1位登載の規定がなく、ほとんど男性がトップ登載になるからである。
　フランスには複数の県を束ねた27の地域圏がある[30]。パリテ義務のある地域圏議会も市町村議会と同じ傾向を示している。男女同数議会が実現し、副議長候補名簿へのパリテ導入で、副議長は男女同数となったが、女性の地

第4章　フランス共和国とパリテ　107

表2：フランスの選挙制度

議会	任期	選挙制度
国民議会	5年	小選挙区2回投票制。第1回で、①過半数得票、②選挙人名簿登録者数の25％以上の票獲得候補者がいない場合、選挙人名簿登録者数の12.5％以上獲得した候補者間で決選投票。
元老院	6年 (半数改選)	国民議会・地方議会議員で構成された選挙人による間接選挙。●定数3人以下の選挙区（選挙区は県を単位としており、全国100県中2011年現在71県）は単記式多数制2回投票制。第1回で過半数および選挙人名簿登載数25％以上得票の候補者不在の場合、登録選挙人の12.5％以上獲得候補者間で第2回投票、上位候補当選。●定数4人以上の選挙区（約30県、外国居住者の代表として12議席）は比例代表制男女同数交互登載義務。2011年の改選での選挙区／比例区の議席割合は168対180。
地域圏議会	6年	変則比例代表2回投票制。第1回で、①過半数、②登録選挙人数25％以上得票名簿があれば、この名簿に25％の議席を配分後、この名簿も含む5％以上得票名簿で得票数に応じて配分。①②を満たす名簿がなければ、得票率10％以上の名簿（5％以上獲得した名簿の合流も可）間で第2回投票。第1位に4分の1議席を配分、残りを5％以上獲得した名簿間で得票数で配分。男女交互登載義務。
県議会	6年	小選挙区2回投票制。2013年5月の法改正（表3参照）で、男女ペア立候補制導入。第1回で過半数および登録選挙人25％以上を得票したペア立候補がなければ、上位2ペアで決選投票。登録選挙人12.5％以上を得たペア候補も決選投票参加可。
市町村議会	6年	●人口1000人以上の市町村議会（2012年までは人口3500人以上）は変則比例代表2回投票制。第1回で過半数を得票した名簿にまず半数議席を配分、残りを得票率5％以上のすべての名簿に得票数に応じて配分。過半数名簿がなければ第2回投票へ。得票率10％以上の名簿（5％以上の名簿の合流可）が参加し、第1位名簿に半数議席が配分、残りをすべての名簿に得票数に応じて配分。拘束式名簿で男女同数交互登載が義務。●人口1000人未満の町村議会は連記式多数制2回投票制。第1回は過半数を得票した候補者が選出される。残りは第2回投票で単純多数で選出。
欧州議会	5年	比例代表1回投票制。男女交互登載義務。

域圏議長は2名にとどまっている。

　同じくパリテ義務のある欧州議会のフランス議席もほぼ男女同数である。パリテ法施行前から女性議員がすでに40％も占めていた。欧州議会選挙は1979年に始まった新しい制度のために男性の既得権益がなく、女性の進出を容易にしたのである。

　元老院がパリテに近づかないのは、パリテ義務のある比例区選出議員が全体の約半数に限られ、比例区自体の定数（4-10名）も少なく、候補者のパリテが議席に反映されにくいからである。

　パリテから最も遠いのが小選挙区制の県議会と国民議会である。最高得票者だけが当選する小選挙区制におけるクオータは、付随的な措置がない限り、効果は限定的である。当初パリテ規定のまったくなかった県議会選挙に

は2007年の改正で立候補者があらかじめ自分と異なる性の補充候補者[31]を指名して選挙に臨む制度が導入された（表3）が、女性議員を増やす効果はほとんどなかった。しかし次節で見るように新しい選挙制度により県議会は一変した。

　国民議会選挙にはパリテ規定があるが義務ではなく奨励にとどまり、政党にパリテを迂回する道を残した。付随措置として、男女比が2％以上開くと、2つの部分からなる政党助成金のうちの得票率に応じて政党に配分される得票数割が減額されるというペナルティがつけられた（表3）。法案の準備段階でフェミニストは、パリテに強制力を持たせるために、当選した女性議員率を基準にして、獲得議席数に応じて政党に配分される議員数割の助成金に対する減額措置を提案[32]していたが、憲法改正の文言に規定され、結果につながる制度設計が困難だったのである。この措置は得票数割助成金にしか期待できない小政党には「効果的」でも、もう一方の議員数割助成金を獲得できる大政党、とくに保守系政党には、女性候補擁立へのインセンティブにはならなかった。2007年の改正でペナルティが若干強化されたが、パリテ法施行後初の2002年の選挙から2012年の選挙まで、保守系政党は得票数割助成金の減額を覚悟の上で男性候補者を多く擁立してきた。保守が大勝した2002年の選挙では女性議員は改選前の10.9％から12.3％に微増にとどまる。

　しかし党運営にパリテを導入しつつある社会党はフランソワ・オランド大統領選出直後の2012年6月の国民議会選挙に46％の女性候補[33]を公認し、社会党女性議員は105人に増え、全体の女性議員も改選前の19％弱から26.9％へ伸び、世界ランキングも70位から36位へ順位を上げた。それに対し保守の民衆運動連合党（UMP、2015年共和党〈LR〉へ改称）の女性候補者は25.6％にとどまった。得票数割でペナルティが科せられ、選挙に負けて議員数割も大幅な減額となったUMPは、次回の選挙を視野にこれまでのパリテ軽視の姿勢を見直さざるを得ないのではないだろうか。

　2012年の社会党の政権復帰の背景には、2002年、2007年のそれぞれ2度の大統領選と国民議会選挙に大敗した後の党の抜本的な立て直しがあった。党の民主化とパリテの推進を基本としたものなので、その大枠を紹介しておく。改革をリードしたのが2008年に女性で初めて第一書記に就任した

第4章　フランス共和国とパリテ　　109

マルティーヌ・オブリである。2010年6月、党の民主化促進と信頼回復を目指した党再生計画が策定され、彼女の強いリーダーシップで実行されていく。計画の3本柱の第1が1ユーロ以上のカンパを条件に一般市民にも開かれた党公認大統領候補の予備選実施、第2が選挙で選ばれる政治職の兼職[34]の2012年からの禁止、第3が党内意思決定の場へのパリテ導入である。オランド前第一書記を大統領候補に選んだ2011年秋の予備選は、候補者間の政策論議を通して、政治一般や社会党への市民の関心を呼び戻すことに成功した。第2の柱も極めて重要である。1人の政治家に長期間にわたる複数の政治職の兼職を許すフランス特有のこの制度が新人、とくに女性の新人の政界進出の可能性を狭めていたからである。2011年12月の党の選挙協定会議でオブリ第一書記は、次期国民議会選挙に46％以上の女性候補者擁立ができた一因に兼職禁止を挙げている。現職国民議会議員で自治体首長も兼職する人たちの一部が国民議会議員再選を諦めたり、これまでなら国民議会選挙を有利に戦える立場にいた自治体首長が当選後に自治体首長の辞職を迫られることを見越して国民議会選出馬をとりやめたりして、空きポストが生まれたからである。

進化を続けるパリテ法

　2000年のパリテ法以来、数回の改正（表3）を経てパリテは前進したが、1度だけ、パリテ後退の危険のある法改正があった。2008年の憲法改正[35]に基づく政治行政制度改革の一環で、2010年12月に制定された改正地方公共団体法である。地域圏議会と県議会を統合して地方議会を創設し、この選挙にパリテの最も進んだ前者ではなく最も遅れた後者の小選挙区制2回投票制のほうが採用されたのである。

　制度改革の名を借りた地方行政の支配が保守の狙いだと考えるオランド新政権が地方議会の創設前にこの改正法を廃止したので、地方圏議会、県議会は生き延びた。さらに2013年5月の新地方制度改革法は、比例代表制をこれまでの人口3500人以上から1000人以上の市町村議会選挙にまで広げてパリテをこれらの選挙にも義務づけ、EPCI（表1参照）のうち独自の財源を持つEPCIの審議会を直接選挙制にし、県議会選挙には結果のパリテが保障される男女ペア候補制（表2、3）も導入した。オランド候補が選挙中に発表

表3：パリテ関連法

年月日	名称	内容
1999.07.08	男女平等に関する憲法改正 (loi constitutionnelle No99-569)	1958年憲法第3条最終項に「法律が選挙で選ばれる議員職および公職への男女の平等な就任を促進する」、第4条に「政党および政治団体は第3条最終項の原則の実現に貢献する」が加えられた。
2000.06.06	選挙で選ばれる議員職および公職への男女の平等な就任を促進するための法律、通称パリテ法 (loi No2000-493)	比例代表選挙への男女同数候補導入。地域圏議会、元老院の比例区、欧州議会選挙は男女交互登載、人口3500人以上の市町村議会選挙は候補者6人ごとの男女同数義務。小選挙区制の国民議会選挙には男女同数候補奨励。男女同数でない政党には政党交付金のうちの得票数割から男女比の差の50％減額。例：女性候補25％、男性候補75％なら、(75－25)×0.5＝25％が減額。
2000.07.10	元老院選挙に関する法律 (loi No2000-641)	元老院選挙法が改正され、それまで定数5人以上の県単位選挙区が比例区だったが、定数3人の県単位選挙区にまで比例代表制が広げられた。元老院議員全体の約3分の2議席が対象。
2003.04.11	地域圏議会および欧州議会フランス議席の選挙、ならびに政党への公的助成に関する法律 (loi No2003-327)	地域圏議会選挙および欧州議会選挙の選挙区が改正され、地域圏はひとつの選挙区から地域圏を構成する複数県がそれぞれ選挙区に、欧州議会選挙も全国区から地域圏単位の8つの選挙区に変更された。
2007.01.31	選挙で選ばれる議員職および公職への男女の平等な就任を促進するための法律 (loi No2007-128)	地域圏副議長団および市町村（人口3500人以上）助役団への男女同数義務。人口3500人以上の市町村議会選挙の候補者名簿男女交互登載義務。国民議会選挙の政党交付金の得票数割の減額を男女比の差75％へ。パリテ規定のまったくなかった小選挙区制の県議会選挙に補充候補者制が導入、候補者・補充候補者を男女または女男とすることが義務化。
2008.07.23	第5共和制制度現代化のための憲法改正 (loi consttitutionnelle No2008-724)	「法律が議員職および選挙で選ばれる公職、ならびに職業的社会的責任のある地位への男女の平等なアクセスを促進する」がフランス共和国の基本的性格を規定した憲法第1条に加えられ、行政・企業・組合幹部の男女平等促進のためのポジティブ・アクションを実施できるようになった。
2013.05.17	県議会議委員選挙、市町村議会議員選挙、市町村協力公共機構審議会議員選挙および選挙日程に関する国家組織法と法律 (loi organique No2013-402, loi No2013-402)	市町村議会選挙の比例代表制をこれまでの人口3500人以上から1000人以上にまで広げられ、パリテが義務づけられる村町村会選挙が増加した。さらに県議会選挙への男女ペア候補制が導入された。県議会議員定数は変更せず、選挙区を半数にし、男女がペアで候補する。有権者は個々の候補者ではなくペアに1票を投じる。候補者のパリテだが結果のパリテも保障する制度。

した「男女平等のための40の公約」はその第21で「政治権力の分かち合いへ向けての新たなステップを踏み出すために、パリテにより強制力を持たせ、公的領域全体にこの原則を広げる」ことを約束していたことを思い出そう。新選挙制度による2015年春の選挙で県議会も男女同数になった。

おわりに

　国民議会の女性議員比率はいわゆるクリティカル・マスの30％にはまだ数％足りないが、2012年5月15日以来、内閣は男女同数で構成されている。保守政党よりもイデオロギー的にフェミニズムに親和的で、2012年の選挙でもパリテを政権復帰の梃のひとつにした社会党にとって、パリテ内閣は当然の帰結だった。政府の男女平等への姿勢を象徴的に示すと同時に男女の政治権力の分有を表象する意味でも、パリテ内閣は重要である。また具体的な男女平等政策の推進という点では、女性の権利省の復活にも注目したい。

　2013年7月3日、ナジャット・バロー＝ベルセカム女性の権利大臣は、EUでは1999年から規定されているジェンダー主流化原則をフランス法制に初めて導入した女男平等法案を閣議に提出した。法案は、①女性の権利に関する既存の諸法制の実効性の確保、②いくつかの新しい分野の女性の権利の法制化、③実験的ないくつかの新たな取り組みの3本柱からなる。パリテ関連では、政党へのペナルティ強化として政党交付金減額の倍増が盛り込まれた。そして2014年8月4日「女性と男性のための実質的な平等のための法律」として発布された[36]。

　パリテ運動を担った女性たちの多くは、強制力がなければ現実は変わらないという考え方に立ち、パリテ法を求めて闘ってきた。2000年のパリテ法には、国民議会選挙でパリテを逃れる道が政党に用意され、地方政府へのパリテ規定もなかったために、フェミニストの間でも評価が分かれた。しかし一部の悲観的見方を裏切り、パリテ法はパリテを前進させる方向で改正されてきた。それを可能にしたのは、加盟各国に男女平等政策を促し続けるEUに加えて、パリテ監視委員会（2013年から男女平等高等評議会）と1999年に上下両院に設置された女性の人権委員会の活動がある。前者は選挙のたびに報告書を作成し、現法制の課題を指摘して政府や議会に圧力をかけ、後者はこの圧力を利用して国会の場で法の改正を目指してきた[37]。2014年春の市町村議会選挙後は、人口1000人以下の基礎自治体を除けば、すべての地方議会と地方政府がパリテとなり、パリテに届かない上下両院を包囲しそう

な勢いである。国民議会の男女構成には、前述の女男平等法に定められた政党へのペナルティ強化に加えて、2015年に生まれた男女同数県議会も中期的にはインパクトを持ち得る。県議会議員と国民議会議員の選挙基盤が重なり、県議会への進出が国政進出を視野に入れた政治家のキャリア形成のスタートラインと位置づけられるからである。男であることが政治社会への統合の暗黙の基準であった時代に、法の力が終止符を打ちつつある。

【注記】
（1）欧州統合は1952年の欧州石炭鉄鋼共同体に始まり、1958年の欧州経済共同体、欧州原子力共同体の設立、1967年、これら3つの共同体の諸機関が統一されて欧州共同体（EC）となり、1993年に経済通貨統合と政治統合を目指す欧州連合（EU）へと発展した。本章では、後述の第3次男女機会平等中期行動計画が始まる1991年からの2年間のEC時代も含めてEUを用いる。
（2）旧社会党のSFIOと複数の左派小政党の統合から新社会党が誕生、1971年のエピネ党大会で別の党を率いて合流したばかりのミッテランが党首に選出された。
（3）Bereni et Lépinard 2004: 82.
（4）1972年、強姦で妊娠した少女とその母親ら4人が違法に妊娠中絶に関わったとして訴えられた事件。アリミの弁護で被告は実質的に罪を免れた。裁判は現法制の不条理を明らかにし、1975年の中絶合法化を準備した。
（5）この判決を与野党男性議員と憲法院の「共犯」とみるフェミニストは少なくない。クオータを嫌うがあからさまには反対できない与党議員が野党議員に憲法院への申し立てを促し、野党議員はクオータ違憲判決が出るとの確証を得て、意図的にこの条項の審査を求めなかったという見立てである。Gaspard et al. 1992; Halimi 1997.
（6）Calvès 2010: 84.
（7）Bereni 2007: 110-111.
（8）たとえばFraisse（1989）等。
（9）Gaspard et al. 1982: 10.
（10）Scott 2005 : 90.
（11）Scott 2005: 93.
（12）生物学的には男女の二項対立ではなく連続性が主張されている（上野 1995）。
（13）Halimi 1997.
（14）女性は王位の継承も譲渡もできないとした15世紀に遡るサリカ法の影響、小選挙区制の国民議会、政治職の兼職（注33参照）、ドゴール大統領以来の第5共和制

における政治＝強い男性イメージの定着などがその理由。
(15) Bereni 2004: 33-54.
(16) 本質主義とは、フェミニズムの文脈で用いられとき、性差（生物学的・心理的・象徴的のいずれであるかを問わず）が人間を規定する最も重要な要素であるとみなす立場である。
(17) Elisabeth Badinter, "Non aux quotas des femmes." *Le Monde*, 12 juin 1996.
(18) Sylviane Agacinski, "Citoyennes encore un effort!" *Le Monde*, 18 juin 1996.
(19) Agacinsky 1998.
(20) 樋口陽一は「主権と人民の不可分性（中略）の考え方を死守すべきだとする立場は普遍主義者、『男女同数』推進の立場は差異論者と呼ばれる」と分類している（樋口1999）。
(21) Scott 1998.
(22) 体制改革派のジゼル・アリミ主宰の「ショワジール」、アンヌ・ゼランスキーの「女性の人権同盟」、「プラニング・ファミリアル」等。
(23) Bereni 2006: 110-112.
(24) Yvette Roudy, "J'écris ton nom, parité." *Libération*, 29 décembre 1997.
(25) *Choisir*, No. 77 juin/juillet 1997, No.78, octobre 1997. Choisir la cause des femmes (http://www.choisirlacausedesfemmes.org/uploads/documents/Choisir_N101_Retrospective.pdf).
(26) Bachelot et Fraisse 1999: 188.
(27) 憲法改正手続きでは元老院と国民議会は同等の権限、通常の立法手続きでは国民議会の議決が優先される。
(28) *Le Monde diplomatique*, septembre 1999: 7.
(29) フランスの市町村（communes、コミューヌ）の総数は3万6000を超える。議員の数でいえば、80％が人口3500人以下の小規模自治体の議会議員。
(30) 2014年の地方制度改革により、フランス本土の22地域圏が合併して13となった。海外領土の5地域圏に変更はない。
(31) 議員の任期中の死亡、または国会議員等の別の政治職に選出されて政治職兼職制度（注34参照）に適合せず辞職した場合、代わって残りの任期を務める。
(32) "Vers la parité: Rapport au premier ministre de Dominique Gillot, rapporteure de l'obervatoire de la parité," Septembre1999, Haut Conseil à l'égalite entre les femmes et les hommes (http://www.haut-conseil-egalite.gouv.fr/parite/travaux-du-hcefh-38/article/vers-la-parite-en-politique).
(33) 2007年の選挙にも社会党はほぼ同率の女性候補を出したが、大敗したため、女性議員の大幅増加にはならなかった。

（34）1人の政治家による国民議会議員あるいは元老院議員といくつかの地方議会議員や市町村長等の兼職は戦前の第3共和制からの慣習である。今日では、上下両院議員や欧州議会議員は人口 3500 人以下の町村議会議員や市町村協力公共機構（EPCI）審議会議員の兼職は許されているが、それ以外の兼職可能な政治職は地域圏・県・市町村の首長か助役のひとつに限られている。この自治体行政職の兼職を次回の選挙から禁止する法案が、上下両院の不一致があったため両院間を往復したが、2014 年 1 月 22 日、国民議会で最終的に採択された。通常の法律の上位にある国家組織法のため、公布は憲法院の審査後となる。この兼職禁止が適用されるのは 2017 年から。
（35）パリテ原則が第 3 条からフランス共和国の基本的諸原則を規定した第 1 条へ移動、政治職に限られていたこの原則が職場や組合活動における意思決定の場へも広げられた。
（36）Légifrance–le service public de la diffusion du droit（https://www.legifrance.gouv.fr/affichTexte.do?cidTexte=JORFTEXT000029330832）。
（37）Lépinard 2007.

【引用文献】
上野千鶴子（1995）「差異の政治学」『ジェンダーの社会学』岩波書店．
杉原康雄（1983）『国民主権と国民代表制』有斐閣．
辻村みよ子（2011）『ポジティブ・アクション』岩波新書．
辻村みよ子編（2011）『壁を超える――政治と行政のジェンダー主流化』岩波書店．

Agacinski, Sylviance. 1998. *Politique des sexes*. Paris: Seuil.
Bachelot, Roselyne, et Geneviève Fraisse. 1999. *Deux femmes au royaume des hommes*. Paris: Hachette.
Bereni, Laure. 2007. "Du MLF au Mouvement pour la parité" *Politix* No. 78.
―――. 2006. "Lutter dans ou en dehors du parti?" *Politix* No. 73.
―――. 2004. "Le mouvement français pour la parité et l'Europe," sous la direction de Sophie Jacquot et Cornelia Woll, *Les usages de l'Europe: Acteurs et transformations européennes*. Paris: L'Harmattan.
Bereni, Laure, et Eléonore Lépinard. 2004. "La parité ou le mythe d'une exception française." *Pouvoirs* 111: 73-85.
Calvès, Gwénaële. 2010. *La discrimination positive*. Paris: PUF.
Fraisse, Geneviève. 1995. *Muse de la raison*. Paris: Folio.
Gaspard, Françoise, Claude Servan-Schreiber, et Anne Le Gall. 1992. *Au pouvoir,*

citoyennes! *Liberté, Egalité, Parité*. Paris: Seuil.

Halimi, Gisèle. 1997. *Nouvelle cause des fammes*. Paris: Seuil.

Jenson, Jane, et Marinette Sineau. 1995. *Mitterrand et les Françaises: Un rendez-vous manqué*. Paris: Presses de Sciences-Po.

Lépinard, Eléonore. 2007. *L'égalité introuvable: La parité, les féministes et la République*. Paris: Presses de Sciences-Po.

Rosanvalon, Pierre. 1992. *Le sacre du citoyen: Histoire du suffrage universel en France*. Paris: Gallimard.

Scott, Joan W. 2005. *Parité ! L'universel et la différence des sexes*. Paris: Albin Michel.

———. 1998. *La citoyenne paradoxale*. Paris: Albin Michel.

第5章

アルゼンチンにおける法律型クオータの導入とその効果

菊池啓一

はじめに

　アルゼンチンをはじめとするラテンアメリカ[1]諸国には「マチスモ」と呼ばれる男性優位主義が根強く残っている。1990年代までは議員候補者のほとんどが男性であり[2]、性別分業の観点から政治家は男性の職業であるとされてきた。また、仮に当選したとしても、女性の政治活動に対する偏見と闘うことになる。ある女性議員は、「男性議員は好きなときに何度でも本会議を欠席することができ、彼らに対しては誰も何も言わない。しかし、我々女性議員が1度でも病欠すると、可決に必要な票数が足りない、本会議を開く定足数に達しない、と問題になる。男性議員にとって、男性と女性の欠席は同じものではない」と証言している[3]。

　ところがその一方で、アルゼンチンの現大統領は女性である。前大統領ネストル・キルチネルの配偶者であるクリスティーナ・フェルナンデス=デ=キルチネルが2007年の大統領選挙で当選し、アルゼンチン史上2人目の女性大統領が誕生した[4]。また、他のラテンアメリカ諸国でも次々に女性大統

＊本章は、拙稿「アルゼンチンとクオータ制」『国際女性』第27号（2013年12月）92-95頁に大幅な加筆修正を施したものである。また、本章の内容の一部は、2008年度松下国際財団研究助成・助成番号 08-052「ジェンダー・クオータ制の政策アウトカムへの影響：アルゼンチンの事例を手がかりに」の研究成果に基づいている。

領が登場しており、近年ではチリのミシェル・バチェレ（在職：2006-2010, 2014-）、コスタリカのラウラ・チンチージャ（在職：2010-2014）、ブラジルのジルマ・ルセフ（在職：2011-）が相次いで大統領に就任した[5]。

このような女性の政界進出の潮流を支えているのが、多くのラテンアメリカ諸国で導入されている法律型クオータである[6]。それでは、男性優位社会への法律型クオータ導入を可能にする条件は何であろうか。また、男性優位社会においても、法律型クオータの制度設計を工夫することによって女性議員数を増加させ、維持することができるのであろうか。さらに、法律型クオータにより、女性の利益を増進するような政策は増加するのであろうか。本章では、1991年に世界で初めて一般法によるクオータを導入したアルゼンチンにおける同制度の機能について検討することにより、これらの問いについて考えてみたい。最初に、「女性クオータ法」[7]がアルゼンチンで成立した経緯を考察する。次に、同法の女性議員数の増加への影響を分析する。そして最後に、女性議員数の増加とジェンダー関連法案の関係を検討する。

1．法律型クオータのアルゼンチンへの導入

ラテンアメリカにおける法律型クオータの受容

本節では本章の第1の問い、すなわち男性優位社会が法律型クオータを受け入れるための条件を検討する。具体的には、まずラテンアメリカ諸国のなかで法律型クオータを採用した国々の共通点を把握する。そして、ラテンアメリカの一般的な傾向に留意しつつ、アルゼンチンにおける法律型クオータ導入の経緯を考察する。なお、本書の「はじめに」（三浦・衛藤）で定義されているように、ジェンダー・クオータ（以下、クオータ）とは「政治代表における男女の不均衡を是正するために、候補者あるいは議席の一定比率を女性（あるいは両性）に割り当てる制度」であり、議会だけでなく行政府や司法府がその対象となることもある[8]。しかし、本章では国政レベルの議会選挙におけるクオータに限定して議論を進めていく。

ラテンアメリカにおける同制度の特徴のひとつは、法律型クオータによる一定比率の女性候補者割当制を採用している国が多いという点である。2012年12月現在、ラテンアメリカ20ヵ国中15ヵ国で法律型クオータが

導入されている[9]。

　法律型クオータはどのようにしてラテンアメリカに受容されたのであろうか。過去の研究では、女性運動の存在、政治エリートの意向、平等を重視する政治文化の存在、および国際会議等を通じた国際規範の形成と多国間での情報共有などがクオータの採用を促進する条件として挙げられているが[10]、ラテンアメリカにおいて法律型クオータが成立した国々には少なくとも次の２つの共通点があったとされている[11]。

　第１に、複数の政党の女性党員による超党派的なクオータ導入運動が展開されたという点である。法律型クオータはその名の示す通り法律として議会で可決される必要があるが、議会の大半を占める男性現職議員の地位を脅かすことにつながるクオータに関する法案は、他の法案と比べて審議の対象となりにくい。そのため、女性党員による男性議員に対する働きかけが重要になる。とくに、多党制の国が多いラテンアメリカでは、一政党が単独で議会の過半数を制しているケースは少なく、超党派的な協力による複数の政党の男性議員への働きかけが必要不可欠であった。また、一政党が単独過半数を占めている場合でも、超党派的な導入運動の存在は大きな意味を持つ。たとえば、メキシコにおけるクオータ導入運動では、各党の女性議員は主に自党ではなく他党の男性議員に対して働きかけを行った。これは、「男性は外の女性には敬意を払って接するべきである」という伝統的価値観を逆手に取り、男性議員が働きかけを拒否することを難しくするための戦略であったという[12]。

　そして第２に、既存の女性運動や公的機関が上記のクオータ導入運動を強く支持したという点である。従来、ラテンアメリカにおける女性運動は政党政治から距離をおくものが少なくなかった。しかし、そのような女性運動による積極的なクオータ導入支持の動きは、それまで女性有権者の多くが持っていた「政治家は男性の職業である」という性別役割分業意識を大きく変化させるものであり、また、男性議員に女性有権者の影響力の重要性を認識させるのにも十分なものであった。そして、それらの女性運動同士の連携の調整は、しばしば女性関連政策を担当する公的機関によって担われてきた。実際、ボリビアでは複数の女性運動組織の共闘[13]、コスタリカでは国立の女性家族センターの存在がそれぞれの国におけるクオータ法の成立に貢

献したのである[14]。

しかしその一方で、一部の国においては法律型クオータに対する反発が大きく、超党派的な運動は起こらなかった[15]。チリでは、政治的ポストを求める女性が少なければクオータの意味がないとする議論があり、加えて、法律型クオータによって候補者となるような女性はエリート層の利益代表者にすぎない、という反発も保守政党を中心に根強い[16]。また、ウルグアイでは、法律型クオータの実質的な効果やその違憲性への疑念から、近年まで法律型クオータが成立しなかった[17]。さらに、ベネズエラの最高裁判所のように、司法府が違憲判決によって法律型クオータを停止した事例もみられる[18]。

アルゼンチンにおける「女性クオータ法」成立の経緯

それでは、法律型クオータはなぜ、そしてどのようにしてアルゼンチンに受け入れられたのであろうか。アルゼンチンも他のラテンアメリカ諸国と同様に男性優位主義の根強い国であったが、世界に先駆けた法律型クオータの成立には同国の政治史の影響がある。1946年に大統領に就任したフアン＝ドミンゴ・ペロンは中産階級出身の元軍人であったため、それまでのエリート層出身の大統領とは異なる新たな支持基盤を必要としていた。その支持基盤拡大の対象となったのが、労働者と女性である。前者については、ペロン自身が労働福祉庁長官としての経験を生かし、労働者層を支持基盤とするペロン党を創設した。一方、後者については、彼の妻エバ・ペロン（エビータ）の働きかけにより、1947年に「女性参政権法」が成立した。さらに、1949年にはエビータの指導によって女性ペロン党が組織され、ペロン党の選挙候補者の3分の1を女性とすることがペロン党内で決定された。その結果、1952年には下院の15.4％ならびに上院の20％を女性が占めることとなり[19]、1955年には上下両院における女性比率はそれぞれ21.7％と22.2％に上昇した[20]。すなわち、法律型クオータを導入する法案が議会に提出された1989年の時点で、「候補者の一定比率を女性に割り当てる」という考え方自体は、アルゼンチン政治において決して珍しいものではなかったのである[21]。

1955年9月のクーデターによってフアン＝ドミンゴ・ペロンがその座を

追われると女性ペロン党も消滅し、軍政・民政・軍政・民政と政治体制の移行が繰り返されるなかで女性議員数は一気に減少した[22]。その後、アルゼンチン政治において女性の存在が重要となるのは、1976年から1983年まで続いた軍政下においてである。同軍事政権はアルゼンチン史上で最も抑圧的であったとされ、数千人が軍部によって殺害され、また、約3万人が消息を絶った[23]。このような状況下で、「行方不明」となった若者の母親たちを中心に「五月広場の母たち」が結成され、反軍政運動の牽引車となった[24]。

とはいえ、軍政期に結成された女性運動も、1983年の民政移管選挙の主役とはならなかった。それ以前の民政期の政党政治を担っていた正義党（ペロン党の後身）と急進党が再び主役の座を取り戻したが、女性運動家を候補者としてほとんど擁立しなかったのがその一因である。また、もうひとつの理由として、多くの女性運動が民政下での政治への介入をよしとしなかった点も重要である。たとえば、民政移管後も女性運動の中心的存在であり続けると考えられてきた「五月広場の母たち」は、1986年に政治との関わり方をめぐって「創設派」と「五月広場の母たち協会」に分裂した[25]。しかしその一方で、多くの女性NGOが1985年にナイロビで開催された第3回世界女性会議に参加し、他国のNGOなどとの意見交換を通じてクオータ導入の重要性を認識した[26]。

他方、1983年の選挙によって当選した各党の女性議員たちは、上下両院に占める女性の比率がそれぞれ6.3%と4.3%という低水準であることに憤りを感じていたが、超党派的な運動はすぐには起こらなかった。というのも、当初女性議員たちは党内における政党型クオータの導入を目指していたためである。正義党では、とくに首都ブエノスアイレス市の女性党員の強い働きかけにより党女性局が設置され、エビータ時代のクオータの復活が主張された[27]。その結果、1988年に党則が改正され、候補者選出に対してクオータが導入された[28]。また、それまでクオータを導入した経験のない与党急進党でも女性党員によるクオータ導入の動きが活発化し、ドイツの非営利政治財団であるフリードリヒ・エーベルト財団アルゼンチン支部を通じて招かれたドイツ社会民主党やスペイン社会労働党の女性党員などを交えたシンポジウムが数多く開催された[29]。

しかし、急進党は政党型クオータを導入せず、女性党員は法律型クオータ

を志向するようになった。具体的にいつごろ路線変更が行われたのかは定かではないが、1988 年の急進党全国党大会における党則へのクオータ条項挿入案の否決が大きな転機であったと考えられる。さらに、1990 年の全国党大会の際には、「真の平等のための女性急進党員の行進」が組織され、党執行部ポストへのクオータ導入要求が提出されたが、この試みも成功しなかった[30]。ラウル・アルフォンシン政権（急進党）によって健康社会貢献省内に 1987 年に創設された女性局が実際の政策決定プロセスからは遠ざけられてしまっていたこともあり[31]、女性党員のなかに「自党（急進党）は頼りにならない」という考えが広まったものと思われる。

急進党の女性党員のなかでも、とくに法律型クオータを主張したのがマルガリータ・マラッロ＝デ＝トーレス上院議員である。彼女は 1989 年に開かれた第 1 回女性急進党員全国大会における議論をもとに、各政党の候補者名簿[32]に少なくとも 30％の女性候補者を含めることを義務づける「国政選挙法改正法案（女性クオータ法案）」を 1989 年 11 月 6 日付で上院に提出した[33]。アルゼンチンでは大統領も法案を議会に提出でき、大統領提出法案に比べると、議員提出法案の採択率は極めて低い[34]。とくに、1989 年はアルフォンシンに代わってカルロス・メネム（正義党）が大統領に就任し、上院でも正義党が過半数を占めるようになった年であることもあり、女性クオータ法案成立には正義党の賛同を得ることが必要不可欠な状況であった。

当初は存在しなかった超党派的な動きが生まれるきっかけとなったのは、他のラテンアメリカ諸国でみられたような公的機関による連携促進の動きではなく、それまでは政治運動に深入りすることを避けてきた既存の女性運動による連帯であった。1985 年の第 3 回世界女性会議に参加した女性 NGO を中心に政治的な立場の違いを超えた「全国女性会議」が組織され、1989 年の第 4 回「全国女性会議」では法律型クオータ導入に向けた運動を展開していくことが女性 NGO と各政党の女性党員たちとの間で確認された[35]。また、1990 年には「女性フェミニスト政治家超党派フォーラム」が結成され、女性クオータ法案のアイディアを議員間に広める役割を担った[36]。

アルゼンチンでは上院と下院からなる二院制が採用されており、日本の国会における審議と同様、法案は委員会と本会議で審議される。議員や大統領によって上院もしくは下院に提出された法案はまず委員会（法案の内容が多岐

にわたる場合は複数の委員会）に送付され、委員会を通過した法案のみが本会議で審議される。そして、本会議で可決された法案はもう一方の議院でも同様の審査を受け、拒否権を持つ大統領の判断の後に法律として公布される。ただし、法案は各議院を2会期（1会期はほぼ1年に相当）以内に通過する必要があるため、審議未了で廃案となる法案が少なくない。

　女性クオータ法案も3度廃案の危機に直面したが、超党派の女性議員による働きかけや既存の女性運動による後押しにより回避された。そのうち、第1の危機と第2の危機は上院の委員会においてであった。上院における審議担当は憲法委員会と法務委員会であったが、前者は委員10名全員が男性議員であり、後者も委員7名中6名が男性議員[37]であったことから同法案を重視せず、すぐには審議に入らなかった。しかし、同法案は上院で2会期以内に可決されなければならないため、早急に審議される必要があった。そのため、マラッロ＝デ＝トーレス上院議員は他の女性議員に働きかけ、「クオータはアルゼンチンを近代的かつ民主的な社会にし得る」という論法を用いて共同で男性議員の説得にあたった[38]。

　法案は提出10ヵ月後の1990年9月に審議されることとなったが、委員の過半数はクオータに反対の態度を示した（第2の危機）[39]。通常、委員の過半数が反対すると予想される法案は審議にかけられず、審議未了による廃案に追い込まれる。しかし、ここでも女性議員による男性議員説得工作が実を結び、1990年9月20日に本会議が法案の廃案を求める委員会の多数派報告書を否決した[40]。よって、女性クオータ法案は本会議の審議対象となり、同日可決された。

　上院を通過した法案は下院に送付され、女性党員や女性運動による男性下院議員に対する大規模な働きかけが行われた。しかし、男性議員や一部の女性議員の反発は根強く、1991年11月6日午後4時に本会議での審議が開始された時点でも法案の命運をまったく予測できない危機的な状態であった（第3の危機）。事態の打開を目指し、女性運動によって多数の女性が動員され、女性クオータ法案支持者が本会議場の傍聴席や議事堂周辺の道路を埋め尽くした。この状況に直面したメネム大統領は、7日午前2時頃ホセ＝ルイス・マンサーノ内務大臣に下院本会議場で女性クオータ法案支持の演説をするよう指示し、正義党の下院議員に対して同法案に賛成票を投じるよう呼び

かけた。その結果、7日午前3時頃「女性クオータ法」が成立した[41]。このメネム大統領による支持呼びかけは様々な憶測を呼んだが、その背景には、自身の再選に向けた憲法改正を目指していたメネムによる女性票開拓の意図があったと考えられている[42]。

以上検討してきたように、ラテンアメリカで法律型クオータを採用している他の14ヵ国と同様、アルゼンチンでも複数の政党の女性党員による超党派的なクオータ導入運動と既存の女性運動によるクオータ導入支持が「女性クオータ法」成立につながった。ただし、正義党がエビータ時代に政党型クオータを経験していた点、当初は各党の女性党員がそれぞれ独自に政党型クオータを追求していた点、超党派的なクオータ導入運動や女性運動の連携が公的機関ではなく既存の女性運動自身によって担われた点などが、アルゼンチンにおける導入プロセスの特徴であったといえよう。

2．ジェンダー・クオータと女性議員数

ラテンアメリカにおける法律型クオータと女性議員数の変化

前節で概観した経緯で導入された「女性クオータ法」のアイディアは、他のラテンアメリカ諸国にも広まることとなった。そのきっかけのひとつとなったのが、1995年に北京で開かれ、各国が全女性のために平等・平和・開発の達成を目指す北京宣言および行動綱領を採択した第4回世界女性会議である[43]。とくに、行動綱領では「あらゆるレベルの権力と意思決定の分担における男女間の不平等」の改善が戦略目標のひとつとして掲げられ、第190条b項において「選挙制度におけるものを含め、政党に対し、選挙によるものおよび選挙によらずに任用される公的な地位に女性を男性と同じ比率かつ同じレベルとするよう奨励する施策を、適当な場合、講じること」[44]を各国政府に要求した。そしてこの行動綱領を受け、多くのラテンアメリカ諸国で1996年から2000年の間に法律型クオータが成立し、また、法律型クオータ成立後も、多くの国で法改正によるクオータの引き上げが行われた。

表1は各国の法律型クオータの内容、選挙制度、下院における女性議員比率の変化をまとめたものである[45]。同表を検討すると、法律型クオータ

が期待通りに機能していない国も少なくないことがわかる。確かに全体的に女性議員は増加傾向にあるが、下院の女性議員比率がクオータの比率に達しているのはアルゼンチンだけである。また、皮肉なことに、現在のラテンアメリカの下院で最も女性議員の比率が高いのは法律型クオータを導入していないキューバ（45.2％）や施行前のニカラグア（40.2％）である[46]。つまり、女性大統領は誕生しているものの、ラテンアメリカ全体としては、クオータは決してうまく機能しているわけではないのである。

　法律型クオータを採用している国々の中で、女性議員の比率が30％を超えているのはエクアドル、メキシコ、アルゼンチン、コスタリカの4ヵ国である。このうち、エクアドルの国民議会議員は非拘束名簿式比例代表制で選出され、有権者は選挙区定数と同数の候補者個人に投票することができるため、選挙によって女性議員比率が大きく変動する[47]。また、小選挙区比例代表並立制を採用しているメキシコ下院でも制度上の「抜け穴」が指摘されており、各政党の方針によっては今後の選挙で女性当選者の数が減少する可能性を否定できない[48]。一方、政権交代などの様々な政治状況の変化があったにもかかわらず、アルゼンチンは2001年から女性議員の下院における比率が法律で定められたクオータを超えており、コスタリカも2003年から継続してクオータに近い女性議員の比率を実現している。それでは、どのような制度を設計すれば、法律型クオータを利用して女性議員数を増加させ、維持することができるのであろうか。本節ではこの問いについて、アルゼンチンの「女性クオータ法」の運用を事例に検討していく。

アルゼンチンにおける「女性クオータ法」の運用の実態

　アルゼンチンは23州とブエノスアイレス市からなる連邦制・大統領制国家である[49]。「女性クオータ法」が成立した当時、257名の下院議員は23州とブエノスアイレス市から4年の任期で拘束名簿式比例代表制によって選出され（2年ごとに半数ずつ改選）、46名の上院議員は9年の任期（3年ごとに3分の1の議員が改選）で22州とブエノスアイレス市から2名ずつ州議会における投票を通じて選出されていたが、女性議員数はエビータの夫であるペロン政権下の1950年代前半よりも少ない水準で推移していた[50]。そして、先述した経緯を経て、1991年11月に「女性クオータ法」が成立し

表1：ラテンアメリカにおける法律型クオータ（2012年12月）[1]

国名	法律型クオータ 成立年	クオータ（%）	選挙制度（下院）	女性議員の比率（下院：%） 1997年1月	2012年12月
アルゼンチン	1991年	30	拘束名簿式比例代表制：257人	25.3[12]	37.4
ボリビア	1997年	50	小選挙区比例代表制併用制[7] 小選挙区選出：70人 比例区（拘束名簿式）選出：53人 先住民枠：7人	6.9	25.4[13]
ブラジル	1997年	30（下院）	非拘束名簿式比例代表制：513人	6.6	8.6
チリ	なし		非拘束名簿式比例代表制：120人	7.5	14.2
コロンビア	2011年[2]	30	拘束名簿式比例代表制・非拘束名簿式比例代表制[8] 選挙区選出：161人 先住民枠など：5人	11.7	12.1[14]
コスタリカ	1996年	50	拘束名簿式比例代表制：57人	15.8	38.6[13]
キューバ	なし		[9]	22.8	45.2
ドミニカ共和国	1997年	33（下院）	非拘束名簿式比例代表制：183人	11.7	20.8
エクアドル	1997年	50	非拘束名簿式比例代表制 全国区選出：15人 州選挙区選出：116人 海外選挙区選出：6人	3.7	32.3
エルサルバドル	なし		拘束名簿式比例代表制：84人	15.5	26.2
グアテマラ	なし		拘束名簿式比例代表制 全国区選出：31人 県選挙区選出：127人	12.5	13.3
ハイチ	2011年	30[6]	小選挙区制：99人	3.6	4.2[14]
ホンジュラス	2000年	30	非拘束名簿式比例代表制：128人	7.8	19.5
メキシコ	2002年[3]	40	小選挙区比例代表並立制 小選挙区選出：300人 比例区（拘束名簿式）選出：200人	8.8	36.8
ニカラグア	2012年[4]	50	拘束名簿式比例代表制 全国区選出：20人 県選挙区選出：70人 （前大統領・大統領選次点枠あり）	10.8	40.2[14]

た。同法は既存の国政選挙法を改正するもので、以下の2つの条文により構成されていた[51]。

　第1条：1983年8月18日発令大統領令第2135/83号（法律第23247号および第23476号による改正済み）第60条を次の条文に差し替えよ。「第60条　候補者の登録および候補者名簿承認願：選挙の公示から投票日の50日前までの間に、各政党は公表された候補者の名簿を選挙裁判所判事[52]立会いの下に登録しなければならず、その候補者は立候補する役職の被選挙権を有し、かつ、法的欠格条項に該当してはならない。

パナマ	1997年	50	小選挙区比例代表並立制 小選挙区選出：26人 比例区（非拘束名簿式）選出[10]：45人	9.7	8.5[13]
パラグアイ	1996年	20	拘束名簿式比例代表制：80人	2.5	12.5
ペルー	1997年	30	非拘束名簿式比例代表制：130人	10.8	21.5
ウルグアイ	2009年	33	拘束名簿式比例代表制：99人	7.1	12.1[15]
ベネズエラ	なし（停止中）[5]	/	多数代表比例代表並立制 選挙区選出[11]：110人 比例区（拘束名簿式）選出：52人 先住民枠：3人	5.9	17

出典：Quota Project: Global Database of Quotas for Women（http://www.quotaproject.org/）; Election Guide（http://www.electionguide.org/）; 列国議会同盟（http://www.ipu.org/wmn-e/world.htm, http://www.ipu.org/parline-e/parlinesearch.asp）; Archenti y Tula 2008; Jones 2009; Baldez 2004; Luciak 2005; Tribunal Supremo Electoral 2010; 坂口 2010; Valdés Escoffery 2013.

注1： 議会に関するデータは下院（一院制議会を含む）のみ記載。
 2： 最初のクオータ法は1999年に成立したが、憲法裁判所の違憲判決により議会には適用されなかった。
 3： ただし、1996年の連邦選挙法改正の際に、すでに各党にクオータの導入を勧告する暫定事項が設けられていた。
 4： 政党型クオータを義務づける「権利機会均等法」が2008年に成立していた。
 5： 1997年に下院比例区への30%クオータを義務づける法律が成立したが、2000年に下された最高裁判所の違憲判決により停止されている。
 6： 改正された憲法による規定。
 7： ドイツ下院選挙の制度と同様、議席は各県の比例区における政党の得票に応じて配分され、各政党では小選挙区での当選者が優先的に議席配分を受ける。ただし、ドイツとは異なり、超過議席は認められていない。たとえば、政党Aの小選挙区での当選者数が比例区で獲得した議席数を2議席上回った場合、政党Bや政党Cの比例区での最下位当選者の議席が政党Aに移譲される。
 8： 2003年以降、各政党が拘束名簿式か非拘束名簿式を選挙の際に選択する方式になっているが、ほとんどの政党が後者を採用している。
 9： 共産党によって選ばれた各候補者に対する信任投票。
 10： 制度上は小選挙区制と拘束名簿式比例代表制、非拘束名簿式比例代表制をすべて組み合わせたものとされているが、実質的には小選挙区（非拘束名簿式）比例代表並立制として機能している。
 11： ほとんどが小選挙区であるが、中選挙区（2人区や3人区）も存在する。
 12： 1993年の下院選より法律型クオータを施行。
 13： 次回選挙よりクオータが50%に引き上げられる予定。
 14： 次回選挙より法律型クオータを施行予定。
 15： 2014年より法律型クオータを施行予定。ただし、各政党の予備選挙におけるジェンダー・クオータはすでに義務づけられている。

　提出される候補者名簿は、全候補者の最低30%、かつ、選出されるような配分で女性候補者を含まなければならない。本条件を満たさない候補者名簿は承認されない。

　各政党は、候補者名簿承認願とともに、候補者の経歴および最新の住所の情報を提出しなければならない。選挙裁判所判事によって過度もしくは混乱を招くと判断されない限りにおいて、名簿の候補者名は別名でもかまわない」。

　第2条：行政府に通知すること。

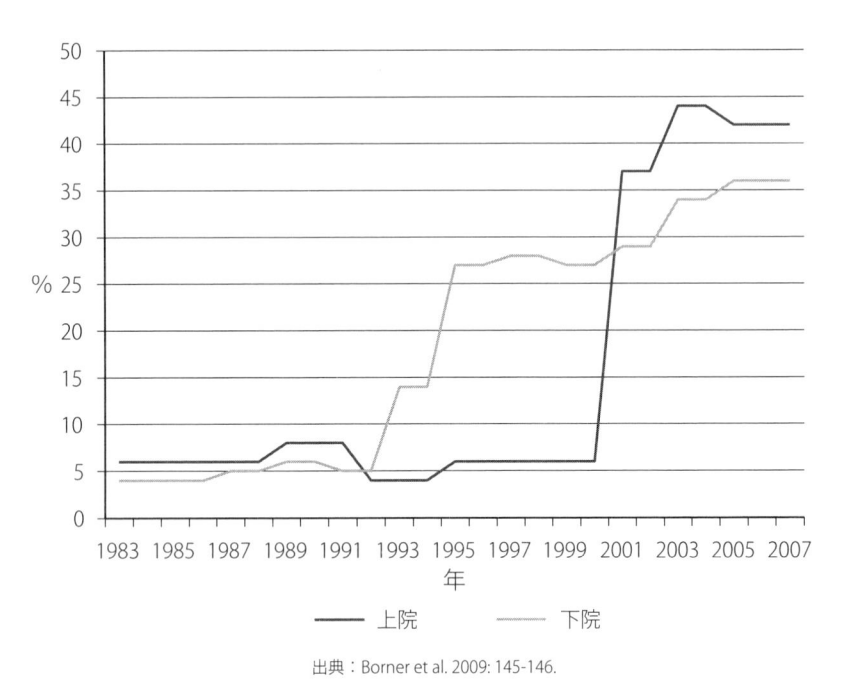

出典：Borner et al. 2009: 145-146.
図1：議会における女性議員の比率（1983-2007）

　図1は上下両院における女性議員の比率の推移を示したものである。「女性クオータ法」は1993年の下院選から適用され、半数の議員改選の結果、下院の女性議員比率はそれまでの5.4％から13.6％に上昇した。一見すると、女性議員数が急増し、法律型クオータが大成功を収めたようにみえるが、拘束名簿式比例代表制下でクオータが30％であるならば、半数改選後の女性の比率は少なくとも15％を超えなければならないはずである。にもかかわらず13.6％にとどまった背景には各党による恣意的な解釈があった[53]。同法はあくまで「全候補者の最低30％、かつ、選出されるような配分で女性候補者を含まなければならない」ことだけを規定しており、女性候補者の具体的な名簿順位については何も言及していない。そのため、女性候補者は名簿の下位に回されがちになり、当選者に占める女性の比率は21.3％にとどまった。とくに、1993年下院選の各州選挙区における改選議席数と女性当選候補者数を示した表2から明らかであるように、女性当選

表2：1993年下院議員選挙における州別改選議席数と女性当選候補者数

	改選議席数	女性当選候補者数	比率（％）
首都（ブエノスアイレス市）	13	4	30.8
ブエノスアイレス州	35	10	28.6
カタマルカ州	3	0	0.0
コルドバ州	9	2	22.2
コリエンテス州	3	0	0.0
チャコ州	4	1	25.0
チュブト州	2	0	0.0
エントレリオス州	5	0	0.0
フォルモサ州	2	0	0.0
フフイ州	3	0	0.0
ラパンパ州	3	0	0.0
ラリオハ州	2	0	0.0
メンドーサ州	5	1	20.0
ミシオネス州	3	1	33.3
ネウケン州	3	1	33.3
リオネグロ州	2	0	0.0
サルタ州	3	0	0.0
サンフアン州	3	0	0.0
サンルイス州	3	1	33.3
サンタクルス州	3	1	33.3
サンタフェ州	9	2	22.2
サンティアゴデルエステロ州	3	1	33.3
トゥクマン州	4	2	50.0
ティエラデルフエゴ州	2	0	0.0
合計	127	27	21.3

出典：Marx, Borner y Caminotti 2007: 93.

者が1人も出ない選挙区が続出した[54]。

　各政党が「女性クオータ法」を軽視した背景には、その合憲性に対する疑念があった。当時のアルゼンチン共和国憲法（旧憲法）は第16条で全国民の法の下の平等を規定しており、同法に対する違憲判決が下される可能性を否定できない状況であった。選挙裁判所の判事たちも「女性クオータ法」の厳格な適用に消極的な立場であり[55]、また、コロンビアやベネズエラでは実際に「法の下の平等」の観点から法律型クオータに対する違憲判決が下された例がある[56]。

　以上のような状況に直面し、法律型クオータ導入を推進した超党派的な運

動が採った戦略は、女性の政治代表に関する条文の新憲法への挿入であった。先述したように、当時のメネム大統領は憲法改正による自身の再選を目指していた。アルゼンチンでは新たな憲法を制定する際に制憲議会が設けられるが、1994年の制憲議会選挙にも「女性クオータ法」が適用され、男性73.8％・女性26.2％という構成になった[57]。そして、各党の女性党員や大統領府女性委員会（急進党政権下で設けられた健康社会貢献省女性局の後身）は制憲議会議員への強い働きかけを行い、新憲法が1979年に国連総会で採択された女性差別撤廃条約に基づき、女性の政治代表を推進することを求めた[58]。その結果、新憲法下（1994年改正）では、女性差別撤廃条約などの国際条約や国際合意の国内法に対する優越が確認され（第75条22項）、また、党内規約や選挙制度における積極的差別是正措置を通じた男女の「真の機会の平等」が憲法上保障されている（第37条）[59]。

　女性候補者の名簿順位に関する問題は憲法改正を受けて改善され[60]、1995年の選挙を経て下院議員に占める女性の比率は27.2％に達した。ただし、「女性クオータ法」は改正されず、改選数2議席の選挙区における女性候補擁立の義務の有無については様々な解釈の余地が残されてしまったため、その後しばらくの間女性議員の比率は3割以下の水準で推移した。すなわち、1990年代のアルゼンチン下院は、規定が曖昧であるためにクオータが完全には機能していない典型例のひとつであった[61]。

　この状況は2000年12月に当時のフェルナンド・デ＝ラ＝ルア大統領（急進党）が発した大統領令1246/2000号によって改善された。1994年の憲法改正により、2001年から72名の上院議員が6年の任期（2年ごとに3分の1の議員が改選）で23の州とブエノスアイレス市から3名ずつ（第1党から2名と第2党から1名）直接選挙によって選出されることになっていたが、大統領令により上院選にもクオータが適用されることとなった。さらに、改選議席数が2の選挙区では女性候補者を最低1名は擁立しなければならない、候補者名簿に上位から3名連続して同じ性別の候補者を掲載してはならない、などといった詳細が明確に規定された。その結果、下院における女性議員の比率は2003年についに30％を超え、また、上院における女性議員の比率も2001年以降飛躍的に向上した[62]。

　本節では、男性優位主義社会における法律型クオータの効果的な制度設

計について、アルゼンチンの事例を中心に検討した。同国における「女性クオータ法」の運用の実態は、次の２点の重要性を示唆している。第１に、クオータに対する違憲判決を避ける論理的・法的根拠の重要性である。コロンビアやベネズエラでは、法の下の平等に抵触するとして法律型クオータが停止された事例があり、また、アルゼンチンでも当初、選挙裁判所の判事たちは「女性クオータ法」に対して消極的な立場をとっていた。しかし、憲法改正によって同法に根拠が与えられ、各政党も女性候補者の名簿順位に注意を払うようになった。そして、第２に、法律型クオータの実際の運用の詳細を規定することの重要性である。一般に、拘束名簿式比例代表制は女性にとって有利な選挙制度だとされているが[63]、それでも改選数２議席の選挙区における女性候補擁立の義務の有無などの問題が残されてしまう。そこで、様々な解釈の余地を残さないよう、実際の運用について事細かく定める必要が生じるというわけである。

３．女性議員数の増加と政策

女性議員数の増加の法案審議への影響

　前節でみてきたように、アルゼンチンでは法律型クオータの導入により、女性議員数が急増した。一般的にクオータ研究者は女性議員数の増加が女性の利益を増進するような政策を促すと想定しがちであるが[64]、はたして議員数と政策はそのような単純な関係にあるのだろうか。本節ではアルゼンチンにおける女性議員数の増加の法案審議への影響について検討したい。

　女性議員数の増加がもたらした効果のひとつは、常任委員会委員長に占める女性の比率の増加である。先述したように、委員会を通過しなかった法案は本会議で審議されずに審議未了で廃案となるため、立法過程における常任委員会の役割は無視できない。たとえば、1984年から2007年の間に上院に提出された法案１万2888本のうちの8870本（68.8％）、下院に提出された３万4077本のうちの２万9747本（87.3％）が委員会での審議未了で廃案となっており[65]、とくに委員会における議事内容を決定する委員長は法案審議において絶大な権力を有している。

　図２は上下両院における全常任委員会委員長に占める女性の比率を示し

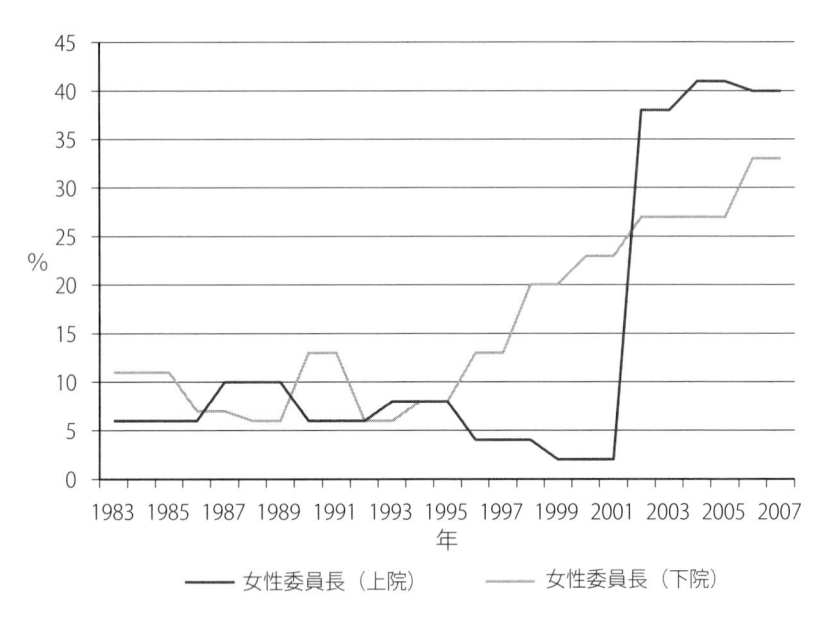

出典：Baron 2006; Calvo and Sagarzazu 2011; Kikuchi 2012.
図2：常任委員会女性委員長の比率（1983-2007）

たものであるが、この比率は上下両院に占める女性議員比率と非常に強い相関関係にある。アメリカ連邦下院のようなシニョリティ・ルール[66]が存在している議会では、再選回数が相対的に少ない女性議員が委員長になることは難しい。たとえば、アメリカ合衆国第112議会（2011-2012）の下院における女性議員の比率は17.7％であるが[67]、女性委員長の比率はより少ない5％にとどまっている[68]。それに対し、シニョリティ・ルールのないアルゼンチン国会では、女性議員が増えるにつれて下院における女性委員長の比率も増加している。また、上院はとくに議員数に比べて委員会数が多い（2007年時点で上院議員72名に対して24）[69]こともあり、上院全体における女性議員の比率が全常任委員会委員長に占める女性の比率に忠実に反映されている。ただし、予算委員会委員長が常に男性議員であるのに対し、委員長を含む教育委員会のメンバーのほとんどが女性議員で占められているなど、配属先の決定にジェンダー・バイアスがある点は否めない。

　女性委員長の比率の増加は女性の法案審議への影響力を高めるポジティブ

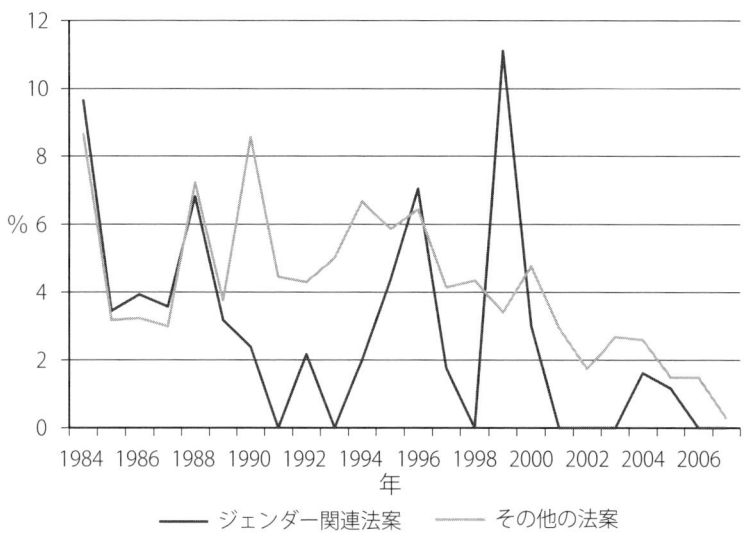

図3：議員提出法案の採択率（1984-2007）
出典：Calvo and Sagarzazu 2011.

な変化であるが、ネガティブな変化として、近年ジェンダー関連法案の採択率が低下していることも指摘する必要があろう。どのような法案が女性の利益を代表しているのかを判断するのは非常に難しい問題であるが、本章ではジェンダー問題に関わるキーワード[70]を法案のタイトルもしくは要旨の部分に含んでいる法案をジェンダー関連法案とした。

図3は、1984年から2007年の間に上院議員および下院議員によって提出された2021本のジェンダー関連法案と4万2962本のその他の分野の法案の年別採択率を比較したものである。先述したように、アルゼンチンでは大統領も法案を議会に提出することができるが、大統領提出法案の平均採択率が50％超であるのに対し、議員提出法案の平均採択率は5％程度にすぎない[71]。しかし、図3からは、ジェンダー関連法案の採択率に年によってかなりばらつきがあることがわかる。1983年の民主化以降、ジェンダー関連法案とその他の法案の採択率の推移はほぼ同様であったが、1990年代に入り前者の採択率は低下した。その後、1991年に女性クオータ法が成立し、

1995 年 12 月の改選によって下院に占める女性議員の比率がほぼ 3 割に近づくとジェンダー関連法案の採択率がその他の法案のそれを上回る年も出てくるようになり、1999 年には 11％のジェンダー関連法案が議会によって可決された。
　ところが、上院にもクオータが導入された 2001 年以降、ジェンダー関連法案の採択率は再び下降線をたどるようになった。とくに、2002 年、2003 年、2006 年、2007 年はそれぞれ 131 本、138 本、265 本、128 本の法案が提出されたにもかかわらず、1 本も成立しなかった。すなわち、下院のみクオータを取り入れていた 90 年代後半はジェンダー関連法案の採択率が比較的高かったのに対し、上院にも導入された 2001 年以降は同法案の採択率が低下しているのである[72]。

連邦制と女性議員の特徴
　それでは、なぜ上院へのクオータ導入後、ジェンダー関連法案の採択率が低下しているのであろうか。もちろん様々な要素が影響していると考えられるが[73]、その原因のひとつはアルゼンチンの制度的特徴にあると考えられる。連邦制の同国では、国民を代表する下院と州を代表する上院はほぼ同程度の権限を有している。よって、下院を通過した法案が上院で廃案となることも少なくない。たとえば、2006 年 10 月に 10 人の正義党女性議員によって下院に提出された大統領府女性委員会への「女性の実情観測室」設置法案は、同年 11 月には下院で可決されたものの、上院の人口・人間開発委員会を通過できずに廃案となった。アルゼンチンでは上院選のみならず下院選においても州が各議員の選挙区となっており、下院議員は州政治で重要な存在である州知事や「地方政治ボス」[74]にコントロールされているというのが通説である。しかし、ブエノスアイレス市やブエノスアイレス州のような都市部の州を中心に地方政治ボスとの関係の薄い候補が選出されることも多い。一方、上院は古くから元大統領や元州知事の多い保守的な議院であると捉えられている[75]。すなわち、上院のほうが下院よりも保守的であるために、下院を通過したジェンダー関連法案が上院で廃案になることがしばしば起きているのである。
　しかし、このことだけでは、2001 年以降にジェンダー関連法案の採択率

表3：アルゼンチン8州における改選女性議員（2005年）

	上院	下院
ブエノスアイレス州	クリスティーナ・フェルナンデス=デ=キルチネル（大統領の配偶者）、イルダ・ゴンサレス=デ=ドゥアルデ（前大統領の配偶者）	マリア・アルバレス=ロドリゲス（エビータの兄弟の孫娘）、マルセラ・ビアンチ=シルベストレ（元州政府長官）、ノラ・セサル（前職不明）、ディアナ・コンティ（前上院議員）、フリアーナ・ディ=トゥーリオ（前女性問題大使）、マリア・ガルシア（前内務省内務局長）、グラシエラ・ロッソ（前保健省政策・規則・衛生関係局長）、マベル・ムジェル（前上院議員）、マリア=デル=カルメン・リコ（元サンミゲル市長アルド・リコの娘）、ビルマ・バラジオラ（前市議会議員）、エルサ・キロス（元市教組総書記）、マルセラ・ロドリゲス（前職不明）、アドリアーナ・トマス（前州議会職員）、パオラ・スパトーラ（前議会政策秘書）
フォルモサ州	アドリアーナ・ボルトロッシ=デ=ボガード（元州知事の配偶者）	アナ・デル=リッシオ（前職不明）
フフイ州	リリアーナ・フェルネル（州知事の妹）	マリア・モイセス（前州議会議員）
ラリオハ州	アダ・マサ（州知事の姉）	グリセルダ・エレーラ（元州政府職員、元州議会議員）
ミシオネス州	エリダ・ビーゴ（前州政府閣僚・元州女性家族局次官）	リア・ビアンコ（前州政府次官）
サンフアン州	マリーナ・リオフリオ（前州政府次官）	マルガリータ・フェラ=デ=バルトル（大学教員）、アドリアーナ=デル=カルメン・マリーノ（大学教員）
サンルイス州	リリアーナ・ネグレ=デ=アロンソ（大学教員）	マリア・トッロンテギ（前サンルイス市長）
サンタクルス州	アリシア・キルチネル（大統領の姉）	グラシエラ・グティエレス（前職不明）

出典：Baron 2006; Kikuchi 2012.

がむしろ低下した理由を説明するには不十分である。もうひとつの重要な要素は、上院の女性議員は下院の女性議員よりも保守的な傾向が強いという点である。上院議員は州知事にとって重要な存在であるため、自身の妻や姉、妹などを上院議員候補とすることが少なくない。したがって、クオータが導入されると、地方政治ボスたちが身内の女性を上院議員候補として擁立するようになり、結果的にそのような保守的な女性の上院議員の増加がジェンダー関連法案の成立を妨げるようになってきたと考えられる[76]。

表3は2005年に上院議員の改選が行われた8州（ブエノスアイレス州、フォルモサ州、フフイ州、ラリオハ州、ミシオネス州、サンフアン州、サンルイス州、サンタクルス州）において、改選選挙で当選した女性議員の一覧である。ミ

シオネス州のエリダ・ビーゴ上院議員は元州女性家族局次官であるが、上院議員として新たに当選した女性の大半は大統領もしくは州知事の親族である。その一方、下院における女性議員の経歴は多様である。確かに、エビータの兄弟の孫娘であるマリア・アルバレス＝ロドリゲス下院議員や、マルビナス（フォークランド）紛争や1987年の軍部蜂起で有名になったアルド・リコの娘であるマリア＝デル＝カルメン・リコ下院議員なども当選しているが、その他の女性議員は教育界や州・市議会の議員・職員経験者が多い。また、前女性問題大使[77]であるフリアーナ・ディ＝トゥーリオ下院議員も選出されている。つまり、上院の女性議員が下院の女性議員と比べて保守的である可能性が高いと指摘することができよう。

おわりに

　男性優位社会として知られているアルゼンチンをはじめとするラテンアメリカ諸国において、女性議員数が増加し、女性大統領が登場してきている。本章は、男性優位社会における法律型クオータの機能を理解するため、アルゼンチンにおける女性クオータ法導入の経緯や同法の制度設計と女性議員数の変化の関係、そして同法の政策決定への影響を分析した。まず、女性クオータ法成立の過程を概観し、アルゼンチンでも他のラテンアメリカ諸国と同様に、複数の政党の女性党員による超党派的なクオータ導入運動と既存の女性運動によるクオータ導入支持が法律型クオータの成立につながった点を確認した。次に、女性クオータ法の運用の実態を検討し、クオータに対する違憲判決を避ける論理的・法的根拠の重要性と法律型クオータを実効的に運用するための詳細を規定することの重要性を指摘した。そして最後に、女性議員数の増加の法案審議への影響について検討し、女性議員数の増加は常任委員会委員長に占める女性の比率の増加にはつながっているものの、アルゼンチンの連邦制の制度的特徴のためにジェンダー関連法案の採択率の向上には必ずしも好影響を与えていない点を明らかにした。

　本章の議論から導き出される含意は次の3点にまとめることができよう。まず、法律型クオータを導入するには女性党員や既存の女性運動による戦略的な行動が必要であり、また、既存の制度との組み合わせを考えることな

しに単に導入するだけでは、女性議員数は増加しない。さらに、仮に女性議員数が増加したとしても、アルゼンチンの事例が示すように、既存の制度によってクオータの影響が抑制されることもある。したがって、日本にクオータを導入する際には、既存の選挙制度や政治制度も視野に入れた、慎重な制度設計が必要になるであろう。

【注記】
（1）本章ではラテンアメリカを狭義（アルゼンチン、ウルグアイ、エクアドル、エルサルバドル、キューバ、グアテマラ、コスタリカ、コロンビア、チリ、ドミニカ共和国、ニカラグア、ハイチ、パナマ、パラグアイ、ブラジル、ベネズエラ、ペルー、ボリビア、ホンジュラス、メキシコの計20ヵ国）に捉えている点に留意されたい。
（2）Borner et al. 2009.
（3）Borner et al. 2009: 68.
（4）アルゼンチン史上初の女性大統領はイサベル・ペロン（在職：1974-1976）である。ただし、彼女は現職大統領の死去に伴う副大統領からの昇格によって大統領職を継承した。また、フェルナンデス＝デ＝キルチネルは2015年12月に任期満了で退任した（2017年2月5日追記）。
（5）1990年代にはニカラグアでビオレタ・チャモロ（在職：1990-1997）、パナマでミレーヤ・モスコソ（在職：1999-2004）も大統領に就任している。また、その他にも、ボリビアのリディア・テハダ（在職：1979-1980）、ハイチのエルサ・パスカル＝トルイヨ（在職：1990-1991）が大統領に就任しているが、彼女らは大統領選を経ていない暫定大統領であった。なお、本文に列挙されている近年の女性大統領のうち、ルセフは弾劾により2016年8月に罷免された（2017年2月5日追記）。
（6）法律型クオータの定義については、第1章（衛藤・三浦）を参照されたい。
（7）1991年11月6日（正確には7日の午前3時頃）に可決され、同年11月29日に公布された法律第24012号「Ley de Cupo Femenino」の日本語訳である。
（8）議会以外の機関にクオータが適用されている事例もある。たとえば、2009年に新たに制定されたボリビア多民族国憲法第172条22項では、大統領の職務のひとつとして「内閣構成における多民族性と男女平等を尊重して閣僚を任命すること」が掲げられている（Georgetown University: Political Database of the Americas, http://pdba.georgetown.edu/, 最終アクセス：2013年2月15日）。また、後述するように、コロンビアにも閣僚ポストや司法府のポストに対する30％クオータが存在している。

（9）詳細は表1を参照されたい。また、20ヵ国中15ヵ国で政党型クオータを採用する政党が見受けられる（Quota Project: Global Database of Quotas for Women, http://www.quotaproject.org/, 最終アクセス：2013年2月17日）。
（10）Krook 2009.
（11）Franceschet 2008.
（12）Baldez 2004.
（13）Costa Benavides 2003.
（14）García Quesada 2003.
（15）ただし、これらの国においても左派政党や中道左派政党が政党型クオータを採用している。
（16）Franceschet 2008. ただし、チリでも2015年に法律型クオータが成立した（2017年2月5日追記）。
（17）Johnson 2008.
（18）コロンビアの憲法裁判所も議会に対するクオータの適用に違憲判決を下したが、2011年に新たなジェンダー・クオータ法が成立した。
（19）一方、アルゼンチンにおける二大政党のひとつである急進党は、女性候補者を1人も擁立しなかった（Marx, Borner y Caminotti 2007）。
（20）Marx, Borner y Caminotti 2007.
（21）Waylen 2000.
（22）Marx, Borner y Caminotti 2007.
（23）当時は軍部によって「行方不明」扱いとされていた。
（24）「五月広場の母たち」が反軍政運動の中心となり得た背景には、当時の軍政が反共産主義を掲げるなかで伝統的家族観の重要性を説いていたため、同運動の弾圧は軍政自身の自己否定につながりかねないという事情があったと考えられている（Sikkink 2008）。
（25）Feijóo 1998.
（26）Marx, Borner y Caminotti 2007; Krook 2009.
（27）Krook 2009.
（28）Waylen 2000. ただし、クオータの比率は州レベルの党組織によって規定されている。
（29）Krook 2009; Piatti-Crocker 2010b.
（30）Piatti-Crocker 2010a.
（31）Piatti-Crocker 2010a.
（32）後述するように、下院議員は拘束名簿式比例代表制により選出される。また、当時、上院議員は州議会における投票によって選出されていたため、この法案の対象に

はならなかった。
(33) Lubertino 2005; Marx, Borner y Caminotti 2007; Borner et al. 2009; Krook 2009; Piatti-Crocker 2010b. この動きに呼応する形で、ノルマ・アレグローネ＝デ＝フォンテ下院議員の法案も、同年11月16日に下院に提出された（Lubertino 2005）。
(34) たとえば、1983年から2001年までの大統領提出法案の採択率が51.3％であるのに対し、議員提出法案の採択率は4.6％にすぎない（Alemán and Calvo 2008）。
(35) Piatti-Crocker 2010a.
(36) Lubertino 2005; Piatti-Crocker 2010a.
(37) 唯一の女性議員はカタマルカ州選出のアリシア・サアディ＝デ＝デントーネだが、彼女はラモン・サアディ州知事の姉妹の1人であった。また、法務委員会の委員7名中4名は憲法委員会委員も兼任していた（Cámara de Senadores, Argentina 2011）。
(38) Waylen 2000; Krook 2009. アルゼンチンの法律型クオータはドイツやスペインなどのヨーロッパ諸国を参考にしたものであるとする女性議員や女性運動家が少なくないが（Piatti-Crocker 2010a）、第3章（衛藤）でも述べられているように、当時法律型クオータを導入している国はヨーロッパにひとつも存在しなかった。ただし、ヨーロッパ系移民の子孫がほとんどである男性議員を説得する際に、政党型クオータを含めた広い意味でのジェンダー・クオータがヨーロッパで採用されている点が過度に強調された可能性は否定できないように思われる。
(39) Cámara de Diputados, Argentina: Base proyectos（http://www.hcdn.gov.ar/, 最終アクセス：2013年4月9日）。
(40) Lubertino 2005; Cámara de Diputados, Argentina: Base proyectos（http://www.hcdn.gov.ar/, 最終アクセス：2013年4月9日）。
(41) Marx, Borner y Caminotti 2007; Krook 2009.
(42) Krook 2009. 実際、メネムは憲法改正に成功し、1995年に再選を果たした。
(43) Krook 2009.
(44) 内閣府男女共同参画局（http://www.gender.go.jp/international/int_norm/int_4th_kodo/chapter4-G.html, 最終アクセス：2013年4月12日）。
(45) 下院における女性議員比率の比較のために1997年1月が選ばれているのは、アルゼンチン以外の国でまだ法律型クオータを利用した選挙が行われていなかったためである。また、同表を作成した2013年2月時点では、2012年12月のデータが最新のものであった。なお、2013年にエルサルバドル、2015年にチリでも法律型クオータが成立している（2017年2月5日追記）。
(46) キューバにおける議員選出は、共産党によって選ばれた候補者に対する信任投票

によって行われる。キューバ共産党は公式にはジェンダー・クオータを否定しているが、実際には候補者選出過程で男女比のバランスが大きく考慮されている（Luciak 2005）。また、ニカラグアでは、政党型クオータを義務づける「権利機会均等法」（ただし、具体的なルール作りは個々の政党に任されている）が 2008 年に成立していた（Friendly 2011）。

(47) Archenti y Tula 2013.
(48) Baldez 2004; Aparicio Castillo 2011. メキシコの下院議員は 300 の小選挙区と 5 つの地方比例区（200 人）から選出され、連邦選挙法は各党が小選挙区と地方比例区に擁立する全候補者の 6 割以上（2007 年までは 7 割以上）が同性であることを禁じている。しかし、政党が小選挙区における候補者の選出に予備選挙を利用した場合は、同規定の対象外となる。そのため、制度的革命党は 2009 年の下院選挙の際に 237 選挙区中 230 選挙区の候補者を予備選挙によって擁立した。また、女性候補者をわざと勝ち目のない小選挙区に擁立している事例も報告されているという（Aparicio Castillo 2011）。
(49) 直接選挙によって選ばれる大統領の任期は 4 年で、連続再選が 1 度だけ可能である。ただし、1994 年の憲法改正以前は、6 年の任期（再選不可）でアメリカ合衆国のように大統領選挙人を選出する方法が採用されていた。
(50) Marx, Borner y Caminotti 2007; Krook 2009. ただし、かつては連邦直轄領であったティエラデルフエゴ州から上院議員が選出されるようになったのは 1992 年からである。
(51) Marx, Borner y Caminotti 2007: 147（筆者訳出）.
(52) アルゼンチンでは、選挙管理は司法府によって行われている。選挙裁判所制度の頂点に立つのは 3 人の判事によって構成される国家選挙管理委員会であるが、実際の判断の多くは選挙裁判所判事を兼任する連邦下級裁判所判事によって下される。
(53) Krook 2009.
(54) Marx, Borner y Caminotti 2007.
(55) Krook 2009. 選挙裁判所制度については注 52 を参照されたい。
(56) たとえば、1999 年に成立したコロンビアのクオータ法は議会だけでなく行政府や司法府にもクオータを適用しようとする画期的なものであったが、その違憲性に対する疑念から憲法裁判所に持ち込まれた。憲法裁判所は女性に対する優先枠を設けるという理念については、憲法上に謳われている政策決定への女性の効果的な参加を促進するものであるとして評価した。しかし、選挙における 30％クオータについては、クオータが満たされない限り男性候補者が自動的に排除されてしまうことにつながり、平等の原理に反するとして無効であるとの判断を下した（Morgan 2005）。その結果、2000 年から 2011 年の間、コロンビアには閣僚ポストや司法府のポストなど

の任命制のポストに対する 30％クオータのみが存在していた。
(57) Waylen 2000.
(58) Krook 2009.
(59) Lubertino 2005.
(60) Waylen 2000.
(61) Jones 2009.
(62) Borner et al. 2009.
(63) 衛藤 2007; Jones 2009.
(64) Franceschet and Piscopo 2008.
(65) Calvo and Sagarzazu 2011. また、同時期に委員会を通過したにもかかわらず本会議を通過しなかった法案数は上院で 1368 本（10.6％）、下院で 1798 本（5.3％）である。
(66) 議会での在職年数が長い議員に対し、優先的に希望の委員会ポストを配分する制度。
(67) Manning 2012.
(68) Manning and Shogan 2012.
(69) 下院の場合、257 名の議員に対して 45 の委員会がある。
(70) キーワードには「中絶」「セクシュアル・ハラスメント」「避妊」「女性の権利」「性別役割分業」「男女平等」「ワーキング・マザー」「ドメスティック・バイオレンス」などの言葉が含まれている。詳しくは Htun, Lacalle, and Micozzi（2013）を参照されたい。
(71) Alemán and Calvo 2008.
(72) 大統領により提出されたジェンダー関連法案についても、同様の傾向がみられる。民主化後、女性クオータ法が施行される 1993 年までに計 8 本のジェンダー関連法案が提出されたが、成立したのは 1 本だけであった。その後、下院のみにクオータが導入されていた期間（1993-2000）の同法案採択率は 45.6％（11 本中 5 本成立）にまで上昇したが、上院にもクオータが導入された 2001 年以降の採択率は 33.3％（9 本中 3 本成立）に低下している。
(73) 他の説明としては、近年のジェンダー関連法案の内容が先鋭化している可能性が考えられよう。法案内容の変化の考察については、今後の研究における課題としたい。
(74)「地方政治ボス」は州レベルの党組織を支配している個人もしくはグループで、州知事はほとんど例外なく地方政治ボスである（Jones and Hwang 2005）。
(75) Botana 1977.
(76) たとえば、上記の「女性の実情観測室」設置法案を廃案に追い込んだ上院人口・

人間開発委員会の委員長は女性（シルビア・ガジェゴ上院議員）であった。ラパンパ州選出のガジェゴはカルロス・ベルナ州知事とは縁戚関係になかったが、前州知事のルベン・マリンの「子飼い」として知られた存在であり、2003年の上院議員選挙にマリンとともに当選した。

(77) 外務省付きの国内駐在大使のひとつで、国際女性問題を担当する役職。アメリカ合衆国国務省にも、同様の役職（国際女性問題大使）が2009年に新設されている。

【引用文献】

衛藤幹子（2007）「女性の過少代表とクオータ制度──特定集団の政治的優先枠に関する考察」『法学志林』第104巻第4号, 1-46頁.

坂口安紀（2010）「ベネズエラ2010年国会議員選挙」『ラテンアメリカレポート』第27巻第2号, 15-28頁.

Alemán, Eduardo, and Ernesto Calvo. 2008. "Analyzing Legislative Success in Latin America: The Case of Democratic Argentina." In *New Voices in the Study of Democracy in Latin America*, edited by Guillermo O'Donnell, Joseph S. Tulchin and Augusto Varas with Adam Stubits, 7-37. Washington D.C.: Woodrow Wilson Center.

Aparicio Castillo, Francisco Javier. 2011. *Cuotas de género en México: Candidaturas y resultados electorales para diputados federales 2009*. México D.F.: Tribunal Electoral del Poder Judicial de la Federación.

Archenti, Nélida, y María Inés Tula. 2013. "¿Las mujeres al poder? Cuotas y paridad de género en América Latina." Prepared for the delivery at the Seminario de Investigación #9, Instituto de Iberoamérica, Universidad de Salamanca, Salamanca, 22 de febrero.

―――. 2008. "Algunas cuestiones iniciales sobre las leyes de cuotas." In *Mujeres y política en América Latina: Sistemas electorales y cuotas de género*, edited by Nélida Archenti y María Inés Tula, 9-29. Buenos Aires: Heliasta.

Baldez, Lisa. 2004. "Elected Bodies: The Gender Quota Law for Legislative Candidates in Mexico." *Legislative Studies Quarterly* 29(2): 231-258.

Baron, María. 2006. *Directorio Legislativo*. Buenos Aires: CIPPEC-FSK-FES-UNIBO.

Borner, Jutta, Mariana Caminotti, Jutta Marx y Ana Laura Rodríguez Gustá. 2009. *Ideas, presencia y jerarquías políticas: Claroscuros de la igualdad de género en el Congreso Nacional de Argentina*. Buenos Aires: Prometeo Libros.

Botana, Natalio R. 1977. *El orden conservador: La política argentina entre 1880 y 1916*. Buenos Aires: Sudamericana.

Calvo, Ernesto, and Iñaki Sagarzazu. 2011. "Legislator Success in Committee: Gatekeeping Authority and the Loss of Majority Control." *American Journal of Political Science* 55(1): 1-15.

Cámara de Senadores, Argentina. 2011. *Listado de comisiones*. Buenos Aires: Senado de la Nación.

Costa Benavides, Jimena. 2003. "Women's Political Participation in Bolivia: Progress and Obstacles." Paper presented at the International IDEA Workshop, Lima, Peru, February 23-24.

Feijóo, María del Carmen. 1998. "Democratic Participation and Women in Argentina." In *Women and Democracy: Latin America and Central and Eastern Europe*, edited by Jane S. Jaquette and Sharon L. Wolchik, 29-46. Baltimore: The Johns Hopkins University Press.

Franceschet, Susan. 2008. "La representación política de las mujeres en un país sin ley de cuotas: El caso de Chile." In *Mujeres y política en América Latina: Sistemas electorales y cuotas de género*, edited by Nélida Archenti y María Inés Tula, 191-209. Buenos Aires: Heliasta.

Franceschet, Susan, and Jennifer M. Piscopo. 2008. "Gender Quotas and Women's Substantive Representation: Lessons from Argentina." *Politics & Gender* 4(3): 393-425.

Friendly, Rebecca. 2011. "Women's Empowerment Beyond Elections: The Relevance of Legal Gender Quotas in Latin America." B.A. Honors Thesis submitted to Wesleyan University.

García Quesada, Ana Isabel. 2003. "Putting Mandate into Practice: Legal Reform in Costa Rica." Paper presented at the International IDEA Workshop, Lima, Peru, February 23-24.

Htun, Mala, Marina Lacalle, and Juan Pablo Micozzi. 2013. "Does Women's Presence Change Legislative Behavior? Evidence from Argentina, 1983-2007." *Journal of Politics in Latin America* 5(1): 95-125.

Johnson, Niki. 2008. "Las cuotas en Uruguay: Una medida resistida." In *Mujeres y política en América Latina: Sistemas electorales y cuotas de género*, edited by Nélida Archenti y María Inés Tula, 211-232. Buenos Aires: Heliasta.

Jones, Mark P. 2009. "Gender Quotas, Electoral Laws, and the Election of Women: Evidence from the Latin American Vanguard." *Comparative Political*

Studies 42(1): 56-81.
Jones, Mark P., and Wonjae Hwang. 2005. "Party Government in Presidential Democracies: Extending Cartel Theory Beyond the U.S. Congress." *American Journal of Political Science* 49(2): 267-282.
Kikuchi, Hirokazu. 2012. *Federalism and the Limits of Presidential Powers: The Case of the Argentine Senate*. Ph.D. Dissertation submitted to the University of Pittsburgh.
Krook, Mona Lena. 2009. *Quotas for Women in Politics: Gender and Candidate Selection Reform Worldwide*. New York: Oxford University Press.
Lubertino, María José. 2005. "La participación politica de las mujeres y la Ley de Cupos en Argentina." In *Las reformas electorales pendientes: Órganos electorales, listas de candidaturas y cuota femenina*, edited by Participación Ciudadana, 119-147. Santo Domingo: Participación Ciudadana.
Luciak, Ilja A. 2005. "Party and State in Cuba: Gender Equality in Political Decision Making." *Politics & Gender* 1(2): 241-263.
Manning, Jennifer E. 2012. "Membership of the 112th Congress: A Profile." *CRS Report for Congress R41647*.
Manning, Jennifer E., and Colleen J. Shogan. 2012. "Women in the United States Congress: 1917-2012." *CRS Report for Congress RL30261*.
Marx, Jutta, Jutta Borner y Mariana Caminotti. 2007. *Las legisladoras: Cupos de género y política en Argentina y Brasil*. Buenos Aires: Siglo 21 Editora Iberoamericana.
Morgan, Martha I. 2005. "Emancipatory Equality: Gender Jurisprudence under the Colombian Constitution." In *The Gender of Constitutional Jurisprudence*, edited by Beverley Baines and Ruth Rubio-Marin, 75-98. New York: Cambridge University Press.
Piatti-Crocker, Adriana. 2010a. "Constructing Policy Innovation in Argentina: From Gender Quotas to Same-Sex Marriage." In *Same-Sex Marriage in the Americas: Policy Innovation for Same-Sex Relationships*, edited by Jason Pierceson, Adriana Piatti-Crocker and Shawn Schulenberg, 37-72. Lanham, Maryland: Lexington Books.
———. 2010b. "Women's Rights and the Legacy of Lincoln: Explaining the Adoption of Legislative Gender Quotas in the Western Hemisphere." Paper presented at the Wepner Symposium on the Lincoln Legacy and Contemporary Political Science, Springfield, Illinois, October 8-9.

Schmidt, Gregory D. 2003. "The Implementation of Gender Quotas in Peru: Legal Reform, Discourses, and Impacts." Paper presented at the International IDEA Workshop, Lima, Peru, February 23-24.

Sikkink, Kathryn. 2008. "From Pariah State to Global Protagonist: Argentina and the Struggle for International Human Rights." *Latin American Politics and Society* 50(1): 1-29.

Tribunal Supremo Electoral. 2010. *Atlas electoral de Bolivia: Tomo I elecciones generales 1979-2009, Asamblea Constituyente 2006*. La Paz: Programa de las Naciones Unidas para el Desarrollo-Bolivia.

Valdés Escoffery, Eduardo. 2013. "Experiencia con el voto selectivo o preferencial en la República de Panamá." *Revista Derecho Electoral* 15: 226-243.

Waylen, Georgina. 2000. "Gender and Democratic Politics: A Comparative Analysis of Consolidation in Argentina and Chile." *Journal of Latin American Studies* 32(3): 765-793.

第6章

韓国における女性候補者クオータ制の成立過程と効果

申琪榮

はじめに

　議会民主主義における女性の過少代表性は「民主主義の欠如」の最大の課題といえる。1995年、北京で開催された国連の世界女性会議では、意思決定過程への平等な参加が女性の実質的なエンパワーメントに欠かせないものと位置づけられた。また、同会議で採択された「ジェンダー主流化」[1]の浸透のためにも、立法機関や行政に女性の参加が必要とされた。ジェンダー・クオータは、そのような世界の流れのなか、女性の政治的代表性を向上させる新しい試みとして注目を集め、この20年間クオータ・フィーバー（quota fever）ともいえるほどのグローバルな現象となった[2]。

　クオータ制度の急速な拡散の背景には、従来の近代化論への不信感と現代民主主義における「代表性の危機」がある。近代化論では、経済発達や教育機会の拡散によって社会の価値観やジェンダー規範が変化し、女性の政治的代表性も自然的に増えていくと考えられた。しかし、現実には民主主義の歴史の長いヨーロッパ諸国でも、女性の政治的代表性への回路は近代化論で予想されたようには進まなかった。それは、女性の政治的代表性を妨げる原因が女性たちの個人的な能力や資源の不足だけではなく、政治領域の男性中心主義や女性の排除が根強く存在していたからである。女性の過少代表がジェンダーによる差別構造に依拠しているのであれば、女性が近代化によって徐々に政治的代表性を高めていく「漸進的な経路」ではその改善はいつまでも望めない。ジェンダー・クオータは、政治システムの男性中心主義を打破

し、女性の過少代表を早急に改善する有効な方法（fast track, 急速軌道）として関心が寄せられた[3]。

女性の政治的代表性をめぐる困難を克服するためにジェンダー・クオータを導入する世界の流れは、アジア諸国でも例外ではない。とりわけ韓国では、1990年代前半から議論が始まり、2000年には比例代表の候補者名簿に女性クオータを導入するに至った[4]。韓国における女性の政治的代表性は、独裁政権の下ではもちろん、1987年に民主化が成し遂げられたのちも極めて低い状況にとどまっていた。独裁政権を市民の力で倒し民主的な選挙による新しい政治を築き上げたにもかかわらず、民主化以降の政治過程において女性の平等な参加は確保されなかった。独裁政権とは異なる新しい政治を期待した女性たちにとって、民主化は男性中心的な政権交代であり、女性たちは依然として政治から排除されたままであった。女性団体は民主化直後の様々な制度改革のなかで女性の政治参加を問題化し、女性議員が極めて少ない状況に同情した世論にアピールし、クオータ制導入への議論を起こした。

クオータに初めて「制度」として法的根拠が設けられたのは、金大中（キム・デジュン）政権（1998-2002）下で行われた2000年の政党法改正であった。その後2000年代に数回にわたって政治関連法が改正され[5]、現在は、国政・地方（広域・基礎議会）のすべての選挙において、候補者クオータ制度が適用されている[6]。とりわけ、政党の拘束式比例代表候補者名簿（全国をひとつの選挙区として名簿を作成）[7]の50％を女性に割り当てることを定めた2002年と2004年の政治関連法の改正は、女性議員を画期的に増加させたものと評価できる[8]。

しかし、女性の政治的代表性の向上を目的に候補者クオータを法制化する発想は、極めて男性優位の韓国政治に馴染まない考えであっただけに、各政党の反発も強かった。クオータ制は、政党の候補者選出過程を変更させ、政党の選挙戦略に大きな影響を与えるため、様々な抵抗を生み、導入には困難を極めた。民主化の原点である1987年から10年以上も遅れて2000年に至ってようやく候補者クオータが制度化されたこと、さらにそれ以降も改善を重ね続けていることが、その困難さを物語っていよう。男性の専有物であり続けた韓国の政治に、どのようにしてクオータ制度が導入されたのか。

また、クオータ制は女性の政治的代表性にどのような影響を及ぼしたのか。クオータ制は女性の政治的代表性を向上させるための実効性を確保できたのか。

　本章は、それらの質問に答えるための試みである。本文は3つの節に分けて、第1節では、1994年に初めてクオータが世論の注目を集めるようになってからクオータ制が導入・強化される2000年前半までの期間を対象として、制度の導入および強化の過程を検討する。ここでは、クオータ制の導入と強化が、政治改革の大きなうねりのなかで女性運動の取り組みによって可能となったことを明らかにする。第2、3節では、クオータ制の効果と限界を評価する。主に2000年から2012年までの4回の総選挙を対象とし、現行のクオータ制が国政レベルで女性の政治的代表性にもたらした制度的効果を分析する[9]。最後に、現行制度の限界を政党のクオータ遵守を中心に考察し、課題を提示する。

1．クオータ制の導入：新しい政治的機会構造と女性団体

　クオータ制の広がりに関する先行研究は、クオータ制の導入を可能にする要件として、政治リーダーの戦略や友好的な政治文化、国際的圧力、女性運動を挙げている[10]。しかし、これら要件の効果は当該国の政治的状況によって異なる。韓国の場合、政治文化や政治エリートには家父長的性格が強く、女性の政治参加に大きな障害であった。民主化運動も男性中心に行われ、女性の政治参加に友好的な政治文化が築かれていなかった。また、国際的な影響についても、国連などの国際機関が韓国のクオータ制の導入に直接影響を与えたとはいえない。クオータ制の導入に関する国際的な動きや国連のジェンダー主流化政策は、国内の反対を乗り越えるための根拠や正当性を与える間接的な役割を果たしたが、国連の直接的な助言の下で政治改革が行われたケースとは異なる[11]。

　韓国でクオータ制の導入から実行まで最も重要な役割を果たしたのは女性運動である。韓国の女性団体は、早くから女性の平等な政治参加[12]を訴え、1990年代半ばからクオータ制の導入に本格的に取り組み始めた[13]。その動きは女性の政治参加の必要性を強調した北京会議を経て一層活性化し、ク

オータ制導入の重要な動因となった。しかし、女性運動の要求が実際に制度化されるに至ったのは、さらに２つの条件が整っていたからだと考えられる。ひとつ目は、民主化過程に誕生した「新しい」女性運動団体の取り組みである[14]。従来、女性の政治的過少代表の問題は中産階級の既成女性団体の運動とみなされ、民主化運動に関わった新しい女性団体は政治と既存の女性団体とは距離をおいていた。しかし1990年代に入ってからは既成政治に対する新しい女性運動団体の立場や運動の方向性に変化が現れ、女性の政治参加に積極的に取り組むようになった。たとえば、民主化の成果として新たに実施された地方自治体選挙を、草の根民主主義の実現に向けた女性の政治参加の機会とみなし、1995年の第２回の地方選挙から地方議会への進出に取り組み始めた。その変化によって、女性の政治的過少代表の改善は女性運動全体の優先課題となった。

　２つ目は、社会運動論の概念を借りるならば、政治的機会構造の形成である。すなわち、1990年代以降、選挙のたびに政治改革が訴えられ、選挙制度が繰り返し改革されたことが新しい制度の導入を容易にした。1990年代末から2000年前半の激しい政治変動期に市民社会が展開した政治改革運動に女性団体は率先して参加し、女性の過少代表の問題を訴えた。政治改革は民主主義の定着を目指す1990年代の韓国社会において最も重要な課題とみなされたため、女性団体は、その機会を逃さずに働きかけ、クオータの制度化に漕ぎ着けた。その過程をさらに具体的にみていこう。

クオータの導入を目指した1990年代の女性団体の連帯活動

　女性運動が女性の政治的代表性について本格的な関心を持つようになったのは、1991年から始まった地方自治がきっかけであった[15]。韓国における地方自治は軍事政権によって停止されたが、1987年民主化の主要成果として復活した。女性運動団体は、90年代に復活した地方自治を、女性の視点から地域の問題に取り組む民主的な地方政治を構築するチャンスと考えた。そのためには地域で活動してきた女性たちが自治体議会に進出する必要があると考え、議会への女性の進出を女性運動の重要課題として位置づけた。民主化以前から女性の政治参加を進めてきた中産階級の女性たちによる既成団体は、この時期いち早く活動を始めた[16]。たとえば「韓国女性政治文化研

究所」は1992年に『女性と政治』を出版し、女性の議会進出の必要性を訴えた。

　しかし、1991年の第1回目の地方選挙は市民社会の関心が高かったにもかかわらず、女性当選者が1％にも至らず女性団体をがっかりさせた。その結果をきっかけに、既存の女性政治運動団体に加え、民主化の過程で生まれた新しい女性運動団体も女性の政治的過少代表性の問題に目を向けるようになった。「韓国女性団体連合」[17]に代表される新しい女性運動団体は、それまでの既成政治と距離をおき、中産階級女性運動の関心からは遠かった貧困、女性の労働問題、性暴力、人権、地域女性運動などに積極的に取り組んできた。しかしながら、1990年前半に女性運動の主体について悩み、運動の大衆的な基盤を広げる方向性について内部議論を行っていた。その結果、民主化闘争という大きな枠組みのなかで設定された運動の課題や方法を見直し、運動の主体を「最も抑圧された女性」から「女性大衆」に広げる方針を固めた[18]。そして、運動が取り組むべき課題を4つのテーマに整理し、女性による参加型民主主義の実現をそのなかに位置づけた。

　韓国女性団体連合は1994年から95年の重点課題として、95年に行われる4大同時地方選挙（広域、基礎、各首長）における女性の代表性の向上を決め、1994年を「地方自治と女性の政治参与拡大の年」とした。そして1995年度地方選挙で女性議席を20％確保することが目標と設定された[19]。新しい女性運動全般を率いるリーダー的な存在である韓国女性団体連合の取り組みによって、理論と高い推進力を持つ若い世代が運動へ参加することになり、運動全体に活気が吹き込まれた。また、「女性の政治代表性の向上」は女性運動全体の優先課題と位置づけられ、既成女性団体と若い世代の女性運動団体との共同活動のための連帯が形成される要となった。両団体はそれぞれ1991年の地方選挙、92年の総選挙の評価を経て、次回の選挙に備える必要性を強く感じたのである。

　連帯した女性団体の具体的な活動は、大きく2つに分けられる。ひとつは、クオータ制の導入、つまり、あらゆる選挙で女性の政治代表性を確保するために各政党の候補者推薦の一定数を女性に割り当てるよう働きかけることであった。もうひとつは、女性団体がそれぞれの地域組織および会員団体を通じて女性候補者を発掘し、選挙活動を支援することであった。社会に

向けて女性議員の増加の必要性を広く訴え、女性候補者クオータを要求するために、1994年8月に56女性団体が「割当制導入のための女性連帯」(以下、女性連帯)という組織を結成した。この連帯組織は既成女性団体の「韓国女性団体協議会」と「韓国女性団体連合」が「女性」の名の下で行った初めての連帯活動であった[20]。女性連帯は94年からクオータが制度化された2000年頃まで活動し、クオータ導入に最も重要な役割を果たした。

女性連帯の活動はメディアの高い注目を集め、各政党は心ならずも地方選挙および総選挙で女性クオータを党の方針として約束せざるを得なかった。主要政党は女性連帯の要求に応え、1995年の地方選挙で新たに導入された広域地方選挙の比例代表の一定数を女性に割り当てた。その結果、同選挙における広域議会の女性議員比率は0.9%から5.6%に増加した。しかし、比例代表制がなかった基礎議会ではわずか1.58%という極めて低いものとなり、結果は選挙制度により大きく異なるものとなった[21]。

女性連帯はさらに1996年の第15回総選挙に向けて、当時全国区候補者の20%、小選挙区の10%を女性に割り当てるよう各政党に要請した。選挙の直前には働きかけを一層強め、小選挙区30%、全国区50%を女性候補者に配分するよう要求した。各政党は、女性候補者を高める方針を党規に定めるなど表向きは女性への配慮をみせたが、実際には、比例名簿への登載も含めて女性はわずか31名で、とりわけ小選挙区1500名余の候補者のなかで女性候補者はたった21名だった[22]。299名の当選者のうち、女性は9名(3%)にすぎず、前回から1名増加しただけであった。女性団体は、こうした政党の二枚舌に繰り返し振り回されたため、女性の政治代表性を高めるためには拘束力のあるクオータ制が不可欠だと確信するようになった。クオータ要求のための働きかけを続け、競争が一層激しくなった1997年の大統領選挙では、主要政党の大統領公約に女性議員を増やす政策を盛り込ませた。

このように、1990年代の女性連帯の運動は、運動を展開した90年代のうちに女性議員を増やすことまでは至らなかった。しかし、それまで当然とみなされてきた女性の政治的過少代表の深刻さと政党の後進性とを世論に広く知らしめる役割を果たした。世論は政党の旧態依然とした行動や多くの男性議員たちの自己利益追求的な行動に失望し、政党の運営と選挙制度の大胆

な改革を求めていた。そのような機運のなかで、「女性」は新しい政治の象徴となり、女性の社会進出やジェンダー平等についても好意的に受け止める雰囲気が形成された。1995年には女性発展基本法が策定され、ポジティブ・アクションの法的根拠も設けられた。また、政府は「女性の社会参画のための10大施策法案」を発表し、女性雇用率の目標設定など女性人材活用に関心をみせた。社会の様々な面においてジェンダー平等や女性の社会進出の必要性が社会的正当性を得るようになったのである。

　この機運は、1997年、直接選挙による韓国史上初めての政権交代を遂げた金大中大統領によってさらに高まった。1990年代末は、アジア通貨危機が襲ったため韓国経済にとって厳しい時期であった。韓国社会のなかに、自己利益にのみ執着してきた政治の腐敗が危機を引き起こした最大の原因であるとの認識が強まった。経済危機を乗り越えるためには国民全員が負担を分かち合わなければならないという認識の下、政治には生まれ変わることが要求された。こうして、政権交代が実現され、金大中政権が誕生した。政権交代後、政界は2000年の総選挙に向けて多大な政治改革を実行すると約束した。政界に強い圧力をかけたのが政治改革を最優先課題と認識していた市民団体連帯であった。市民団体と世論に後押しされた政界は2000年総選挙に向けて制度改革に着手した。政党の地域組織、国会議員の定数、小選挙区の調整、比例全国区の配分や推薦方法、選挙資金の規制など改革の課題は山積していた。

　しかし、各政党は意見の食い違いを調整せず、政党間で合意された改革案は世論の期待には遠く及ばないものであった。選挙区の画定のし直し、国会議員定数の26名縮小、市民団体の選挙運動の一部解禁などの小規模の改革にとどまった。成果といえば、比例代表議席のうち30％を女性に割り当てるクオータ制度を政党法改正に盛り込んだことであった[23]。もっとも、この改正は、各政党がすでに党議として決めていたクオータを最後まで消極的な態度で後回しにしていたのに対し、2人の女性議員が議員立法として改正案を提出したことによってようやく動き出して成立したものであった[24]。

　2000年の改正政党法は国会および広域議会比例代表の30％を女性候補者に割り当てるよう勧告し、韓国で初めてのクオータ法となった。しかし、他方でそれは、クオータの実施を政党の努力に完全に委ねた法的拘束力の非常

に弱いものであった。また、全政党が規定を守ったとしても、小選挙区に対してもともと少ない比例代表46議席の30％を割り当てるだけであり、全議席の5％にすぎない数値であった。そのため、2000年のクオータはほとんど効果が期待できないものであった。実際、政党法改正直後の2000年総選挙では、当時の与党であった民主党が公認候補の32.6％を女性に割り当て法律で定めた30％勧奨を守っただけで、ハンナラ党は24.4％、自由民主連合は19.3％、民主国民党は10％しか女性候補者を公認しなかった。さらに、全体的に低い順位に女性候補者を配置したため、比例代表の女性当選率は23.9％にとどまってしまった[25]。政党はむしろ比例代表制を悪用し、市民団体の落薦運動[26]で小選挙区の公認を受けられなかった党関係者や個人的有力者を比例名簿の高い順位に配置するなど旧態の行動を繰り返し、激しい批判に晒された[27]。

2002年、2004年の政治改革とクオータ制の強化

　2002年には地方選挙を目前に再び国会の「政治改革特別委員会」が起動した。2002年の政治改革は、3つの大きな政治環境の変化のなかで行われた。まず1990年代を通じて急成長した市民社会が金大中政権の下でさらに活発化したこと、次に同年12月に大統領選挙が予定されていたこと、最後に憲法裁判所が当時1人1票式の小選挙区比例代表並立制に違憲判決を下したことである[28]。とくに選挙制度の違憲判決は、直ちに選挙制度の改革に着手しなければならない状況を生み出した。女性団体は、政治改革を目指す他の市民団体と協力して選挙制度全般の改革を求める一方で、女性の過少代表の問題を引き続き世論に喚起し、実効性のあるクオータ制への改善を求めた[29]。市民社会に後押しされた各政党は2000年から積み残されていた選挙制度の改革についての議論を再開した。目前の2002年の地方選挙に間に合わせるために、まずは地方選挙制度の改革が行われた。2002年の地方選挙は、同年12月に予定された大統領選挙の直前の選挙であったため、大統領選挙に大きな影響を与え得る重要な選挙とみなされ、各政党は制度改善によって党勢を拡大しようと奔走した。

　なかでも違憲判決が下された比例議席の配分方式は議論の争点になり、1人1票制度が1人2票制度に改正されるようになった。比例の定数や選

出方法などが議論されるなか、クオータも再び注目を集め、政治関連法の改正で大きく前進することになった。改正政党法や公職選挙および選挙不正防止法[30]では、30％だった比例代表のクオータを50％に引き上げ、奇数を女性に当てるジッパー方式[31]の配置方法が導入された。また、初めて、地方選挙広域議会に限ってこれに違反した場合に候補者登録の無効化や比例名簿の受理をしないという罰則規定も設けられた。

　小選挙区には、30％を女性候補者に割り当てる規定が盛り込まれたが、強制措置を設けるまでは至らなかった。代わりに、政治資金に関する法律[32]を改正し、30％女性クオータを満たした政党に女性候補推薦補助金を追加支給するインセンティブ制度を設けた。この2002年の改正は女性団体が要求してきた内容を大幅に反映したものであり、基本的に現在まで韓国のクオータ制度の骨格を構成している。

　ただ、2002年の改正は、比例代表の女性クオータの数値を男女同数に上げたものの、小選挙区での女性クオータはなお勧告条項にとどめていた。そのため、比例代表の割合が低い地方選挙では女性の躍進は依然として厳しい状況であった[33]。各政党は議席の大部分を占める小選挙区の30％クオータを満たそうとせず、女性たちはほとんど公認を受けなかった。そのような状況を目の当たりにした女性団体は、小選挙区のクオータの代わりに比例代表100％を女性に割り当てるよう政党に働きかけたほどであった。

　しかし、この時期は、市民社会が最も活性化し選挙制度が大きく変動し、女性団体にとっても大きなチャンスが開かれた時期であった。政治改革は、同年12月の大統領選挙でも主な争点になり、各政党から様々な公約が打ち出された。市民社会はそれをきっかけに、2003年には「政治改革のための市民連帯」を結成して政界に圧力をかけた。同時に「市民連帯」のメンバーは、政治改革に積極的な政治家とも連携して官民共同の「凡国民政治改革協議会」を結成し、具体的な対案を突きつけながら政治改革に拍車をかけた[34]。その「協議会」が要求した案では国政選挙における比例代表候補者名簿の女性クオータを50％にすることも盛り込まれた。しかし、主要政党はまたもや「割当制は政党の自律に任せるべき」だと反対し、50％クオータは結局、政党合意案から除外された[35]。この後退は激しい批判を浴び、50％クオータ案はまもなく復活したが、このことはクオータに対する政党

第6章　韓国における女性候補者クオータ制の成立過程と効果

の根強い抵抗を再び確認するものとなった。

　この改革の際に女性団体は、クオータとともに「女性専用選挙区」の導入を要求した。つまり、比例代表制度の改革案のなかで、全国単一の比例名簿を廃止し複数の選挙区に分割する案が出されたが、女性団体はそれを女性候補者のみ出馬する女性専用区にするように提案したのである。この案は国会の「政治改革特別委員会選挙法小委員会」で肯定的に議論されたものの[36]、世論の支持を得ることができず廃案となった。

　さらに、比例代表を増やすべきだという要求が強まったにもかかわらず、主要政党は逆に、比例代表を14議席減らして小選挙区を増やそうと試みた。その動きに危機感を感じた市民団体は全力を挙げてそれを食い止め、政党間の最終合意は小選挙区15議席、比例区10議席の両方を増やすことで決着した。結局、議員定数を2000年以前の水準である299名に増やし、世論の批判を浴びた。だが、比例区定数も少数ながら増加したので、比例代表女性候補者の増員につながる肯定的な成果も得られた。また、この改正では国会議員の比例名簿作成方法についても奇数に女性を割り当てるジッパー式とすることが明文化された。ただし、クオータ違反に対する罰則条項は抜け落ち、女性団体を落胆させた[37]。

　小選挙区については2002年の地方選挙と同様30％のクオータとし、それを達成した政党に国庫補助金を支給するインセンティブ制度を設けることになった。国政選挙のクオータ制度は、2004年の法的枠組みがほぼ踏襲されている。地方選挙については2005年、2006年、2009年の選挙法改正により、クオータの強制履行に関する規定が追加されたが、いずれにおいても、女性の政治的代表性を画期的に向上させるような制度変化は行われなかった。2013年現在のクオータ制度の仕組みは表1にまとめた通りである。

2．クオータ制の効果

　この節では、前節で議論した韓国のクオータ制の特徴と効果に焦点を絞り、制度の成果と限界を考察する[38]。クオータ制の効果を評価するために、成果に重要な影響を持つ3つの側面、すなわち制度の実効性、政党による法遵守の度合い、実効性確保のための女性運動が果たす役割に注目する。

表1：クオータ制の範囲と強制力 *

クオータ対象		適用内容	強制力
候補者割当	国政選挙	比例名簿（定数54）の50%	政党の比例名簿の奇数を女性候補者に割当	罰則規定はないが、主要政党は大体遵守している
		小選挙区（定数246）の30%	小選挙区候補者の30%を女性に割当	補助金インセンティブを設けているが、クオータは遵守されない
	地方選挙	比例名簿の50%（比例代表は定数の10%）（広域・基礎同様）	政党の比例名簿の奇数を女性候補者に割当	選挙名簿受理拒否、候補者登録無効
		小選挙区の30%	各国政選挙区ごとに、地方選挙区の候補者の最低1名は女性を推薦しなければならない（例外あり）	登録無効の罰則や遵守の補助金インセンティブもあるが、例外条件および法的な不備により遵守されていない

* 2013年12月現在の制度。

韓国クオータ制の特徴と制度的実効性

　クオータ制のあり方は、一般的に法律型（legislative）[39]と政党自発型（voluntary）に分類されるが、それぞれの制度的効果を一般化することは難しい。一般的に成熟した民主主義社会で展開される政党自発型は、支持勢力の政治的圧力や監視によってクオータ制の実効性が保たれる。政党の政策実施は政治的支持勢力に対する責任（accountability）を果たす意味を持つため、クオータを実施しない当該政党への支持を撤回する支持勢力の明確な意思によって政党の自発的なクオータ実施が促される。長い民主主義の歴史のなかで、政党と支持者の間にこのような相互関係が確立し、スウェーデンのように女性が早い時期から投票ブロック（voting bloc）として勢力化した場合には効果的である。

　他方、法律型クオータは、短期間に女性の政治代表を増加させるトップダウン的な性格を持つ。政党が支持勢力に対する責任を果たす意味は薄く、クオータ制の正当性について政党内部の合意も弱い場合が多い。したがって、トップダウン式の法律型クオータ制度を導入する場合は、政党の遵守への法的強制性を担保するなど制度の実効性を確保することが大きな課題である。たとえば、近年のクオータ制の実施状況を調べたホマ・フードファーとモナ・タジャリは、実効性のある（法律型）クオータ制度の条件として、①法律規定が明確な表現で定められていること、②国の選挙制度や政治構造に適合していること、③実施主体に意思があることを挙げている[40]。

クオータ制度が法律に定められる場合は、法制度の文言や意図が明確に伝わらなければならない。宣言的な意味しか持たない「努力義務」規定や抽象的で曖昧な表現は、政党がクオータ制度に真剣に取り組まない口実を与え制度を無力化しかねない。強制性を持たせる措置としては、クオータに違反した政党に罰則規定を設けることが考えられる。たとえば、クオータ違反の政党の候補者名簿の不受理および候補者登録の無効化などがある。また、強制性の度合いは低いが、クオータを実施する政党に明確なインセンティブを付与し、政党の自発的努力を促す方法もある。しかし、韓国やフランスの例にみられるように、国の追加助成金付与（または削減）のような金銭的インセンティブ（または不利益）制度は、必ずしも成果を上げられるとは限らない[41]。この方式にしても、金額や使途ついて実際に女性議員の支援につながるよう細かい措置が必要である。

　クオータ制の実効性は、また、国の選挙制度や政治構造との兼ね合いによって異なる。選挙制度と女性議員比率の相関関係はすでに多くの先行研究で指摘されている[42]。これまでは、女性候補者に最も有効な制度は比例代表制であるのに対して、小選挙区では女性議員が苦労するといわれてきた。比例代表制を実施する国では選挙区の既得権がないためクオータ制度の導入が容易で多様な声を取り入れやすいからである。また、選挙区の定数と女性の進出の関係も指摘されている。しかし、最近選挙制度別の効果を一般化することに否定的な見方も出てきた[43]。いずれにしても、これらの先行研究は選挙制度とクオータの兼ね合いによって効果がより複雑になる現実のポリティクス、とりわけクオータの実施主体である政党や政党を取り巻く政治的環境に注目しなければならないことを示唆している。

　韓国のクオータ制の特徴は、まず、表1にみるように、比例代表（拘束式全国統一名簿）と小選挙区を併用し（一院制4年任期・途中解散なし）、それぞれに候補者クオータ規定を設けていることである。一般的な分類からいえば法律型であるが、憲法には定めておらず、政党法、公職選挙法、政治資金法の政治関連三法で国政および地方選挙の候補者クオータを規定している。選挙制度によってクオータの規定は異なり、比例代表に対しては50％の数値と名簿作成の方法まで明確に定めている。小選挙区候補者30％クオータに関しては明確な実施方法は定めておらず、政党の自発的な努力に任せている。

各政党は政党憲章・規約に選挙区候補者選出規定を設け、クオータの実施方法を定めることが期待されている。

　クオータの法的拘束力も統一的ではない。最も強力なクオータ制度が適用されているのは地方議会選挙の比例代表名簿である。地方選挙については、比例代表の50％を女性候補者に当てる規定やジッパー式の作成方法を満たさない場合、その政党の比例名簿を受理しない罰則条項が設けられている[44]。地方選挙の中・小選挙区の30％クオータにも、2010年に強制条項が追加されたが、同時に例外条項も設けられたため[45]、クオータの実効力は期待できない。

　国政選挙のクオータ制もおおむね地方議会選挙のクオータの仕組みに似ている。ただ、国政選挙では、強制条項が設けられていないのが大きな違いである。選挙管理委員会がクオータ規定を守らなかった政党の比例代表名簿でも受け付けることに対して、女性団体は国政選挙でも強制条項を定めるよう働きかけてきたが、実現されていない。幸いに、近年の数回の選挙では、比例代表に関してはクオータは主要政党によってほぼ遵守されており、罰則規定がなくても結果的に実効性が担保されている。このように、政党の自発的遵守が定着してきたのは、次のような理由による。まず比例代表クオータについては法律の規定が非常に明確である点、2点目が市民社会によるモニタリング、そして比例代表名簿に対する独特の政治的意味である。韓国で比例代表名簿は政党の民主主義に対するバロメーターの意味を持ち、法律違反の負担が相当高い[46]。同時に、国会議員の定数のわずか18％（比例区54議席／定数300）しか占めないため、その50％を女性に割り当てても政党の現実的な負担は大きくない。

　しかし、議席の大多数を占める小選挙区選挙においては、30％の女性クオータがほとんど守られていない。女性の政治的代表性を持続的に高めるためには、小選挙区候補者の女性割合を増やす道を開くことが極めて重要である。小選挙区に女性が増えない限り、クオータはむしろ女性の議会進出機会を比例代表に限定してしまうことになりかねない。図1が示すように、クオータが導入された2000年と強化された2004年に女性議員の割合が一挙に増えたが、その後、増加傾向が著しく鈍化しているのは、小選挙区の女性議員がなかなか増えないためである。

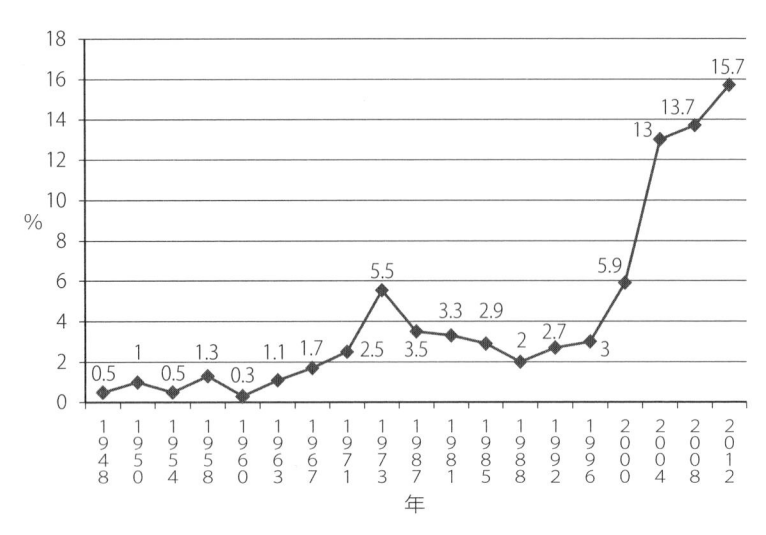

※ 選挙直後の当選率。4年任期（一院制、途中解散なし）中に比例繰り上げ当選などにより女性議員比率が高くなる傾向があるが、この図には反映されていない。

図1：国会議員の女性比率 *

　クオータの実施状況をさらに詳しくみると、クオータ制が導入された2000年の第16回の総選挙では、強制性がなかったため効果はさほど大きくなかった。しかしそれでも、法的規定を設けたことや本章の前半で述べたような女性団体の働きかけによって、1996年の選挙に比べて女性議員はほぼ2倍に増え5.9％になった。さらに、比例代表50％が明文化された2004年の第17回総選挙では、第16回の5.9％を大幅に超える13.0％に上昇し、当選した女性の割合が史上初めて10％を超えた。

　しかしその後、2000年代後半の2回の総選挙（2008年、2012年）では大きな増加はみられず、ほぼ横ばい状態にとどまった。2012年の第19回総選挙でも、15.7％と微増したにすぎない。もし法の規定通りに、比例代表50％、小選挙区30％のクオータが完全に実施されたならば、当選率を考慮しても女性議員比率は30％を超えるはずである。この12年間の実施成果がいまだに15％前後であるということは、小選挙区30％クオータやその実現のために導入した補助金制度がほとんど効果を発揮していないといえる（表2参照）[47]。

160

以上の現状を要約すると、法制度の側面からみた韓国のクオータ制度は、比例代表50％クオータについては定着し、制度の実効性も高いが、比例代表は全議席の18％にすぎず適用範囲が狭いという限界がある。また、小選挙区30％クオータを政党が実施せずに済ませられることが壁となって、全体としてクオータ制度の効果は限定的といえる。クオータ制度をさらに強めるためには、小選挙区においても政党にクオータを強制する方法を取り入れるか、比例代表の割合を引き上げるような選挙制度改善が求められる。だが、現行制度のままであっても政党の自発的なクオータ実施を促すことによって女性の過少代表の問題はかなり解決できることも指摘しておこう。

クオータ制の実施と政党の役割

　クオータが単に女性議員の数（記述的代表）を引き上げるだけでなく、その女性議員たちが有権者の利益に貢献する実質的な代表性を向上させるためには、クオータ制度が女性の政治的エンパワーメントを促す制度として機能しなければならない。女性が政治の意思決定の場で能力を発揮し活動するためには、候補者の選出段階から、選挙活動、立法活動、さらに再選に至るまでの全過程において支援する体制が必要である。候補者クオータ制度は、その入り口の段階で、門番（gate keeper）として女性の立候補を妨げてきた政党のジェンダー・バイアスを打開する機能を果たす。しかし、あくまでクオータの実施主体は政党であり、女性候補者の人選はほぼ完全に政党の裁量に委ねられている。したがって、クオータ制が本来の目的を達成するためには、制度の着実な運用を通じて、クオータで増えた女性議員らが政策決定過程で実質的影響力を持ち、さらに再選につながる好循環が作られなければならない[48]。

　韓国の政党は、女性の代表性の向上の重要性を訴える一方で、クオータの導入のみならずその実施について消極的である。クオータ制の導入後も「能力を備えた女性がいない」「女性は政治に関心がない」「女性は小選挙区で競争力がない」などの理由を挙げ、女性候補者発掘や育成をないがしろにしてきた。市民社会の圧力に屈して取り組んでいる比例代表のクオータも、各政党の候補者選出基準が明確でなく、党内派閥間の勢力配分に利用されるなど、制度本来の趣旨に反する運用もしばしば行われている。さらに、比例代表のクオータは1期で交代する単発的な制度とみなされ、比例代表のクオー

表2：小選挙区クオータに関する政党憲章・規約 *

政党	候補者推薦方針	達成度
セヌリ党	候補者30％女性割当「勧奨」	7％
民主統合党	候補者15％女性割当を政党規約明記により「強制」 リクルート審査の際、女性候補者に20％点数加算	10％
統合進歩党	候補者30％割当「努力」 3名以上の候補者がある選挙区の20％を女性に割当「強制」	15.7％

* 2012年第19回国政選挙基準。

タで議員になった女性たちが政治家としてのキャリアを続けられなくなる場合も少なくない。

　女性団体は法制度の実効性を最大化するために政党の候補者公認過程の公平性が重要であることを強調し、とりわけ、小選挙区30％女性クオータを実現する政党の自発的クオータ実施を促してきた。政党は毎選挙前には女性候補者数の目標値を掲げるなど前進した態度をとるが、表2でみるように2012年総選挙まで、目標値、方針、実際達成値のすべてにおいて期待値を下回っている。

　保守派で2013年現在与党であるセヌリ党は、2012年の総選挙で下降する人気を回復するために、小選挙区女性候補者30％クオータの政党方針を発表した。しかし、その内容は法律と同様の努力目標にすぎず、実際に小選挙区で公認を受けた女性候補者は7％にすぎなかった。他方で、野党第一党の民主統合党は、小選挙区15％を強制的に女性に割り当てる強制規定を党規に明記し意欲をみせた。公認を申請した相対的に政治的基盤の弱い女性候補者をサポートするために、候補者審査の際に女性申請者に20％加算点を加える方針も盛り込んだ。新しい女性代表（韓明淑）の下で党指導部は女性の政治的代表性の向上に今まで以上にコミットしたのである。

　ところが、この民主統合党の方針は、党内の合意形成のなかで男性議員の猛烈な反発にぶつかった。男性候補者らは自分の選挙区で不利な立場に置かれることを恐れ、党指導部、とりわけ女性党代表を強く批判した。結局、民主統合党も自らの目標にはるかに及ばない10％公認にとどまった。こうした女性の立候補を阻む政党内の壁を、女性議員たちは、「選挙で当選することより政党の公認を受けることがはるかに困難である」と表現している。政党の厚い壁にフラストレーションを感じる比例代表出身の女性議員は、「女

性議員が生き残るためには政党の役割が非常に重要です。政党内部でキャリアを積んできた女性たちをもっと積極的に登用し、彼女らが政治活動を続けられるように支援する必要があります。とくに、男性議員たちの既得権に対抗するためには党指導部のリーダーシップがとても重要な役割を果たします」[49]と女性の議会進出のための政党の役割や指導部の方針の重要性を指摘している。

しかし、民主統合党の方針が党内の男性議員の予想を超える強い反発を受け座礁したことは、政党の指導部が女性議員のサポートを決めても党全体の合意を導き出すことは容易ではないことを示している。民主統合党の女性公認申請者20％加算点制度と小選挙区15％クオータ制度は、多少の女性候補者を救ったものの、全体的に男性の既得権が強い小選挙区で男性候補者との公認競争を勝ち抜くためには不十分であった。男性候補者たちは強力に結びついている支持組織を動員し、選挙区の支持基盤が弱い女性候補者たちを容易に退けたのである。

その結果、クオータ制導入12年目になる2012年の第19回総選挙に至るまで、小選挙区候補者の女性比率はわずか7％（902名中63名）にすぎなかった。当選率は候補者比率より若干高く7.7％となったが、総計47名の女性当選者のうち、比例代表28名、小選挙区19名という結果（民主統合党24名、セヌリ党17名、統合進歩党5名）は、既得権の根強い小選挙区で政党の自発性に依存したクオータの実施がいかに難しいかを端的に表している。そして、女性議員は比例代表に集中し、かつ、比例候補者公認を1回に限定する慣行により当選しても1期で辞めていくパターンが繰り返される。それでは当選回数が非常に重要な議会において、女性議員は人数が少ないのみならず、影響力も持たないマイノリティ・グループに終始するだろう。この場合、クオータ制度は女性の政治代表を比例に限定する結果となり、ガラスの天井を設けることになり得る。

しかしその一方で、比例代表クオータ制は、女性議員に4年間の政治経験を積んで小選挙区に挑戦する機会も与える。筆者がインタビューした女性議員は、比例という入り口が小選挙区に出馬する土台になると次のように指摘した。

「比例代表の経験は女性議員にとって有利な制度です。次の選挙で小選挙

区に挑戦する資源になるからです。女性議員はまだ少数なので政党内で目立つし、メディアの注目を受けやすいです。政党も配慮して『報道官』という重役を任せることが多いのです。比例代表の女性議員はとても意欲的で立法活動も活発に行いますので小選挙区公認の審査でも点数が高いです」[50]

　彼女が指摘するように、比例代表の女性議員が1期を務めた後に辞めずに次の選挙で小選挙区の候補者公認を受け当選するのであれば、比例代表クオータ制度は、女性議員を増やす直接的な効果のほか、競争力のある女性議員の供給源を増やす間接的な効果をも生み出せる。事実、表3の女性議員の割合とその内訳の推移をみるとそのような効果が確認できる。

　クオータ制度の導入と同時に女性議員が増加しているが、表3が示すように、全体的な増加傾向は、おおむね小選挙区の当選者が増えたためであることがわかる。つまり、比例の定数はほぼ固定しているため、小選挙区当選が5名→10名→14名→19名と増加したことが全体の増加を促した。小選挙区女性候補者比率は、第18回の11.8％から第19回では7.0％に減少したにもかかわらず、19名（7.7％）が当選し当選率では第18回を上回った。というのも、第18回、第19回の小選挙区で当選した女性議員はいずれも競争力があり、平均当選率と得票率が男性候補者より高かったからである。女性当選者の個人的な得票は、所属政党が比例代表枠で集めた票より多いことも判明した[51]。つまり、女性が政党の公認さえ受ければ、当選の可能性は高く、小選挙区で競争力があることが明らかにされている。

　小選挙区で当選した女性議員をより詳しく分析してみると、比例代表出身者の割合が高い。第17回から第19回総選挙まで、小選挙区で当選した女性議員の4割以上は、比例代表のクオータによって初めて国会に進出した女性たちであった。彼女たちは比例議員の任期を終えた直後、もしくはそ

の次の選挙で小選挙区に出馬し当選した。すなわち、比例代表から小選挙区への波及効果が起こったのである[52]。

　このことは、比例代表として国会で能力が証明された女性議員が小選挙区で政党の公認を得る制度的な回路があれば、女性の代表性の向上をさらに促し得る可能性を示す。小選挙区30％女性クオータはそのために間接的な役割を果たせる。しかし、政党はそのような好循環に無関心であるばかりか、むしろ回路を閉ざしている。たとえば、第18回国会の女性比例代表15名

表３：女性議員の内訳

総選挙年度 （回）	定数	女性当選者数 （%）	女性比例代表 当選者数	女性小選挙区 当選者数	小選挙区当選者 のうち比例代表 当選経験者数 （%）
2000（16）	273	16（5.9）	11	5	0（0）
2004（17）	299	39（13.0）	29	10	6（60）*
2008（18）	299	41（13.7）	27	14	9（64）*
2012（19）	300	47（15.7）	28	19	8（42）

* 2000年以前に全国区で当選した女性議員を含む。

が第19回総選挙の選挙区候補審査に申し出たが、わずか7名しか公認を受けられなかった[53]。小選挙区女性候補者15％を約束した民主統合党も、ほとんどの比例出身の女性が公認を受けられなかった。女性候補者にとって政党は政治への回路というよりは、克服しなければならない大きな壁となっていることが改めて確認できる。

3．クオータ制の実効性と女性団体の「政治運動」

　最後に、クオータの実効性を支えてきたのは、市民社会の力、とくに女性運動の力であることを再度強調しておきたい。クオータ制の導入から実施まで最大の推進力は女性運動であったことはすでに指摘した通りであるが、女性運動は制度の導入のみならず、政党による運用や制度改善についても主な役割を果たした。選挙に限らず通常国会や政党に監視やモニタリング活動を行い、政党の女性委員会や女性議員と協力して政策形成過程にも影響を及ぼしてきた。女性運動は議会における女性の代表性を向上させることの必要性や喫緊性を十分理解し[54]、クオータ制によってより多くの女性議員が議会に進出し、遅れたジェンダー政策が推進されることを期待した[55]。

　本章の前半で述べたように、女性運動は一方でクオータ制度導入・改善のため女性連帯を結成して活動したが、他方では女性の実質的な代表性を担保するために自ら候補者発掘・推薦運動を並行して行った。全国規模の女性団体は、クオータが導入される以前から地域女性団体と協力しながら女性候補者を直接発掘し、彼女らの選挙キャンペーンを支援する活動を行った。たとえば、韓国女性団体連合は、地域会員団体を通じて地方の女性たちが主体的

に地方政治に参加し、地域女性の要求を議会に反映させることを目指し、候補発掘から選挙運動まで包括的に支援した。韓国女性団体連合が初めて臨んだ1995年の地方選挙では、17名の候補者を出馬させ、14名が当選するという成果を上げた[56]。保守系女性団体も同様に、全国組織を通じて女性候補者を積極的に発掘・教育し、選挙支援を行った。その例として、韓国女性団体協議会の会員団体「21世紀女性政治連合」は、2002年の地方選挙に42名の会員が当選したことを報告している[57]。

女性団体は、さらに他の市民団体とも連帯し、政治改革を求める市民運動にも積極的に参加した。政治改革を後押しした市民社会の市民政治運動が具体的に現れたのが2000年の「総選(挙)市民連帯」である。400弱の市民団体が参加したこの連帯ネットワークが行った活動のなかで最も注目を浴びたのが落薦・落選運動である。落薦・落選運動は、国民の代表に不適切な議員たちを政治から追放するための活動で、各政党に2000年総選挙に推薦すべきではない現職議員リストを突きつけ落選させることを目的とした市民政治運動であった[58]。落薦リストに乗った106名のうち約40名はそれでも政党の公認を得たが、彼らの多くは結局選挙で落選させられた[59]。

女性団体は総選市民連帯に積極的に参加し、韓国女性団体連合はこの連帯に連合の常勤活動家を派遣するほど積極的だった。女性問題を主な目的として掲げていない市民社会の運動に女性団体が、これほどまでにコミットしたのは初めてのことであった。女性団体が熱心に参加した理由は、保守的な男性ばかりの国会で、せっかくのジェンダー平等関連法政策が無視されることを何度も目にし、ジェンダー関連政策を進めるためには何より政治改革が火急な課題であると痛感したからであった[60]。彼女らは落薦・落選運動に参加しながら、女性蔑視やジェンダー・バッシングを行った現職議員のリストを別途発表し、それら議員たちを落選させるよう世論にアピールする活動も行った。

2004年には、女性団体のみで「第17回総選(挙)女性連帯」を結成し、改正クオータ法の実効性を高めるための女性候補者推薦活動を行った。女性の実質的な代表性を確保し、「適切な女性候補者がいない」と言い続ける政党の言い訳を排除するためであった。女性有識者と女性運動団体が協力し結成した「清い政治女性ネットワーク」(以下、清いネット)は全国から推薦

を受け、各政党に女性候補者102名を推薦した。推薦された女性たちは各分野でジェンダー意識と専門性を持って活動してきた人材であった。清いネットの活動は功を奏し、第17回総選挙の女性当選者39名中、21名が清いネットから推薦された女性であった。当選した女性議員たちは、山積したジェンダー関連政策を進めるための国会と女性団体のネットワークの基盤となったのである[61]。清いネットの活動は地方選挙でも続き、女性有権者の市民政治運動のひとつとして受け継がれている。

　韓国の女性運動が女性の政治的代表性の問題を重要課題として取り組んでから20年以上がたった。その大きな成果であるクオータ制の導入は、「政治改革なしには社会の変化は期待できない」という認識の下、議会の男性中心主義を打破する方法として進められた。だからこそ、クオータ制を通じて国会に送り込まれる女性たちは、常に女性の立場やジェンダー意識を持つことが求められた。しかし、政党は必ずしも女性団体が望むような女性候補者を公認するわけではない。また、女性の間でも様々な違いが浮き彫りになり、もはや「女性」という名の下で括られる統一的な立場の形成は困難となっている。このような変化のなかで、どのように女性の実質的な代表性を高めていくことができるのかが、今日女性の「政治運動」の最大の課題になっている。

おわりに

　本章は、韓国のクオータ制度の導入過程、制度の仕組み、それからクオータ制の効果について考察を行った。韓国のクオータ制は1990年前半から女性の過少代表に問題意識を持った女性運動団体によって要求され、2000年前後の大きな政治改革の一部として導入された。家父長制の強い韓国政治で女性の政治的代表性を向上させるために、女性団体は連帯活動を通じて統一した「女性」として声を上げ、クオータ制の導入を成し遂げた。与野党を同時に説得しなければならない事案であるだけに、広い連帯は非常に有効であったと考えられる。当時議会における極めて低い女性議員の比率は韓国社会の後進性を象徴し、クオータ制は新しい政治を望む世論に説得力を持った。
　韓国のクオータ制は制度的には法律型であるが、現実には政党自発型を併

用しており、政党のクオータ遵守の程度によってクオータの効果が異なってくる。先行研究で指摘されているように、韓国の例からも、強制性も持つ法制度化の効果は大きいことが明らかになった。規定が明確で政党の負担が少ない比例代表における50％クオータは、強制条項がなくてもほぼ遵守され女性議員の割合を増やす主要な要因となった。しかし、小選挙区の30％クオータは、法的規定も抽象的なばかりか、政党の自発的な実施意思に完全に任されたため、ほとんど効果を上げていない。女性の政治代表の門番となる政党が、女性の政治進出を妨げる場合も少なくない。クオータ制の効果を担保するためには、政党の閉鎖的な意思決定過程や男性中心的な文化を打破し、女性の議会参加を促す政策を積極的に推進しなければならないことが、改めて確認できた。

　他方で、クオータは女性議員のキャリア形成の入り口となっている。すなわち、比例代表の成果が小選挙区のクオータに成果をもたらす波及効果である。2004年から2012年まで行われた3回の総選挙において、小選挙区で当選した女性議員の4割以上がすでに比例代表の経験を有する女性候補者であったことが確認できた。これは、1度比例代表として国会に進出した経験が次の当選に貴重な資源になっていることを示している。新人の女性は政党から小選挙区公認を受けることが極めて困難だが、クオータ制を通じて議会に進出した新人議員は公認を受けやすくなるばかりか、公認を受けた場合に本選挙で競争力が高い。

　しかし、小選挙区の30％女性クオータが実現されない限り、現行制度によってこれ以上女性の政治参加を向上させることは難しい。女性運動は、クオータ制度が実質的な女性の代表性を確保する出発点として機能することを期待したが、多様な女性の声を政治の場に届けることはまだ課題として残されている。現在は「男女同数連帯」を結成し、候補者の性別割合を男女同数にする運動も展開している。しかし、2012年12月女性大統領が誕生した今日においても、政治的ジェンダー平等を目指すための政界の真剣な議論はまだ聞こえてこない。

【注記】
（１）ジェンダー主流化とは、ジェンダー平等を達成するために、国のあらゆる政策に立案から実行までジェンダー視点を盛り込むべく進める政策的理念を指す。
（２）Krook 2009; Dahlerup 2006.
（３）Dahlerup and Freidenvall 2005.
（４）韓国ではクオータ制を「女性割当制」と呼び、法律にもクオータの対象は女性であると明記している。しかし、この章では他の章との統一を期すため以降「クオータ」を使用する。
（５）韓国で一般的に政治関連法とは、政党法、政治資金法、公職選挙法の３法を指す。
（６）韓国でクオータが法的な根拠を持った2000年以来2013年現在まで延べ４回の国政選挙および３回の地方選挙が行われた。
（７）韓国の国政選挙制度は、2004年の改正以降、有権者は小選挙区の個人候補者に１票、比例代表制の政党に１票の計２票を投じる小選挙区比例代表並立制を採用している。比例代表制は、政党別に候補者の順番が事前に決められ有権者が直接比例代表候補者個人に投票することは認めない。また、同じ順位に複数の候補者が出馬することも認めない。各候補者は、小選挙区と比例代表のどちらかに立候補しなければならない。
（８）趙ヒョンオク他 2005; 趙ヒョンオク・金ウンヒ 2010.
（９）本章は、国政選挙を中心に制度の効果を議論する。地方選挙の場合、クオータ制度のあり方や実施状況、地方選挙制度も異なるため、別途分析が必要である。ただ、制度の導入過程において女性団体は、国政・地方選挙共にクオータ制を要求し、一方の制度改善は他方の制度改善を促す結果となった。国政選挙クオータ制と地方選挙クオータ制に関する比較分析は Shin and Yoon（2013）を参照。
（10）Krook（2009）、Hassim（2009）、および終章（三浦）を参照。
（11）たとえば、国連機関の開発援助を受ける途上国やポスト紛争国家では様々なクオータを制度化するよう勧められている。
（12）本書は有権者の投票行動や政治キャンペーンへの参加等を指す「政治参加」と議会や政府の意思決定への参加を意味する「政治代表」を区別して使用するが、本章では両方を同時に指す場合に、広い意味の「政治参加」の用語を用いる。
（13）賢ジョンミンほか 1990; 金ソンウク・金ミョンスク 1994; 韓国女性開発院 1994; 李ミキョン 1998; 鄭ジョンスク・南伊インスン 1998.
（14）韓国では民主化過程に結成された当時若い女性たちの女性運動団体を、中産階級女性中心の既成女性運動団体と区別して「進歩的」女性運動団体と称する。既成女性運動団体が家族観、政治的理念や運動方法において保守的な性格を持っているのに対して、これら女性運動団体は理念的に中道左派で、家父長制、性暴力、女性労働など

の問題に積極的に取り組んだ（韓国女性団体連合 1998）。2010 年代の現在は、これら「進歩的」女性運動団体も「既成女性運動団体」と批判されるほど、さらに若い世代の新しい女性運動団体が活動している。本章では、研究対象時期を考慮し、民主化運動前後に結成された女性運動団体を「新しい」女性運動団体と称する。

(15) 李ミキョン 1998.
(16) たとえば、「韓国女性団体協議会」は韓国の最大の女性団体連合体として 50 年以上の歴史を持って活動を行ってきた。また、政治運動に特化した団体としては、「韓国女性有権者連盟」が女性有権者運動を掲げた。民主化直後に成立した「協議会」系の団体として 1989 年「女性政治文化研究所」があり、研究、セミナー、候補者教育などを目的としている。
(17) 1987 年 2 月、学生運動、労働運動、教会女性運動を行ってきた若い世代の女性たちが共同の女性運動と民主化運動を一緒に進めていくために形成した韓国の代表的なアンブレラ女性運動団体である（李ミキョン 1998; Shin 2008）。
(18) 李ミキョン 1998.
(19) 李キョンスク 1998.
(20) 李ミキョン 1998: 34.
(21) 1995 年の地方選挙では広域議会に比例代表制を導入し、その割合を議席の 10% に定めたが、基礎選挙は、候補者は個人として立候補し政党の公認制度がなかったため、比例代表制もなかった。基礎議会に比例代表制が導入されたのは 2006 年の地方選挙からである。
(22) 『世界日報』社説「4.11 総選と女権伸張」1996 年 4 月 4 日。
(23) 政党が提案した改正案は市民社会から「改悪」案と批判された（『ハンキョレ新聞』社説「半改革的選挙法改正」2000 年 2 月 10 日）。
(24) 南伊インスン 2012: 24.
(25) 金ウンヒ 2010: 82.
(26) 「落薦・落選運動」は、政治改革の目的として、市民運動団体が 2000 年総選挙直前に行った市民政治運動である。それまで腐敗や犯罪、国会議員として不適切な言動を繰り返した候補者が政党の公認を受けられないように圧力をかけた運動で、社会の広い支持を得た。なお、韓国語における推薦は日本語での公認の意味である。
(27) 2000 年 4 月はほとんどの新聞が政党の比例代表名簿に対する失望と強い批判の社説を載せている。
(28) 選挙制度は小選挙区と拘束名簿式比例代表並立制を実施していたが、有権者は小選挙区候補者に 1 票を投じるのみであった。小選挙区では多数得票者が当選するが、比例代表の議席数は、小選挙区の得票数の全国集計によって配分された。この方式は憲法裁判所によって違憲判決が下された。

(29) 南伊インスン 2012.
(30) 公職選挙および選挙不正防止法とは、1995 年に統合選挙法として成立した選挙法のことである。不正選挙を防止することが重要な目的であったが、2005 年に公職選挙法に名称変更された（鄭デファ 2008）。
(31) 候補者名簿に男女を交互に配置するため、このような名前で呼ばれている。
(32) 2005 年に政治資金法に名称変更。2002 年に 17 条 2「公職候補者女性推薦補助金」を新設した。
(33) 地方選挙の女性候補者割合の低さについては保守系全国紙も強い批判の意見を出し、法律違反に対する不利益条項がないことが問題であると指摘した（東亜日報社説「女性候補フランス 39％、韓国 3.5％」2002 年 6 月 10 日）。
(34) 鄭デファ 2008:16.「凡国民政治改革協議会」の活動と 2004 年の政治改革については磯崎・大西（2011）を参照。
(35) ハンキョレ新聞社説「無視された比例代表 50％女性割当」2004 年 1 月 17 日。
(36) 第 244 国会「政治改革特別委員会会議録」第 5 号（2004 年 1 月 27 日）、第 245 国会「政治改革特別委員会会議録」第 8 号（2004 年 2 月 2 日）、第 245 国会「政治改革特別委員会会議録」第 12 号（2004 年 2 月 17 日）。女性団体のなかにも女性専用選挙区は女性候補者同士の競争によって結局女性の代表性を向上させる方向には行かないとの意見はあった。
(37) 趙ヒョンオク・金ウンヒ 2010.
(38) クオータ制の効果に対する研究には、金ウンキョン（2010）、伊イファ（2011）、金ウォンホンほか（2011）、金ウンヒほか（2013）、Shin（2014）などがある。
(39) 法律型は法律の水準によって憲法で規定する場合と下位の法律で定める方法があるが、いずれも法的な根拠により公式的な制度を設けるという点や、憲法型であっても法律に同時に定めるのが一般的であることから法律型といってよい。
(40) Hoodfar and Tajali 2011: 66-68.
(41) フランスでは政党助成金が削減されても「勝つ」候補者を立てたいという理由で主要政党は女性議員の擁立に消極的であると報告されているし、韓国でもクオータ実施によって受け取った助成金を女性議員の支援ではなく政党の費用として使用するなどの副作用があった。
(42) Matland（2003）、Norris（2004）、Tremblay（2007(2012)）ほか。
(43) Tremblay 2007(2012).
(44) 受理不許、登録無効条項は 2002 年広域議会選挙に適用され、2006 年には基礎議会選挙に拡大された。
(45) たとえば、末端の自治単位である「郡」議会の選挙区では強制適用を免除している。

(46) 韓国の比例代表制は、近年、政党の民主主義に関するコミットメントを示すバロメーターとしての象徴的な意味を持つようになった。そのため、比例代表は既成政治に代表されにくい少数派（たとえば、障がい者、女性、労働者などの集団利益の代表者）や政党の政策を実施するための専門家を登用するチャンネルになってきた。それゆえに、比例代表の候補者は小選挙区では当選しにくい新人に譲るべく政党の有力者はほとんど出馬しない。また、比例で当選した新人議員は、次の選挙には小選挙区の候補者公認を得るか、辞任に追い込まれる場合が多い（Shin 2014）。

(47) クオータ制度は、地方選挙においてはもっと成果を上げ、2010年広域議会14.8％、基礎議会21.6％を女性議員が占めるようになった。それは比例代表の割合が少ない制度の意図せざる効果であるが、ここでは詳細を省略する。

(48) UNDP and NDI 2012.

(49) 第18回国会民主統合党の女性比例代表選出議員との筆者インタビュー、2012年5月15日、ソウル市。

(50) 第18回国会民主統合党の女性比例代表選出議員との筆者インタビュー、2012年6月8日、ソウル市。

(51) 金ウンヒ 2012。

(52) 申 2012; Shin 2014.

(53) それも5名がセヌリ党で、民主統合党は2名（うち1名は取り消し）、統合進歩党は1名（辞退）になり、革新派の政党から1名しか公認を受けない結果となった。第17回国会の比例代表選出議員を含めた場合、両政党で5名になる。

(54) 韓国女性団体連合は、女性が地方政治に参加する正当性を「生活の延長」であるからだとする性別役割論を強く批判する一方、「政治と生活は乖離してはならない論理であり、……生活課題領域は地方政治のみならず中央政治でも必要な領域である」と主張し、女性＝生活＝地方政治という図式を否定した（李キョンスク 1998: 121）。

(55) 南伊インスン 2012。

(56) 李キョンスク 1998。

(57) 21世紀女性政治連合 2002: 8-9.

(58) 「総選市民連帯」は7つの落薦基準を決め、現職議員全員を評価し、2回にわたって106名の落薦者リストを作成・公表した。

(59) 結局落薦された議員らは別途新政党を創って立候補するに至った。その後、各政党は選挙法を通じて市民団体の落選運動を制限した（南伊インスン 2012: 36）。

(60) 南伊インスン 2012: 46。

(61) 清いネットから推薦され第17回国会に進出した女性たちの立法活動を分析した金ウンキョンは、彼女らがジェンダー関連、女性の利益を代弁する立法活動に熱心だったと結論づけている（金ウンキョン 2010; 全敬玉 2012）。しかし、他方では女

性団体の期待を裏切るような行動もあったという評価もあり、「女性」の視点が一枚岩ではないことを裏づけた。

【引用文献】

磯崎典世・大西裕（2011）「韓国における党支部廃止の政治過程――非党派性の制度化と選挙管理委員会」『年報政治学』2011-II，178-205 頁.

申琪榮（2013）「ジェンダー政策の形成過程――理論的考察と韓国の事例」『国際ジェンダー学会誌』Vol.11，35-58 頁.

─────（2012）「ジェンダー・クオータは女性の政治的代表制を向上させるのか――韓国の国政選挙を例に」日本比較政治学会報告論文，日本大学.

全敬玉（2012）「韓国における女性の政治参画とクオータ制の影響――クオータ制 10 年の成果」辻本みよ子・スティール若希編『アジアにおけるジェンダー平等――政策と政治参画』東北大学出版会，55-80 頁.

Dahlerup, Drude, ed. 2006. *Women, Quotas and Politics*. New York: Routledge.

Dahlerup, Drude, and Lenita Freidenvall. 2005. "Quotas as a 'Fast Track' to Equal Representation for Women." *International Feminist Journal of Politics* 7(1): 26-48.

Hassim, Shireen. 2009. "Perverse Consequences? The Impact of Quotas for Women on Democratization in Africa." In *Political Representation*, edited by Ian Shapiro, Susan C. Stokes, Elisabeth Jean Wood, and Alexander S. Kirshner, 211-235. Cambridge: Cambridge University Press.

Hoodfar, Homa, and Mona Tajali. 2011. *Electoral Politics: Making Quotas Work for Women*. London: Women Living Under Muslim Laws.

Krook, Mona Lena. 2009. *Quotas for Women in Politics: Gender and Candidate Selection Reform Worldwide*. New York: Oxford University Press.

Matland, Richard E. 2003. "Women's Representation in Post-Communist Europe." In *Women's Access to Political Power in Post-Communist Europe*, edited by Richard E. Matland, and Kathleen A. Montgomery, 321-342. Oxford: Oxford University Press.

Norris, Pippa. 2004. *Electoral Engineering: Voting Rules and Political Behavior*. New York: Cambridge University Press.

Shin, Ki-young. 2014. "Women's Sustainable Representation and the Spillover Effect of Electoral Gender Quotas in South Korea." *International Political Science Review*, January, 80-92.

―――. 2008. "Development of "*Jinbo*" Women's Movement in Korea Since the 1980s."『ジェンダー研究』11 号, 107-124 頁.

Shin, Ki-young, and Jiso Yoon. 2013. "Electoral Systems, Gender Quotas, and Gender Representation in South Korea: A Comparison of National and Sub-national Parliaments." A Paper Delivered at Political Representation of Women in Asia Workshop, McMaster University, Hamilton, Canada, October 3-5.

Tremblay, Manon. 2007(2012). *Women and Legislative Representation: Electoral Systems, Political Parties, and Sex Quotas* (revised edition). New York: Palgrave Macmillan.

United Nations Development Program and National Democratic Institute for International Affairs. 2012. *Empowering Women for Stronger Political Parties: A Guidebook to Promote Women's Political Participation*. (http://www.undp.org/content/undp/en/home/librarypage/womens-empowerment/empower-women-political-parties/, 最終アクセス:2013 年 10 月 28 日).

21 세기여성정치연합 (21 世紀女性政治連合), 2002, 소식 2 호 http://gowomen21.or.kr/data_room/sub_02.html (最終アクセス:2013 年 4 月 2 日).

김선욱・김명숙 (金ソンウク・金ミョンスク), 1994, " 여성할당제, 사실상의 남녀평등 실현을 위한 적극적 조치 " 여성 319 (6 월) pp.12-21. 한국여성단체협의회.

김원홍・김복태・차인순 (金ウォンホン・金ボクテ・車インスン), 2011, 여성 국회의원 증가에 따른 국회 성인지성 변화분석 : IPU 국회 성인지성 조사를 기반으로, 한국여성정책연구원 2011 년 연구보고서 -3.

김은경 (金ウンキョン), 2010, " 여성대표성 확보의 기제로서 할당제 효과 : 16, 17 대 여성의원의 대표발의 활동을 중심으로 " 의정연구 16(2): 101-134.

김은희 (金ウンヒ), 2012, " 여성의 국회진출 촉진을 위한 과제와 여성국회의원의 역할 " 사람과 정책 봄호 pp. 84-98.

김은희・김민정・오유석 (金ウンヒ・金ミンジョン・吳ユソク), 2013, 정치의 한 복판, 女性 젠더정치의 그늘, 도서출판 신명기획.

남윤인순 (南伊インスン), 2012, 날아라 여성, 해피스토리.

윤이화 (伊イファ), 2011, " 한국여성의 대표성 확대의 딜레마, 차이와 다양성의 정치 : 제 16 대국회에서 제 18 대국회를 중심으로 " 대한정치학회보 19 집 1 호 6 월 pp. 153-186.

이경숙 (李キョンスク), 1998, " 주부운동 " 한국여성단체연합 편 열린희망 : 한국여성단체연합 10 년사, 동덕여자대학교 한국여성연구소.

이미경 (李ミキョン), 1998, " 여성운동과 민주화운동 - 여연 10 년사 " 한국여성단체

연합 편 열린희망 : 한국여성단체연합 10 년사 , 동덕여자대학교 한국여성연구소 .
정대화 (鄭デァファ), 2008, " 선거법과 선거참여 : 선거참여 확대를 위한 선거법 개정 방향 " 민주사회와 정책연구 2008 년 상반기 (통권 13 호), pp. 276-341.
정종숙・남윤인순 (鄭ジョンスク・南伊インスン), 1998, " 지역여성운동 " 한국여성단체연합 편 열린희망 : 한국여성단체연합 10 년사 , 동덕여자대학교 한국여성연구소 .
조현옥 외 (趙ヒョンオク他), 2005, 한국의 여성정치세력화 운동 , 여성정치세력민주연대 기획총서 제 2 권 도서출판 사회와 연대 .
조현옥・김은희 (趙ヒョンオク・金ウンヒ), 2010a, " 한국 : 제도적 강제와 구체적 실천의 간극 " 김민정외 여성정치할당제 : 보이지 않는 문에 벽을 내다 , 인간사랑 .
조현옥・김은희 (趙ヒョンオク・金ウンヒ), 2010b, " 한국여성정치할당제 제도화과정 10 년의 역사적 고찰 " 한국사회과학연구소편 동향과 전망 79 (여름) : 110-139
한국여성개발원 (韓国女性開発院), 1994, 여성 일정비율 할당제 도입에 관한 연구.
한국여성단체연합편 (韓国女性団体連合編), 1998, 열린희망 : 한국여성단체연합 10 년사 , 동덕여자대학교 한국여성연구소 .
현종민 외 (賢ジョンミン他), 1990, " 여성의석할당제 , 어떻게 할까 < 좌담 > " 지방자치 16 (1) pp.60-65.

第7章

台湾の女性定数保障制

福田　円

はじめに

　アジアのなかで、台湾では女性の政治参加が比較的活発である。国連開発計画（UNDP）が毎年発表しているジェンダー不平等指数に台湾の当局が独自に試算した指数をあてはめると、台湾はアジアにおいて最もジェンダー不平等指数が低いことがわかる（表1）[1]。また、この表における台湾の数値と日本の数値を比較してみると、台湾のジェンダー不平等指数を大きく低下させているのは、議会における女性議員比率が高いからであるということもわかる。さらに、図1を見てみると、台湾の立法院（日本の国会に相当）における女性議員比率は、現在の第8期（任期は2012年から2016年）では33.6％を占めている。これは、アジアにおいて、議会の女性議員比率（二院制の場合は両院平均）が3割を超える国・地域がごく限られているなかで、注目に値する。

　なぜ、台湾においては女性議員の比率がこれほど高いのだろうか。台湾における民主化や民主化後における選挙制度の変遷と議会における女性議員増加の間にはどのような因果関係があるのだろうか。このような問題関心の下、本章ではまず台湾の近現代政治史と関連づけながら、台湾の中央および地方議会における女性定数保障制の成立と変化の過程を跡づける。次に、台湾の中央および地方の議会と行政部門における女性の進出についてまとめる。その上で、台湾の立法委員（立法院の議員、日本の国会議員に相当）選挙における女性定数保障制と女性議員数増加の因果関係について考察する。

表1：ジェンダー不平等指数（2012年）

	ジェンダー不平等指数(2012)		妊婦死亡率(2010)	未成年出産率(2012)	女性議員比率(2012)	25歳以上の中等教育修了率(2006-2010)		労働市場への参加率(2011)	
	順位	値	10万分の	1000分の	％	女％	男％	女％	男％
オランダ	1	0.045	6	4.3	37.8※	87.5	90.4	58.3	71.3
スウェーデン	2	0.055	4	6.5	44.7	84.4	85.5	59.4	68.1
台湾	5	0.061	4.2	4.0	33.6	75.8	86.5	57.0	74.5
日本	21	0.131	5	6.0	13.4※	80.0	82.3	49.4	71.7
韓国	28	0.153	16	5.8	15.7	79.4	91.7	49.2	71.4
中国	35	0.213	37	9.1	21.3	54.8	70.4	67.7	80.1

注記：※印の議会は両院制であるため、女性議員比率は両院の平均値。
出典：United Nations Development Programme "Human Development Report 2013" UNDP HP（http://hdr.undp.org/en/，最終アクセス：2013年12月12日）；行政院主計総処「性別不平等指数国際比較」行政院主計総処HP（http://www.dgbas.gov.tw/ct.asp?xItem=33332&CtNode=6012&mp=1，最終アクセス：2013年9月29日）.

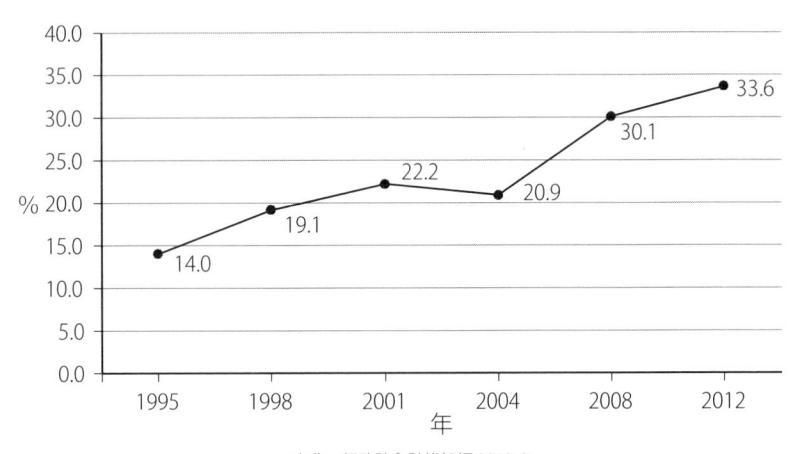

出典：行政院主計総処編 2012: 2.

図1：台湾の立法院における女性議員比率

1．初期条件

日本統治下における台湾女性の政治参加

　台湾の政治社会は近現代史のなかで幾度かの大きな転機を迎えた。それに伴い、台湾における女性の地位や政治参加のあり方も移り変わってきた。台湾は日本の植民地として近代化を経験したが、日本統治下の台湾女性は社会

的な制約を二重に受けていたといわれる。ひとつは、歴史的に中国・台湾の社会に存在した家父長制などの儒教的な価値観のなかで、女性の公的活動への参加が規制されていたという伝統的制約である。その上に、日本の台湾総督府からの監視というもうひとつの制約が加わり、台湾女性は植民地台湾における社会的弱者として、政治参加の要求を拡大し得ない存在であった。

　1921年、台湾では初めての近代的政治運動である台湾議会設置請願運動が起き、台湾における自治議会の設立と台湾人の参政権を主張した。しかし、運動に参加したのは知識階層の男性のみにとどまり、台湾女性はほとんど運動に参加しなかった。これには、当時の台湾女性の教育水準等の問題のほか、まずは被植民者である台湾人全体の参政制限を解かなければ、女性の参政問題にはたどり着けないという植民地統治下での現実が関係していた。1935年、台湾ではようやく地方議会の設置が認められ、地方議員選挙が行われた。しかし、投票権が認められたのは25歳以上、台湾在住6ヵ月以上、年5円以上の税金を納めるごく一部の男性に限られており、日本統治下の台湾人のほとんどは男女を問わず参政できなかった[2]。

　日本統治下の台湾で奨励された女子教育や女性運動の多くは、台湾総督府が主導する植民地統治の一環として行われた。愛国婦人会を中心とするこの時期の女性団体は、台湾に駐在する日本人官吏や事業家の妻たちが運営する団体に、台湾人名士の妻が参加し、「愛国主義」的な活動を行うという性格が強いものであった。1920年代以降は、諸羅婦女協進会（後に台湾婦女協進会）など、このような傾向に反対する台湾本土の女性団体による運動も展開されたが、こうした運動は台湾総督府の厳しい監視下に置かれ続けていた[3]。

中華民国憲法における女性の参政権

　台湾が終戦を迎え、日本による植民地統治から解放されると、台湾女性による女性団体が誕生し、女性運動の機運が高まった。たとえば、1946年に謝娥を理事長とする台湾省婦女会が結成されたことなどは、当時の台湾女性の期待を如実に示していたといえるであろう。しかし、中華民国政府とともに中国大陸から台湾に渡った外省人による台湾接収が進行するにつれ、日本統治時代から台湾に居住する本省人の期待は、次第に失望へと変わった。

本省人と外省人の緊張関係を対立の構造へと転換させたのは、1947年2月28日に勃発した「2・28事件」である(4)。この事件以降、中華民国政府は「反体制的」とみなした台湾住民を厳しく取り締まり、そうした流れのなかで、束の間の盛り上がりをみせていた台湾女性の運動も再び厳しい監視下に置かれるようになった(5)。

　このころ中華民国政府は中国大陸において共産党との内戦（国共内戦）を繰り広げていた。内戦のなかで、同政府は辛亥革命以来待望されていた「憲政」を実施し、統治の正統性を固めようと試みた。1946年、中華民国政府は制憲国民大会を召集し、国民大会によって選出された総統の下に五権を司る五院（行政院、立法院、監察院、司法院、考試院）を並立させる中華民国憲法を制定した（1947年1月1日公布、同年12月25日施行）(6)。続く1947年から翌年にかけて、中華民国では国民大会代表や立法委員の選挙が行われ、新たに選出された中華民国第1期国民大会が蔣介石総統と李宗仁副総統を選出したのである(7)。

　中華民国政府による「憲政」は法の下の男女平等を謳い、男女の参政権平等を保障するために各級議会に女性定数保障制度（婦女保障名額制）を設けることを定めた。これは、辛亥革命以降の近代国家建設の過程において、国民党が時には共産党と争いながら、社会各層を代表する体制を建立しようと試みた帰結であるといえる(8)。北伐が完了した1928年の時点において、中華民国政府は早くも法の下の男女平等を謳う法令を発布し、1931年の訓政時期臨時約法第6条では「男女、人種、宗教、階級の区別を問わず、法の下には皆平等である」と定めていた。しかし、「訓政」実施のために召集された国民会議に女性の代表は誕生せず、女性初の大法官となった鄭毓秀、女性初の県長となった郭鳳鳴など一部女性が政治的要職に任命されるにとどまった(9)。そこで、1946年に制定された中華民国憲法は、その第17条および18条に男女の参政権平等を定めるにとどまらず、第134条で「各種選挙における女性定数とその選出方法は別途法律に定める」ことを明記したのである(10)。

　ただし、この中華民国憲法が実際に中国大陸で施行されることはほとんどなかった。1948年、内戦の戦況が不利になると、国民大会は「反乱鎮定動員時期臨時条項」を制定し、共産党の「反乱」を「鎮定」するために、蔣介

石総統に立法院の追認を必要としない緊急処分権を付与し、その権限を大幅に強化した。その後も中国大陸で敗走を続けた中華民国政府は、1949年12月に台北への遷都を決定した。これに先立ち、台湾省主席兼台湾省警備総司令に任命された陳誠は台湾に戒厳令を実施し、台湾住民の中華民国政府に対する反発を監視し続けた[11]。

戒厳令下における台湾女性の政治参加

　台湾移転後の中華民国政府は「反乱鎮定動員時期臨時条項」を廃止せず、台湾における戒厳令も解除しなかった。その後、中華民国政府は台湾において1987年までの長期にわたり戒厳令を敷き、共産党との内戦が継続しているという建前の下、台湾における反体制的な言論および運動を本格的に取り締まった。このなかで女性運動に参加した女性たちも、それが反体制的であるとみなされれば、男性と同様に逮捕された。また、政府によって逮捕された男性たちの妻や娘も、戒厳令によって自分の人生を大きく変えられてしまうこととなった。

　中華民国の台湾移転後、大陸で選出された国民大会代表や立法委員の任期は次々に満了となったが、それらの改選は行われなかった。なぜなら、国民党は国家が「反乱鎮定動員時期」にあるという立場を崩さず、いずれ中国大陸へ「反攻」する（「大陸反攻」）という目標を掲げており、そのためには中華民国憲法体制と大陸各地から選出された代表からなる議会を保持する必要があったからである。しかし、実際には「大陸反攻」の機会は長らく訪れず、国民大会代表や立法委員の改選は延期を繰り返した。台湾女性のなかから選出された代表は、1946年の国民大会台湾地区代表選挙において選出された謝娥のみであった。

　台湾において国民党による一党独裁体制が強固であった時代は、日本統治時代と同様、台湾女性は体制によって動員される対象にすぎなかった。このような国民党主導の女性運動において、象徴的かつ中心的な役割を担っていたのは蔣介石の妻、宋美齢である。宋美齢は、大陸時代から中華民国の政治外交全般において蔣介石を支える存在であると同時に、国家建設への女性の動員においても中心的な役割を担ってきた。中華民国政府の台湾移転後も、宋美齢は台湾女性を体制主導の運動に動員する上で中心的な役割を果たし

た。たとえば、中華民国政府は1950年に宋美齢を会長とする中華婦女反共抗ソ連合会（現中華婦女連合会）を設立した。同団体は、反共闘争とその延長線上にある「大陸反攻」のために台湾の婦人を動員しようと、1960年代には「模範的女性」を掲げるキャンペーンを大々的に行った。他方で、戒厳令下の台湾において、いわば下からの女性運動は厳しく抑圧され、活動空間を持たなかった[12]。

2．戒厳令下における政治空間の拡大

台湾省議会議員選挙における女性定数保障制

　以上のように、戒厳令下の台湾においては、中華民国政府の「憲政」とそれによって定められた民意代表選出の仕組みは形骸化し、下からの女性運動も厳しく監視されていた。しかし、中華民国の一省と位置づけられた台湾省政治やその下に設けられた地方政治の状況は、若干ではあるが異なった。

　1950年代半ばまでに、中華民国政府が実質的に統治する領域は、金門諸島、馬祖諸島など行政区分として福建省に属する小島を除き、ほとんどが台湾省と重なった。しかし、同政府は全中国を代表するという立場の下、中央政府の下に省、省轄市・県、県轄市・郷・鎮（日本の市・町・村に相当）の3つのレベルからなる地方行政組織を設けるという仕組みを崩さず、台湾省を維持し続けていた。台湾省の維持は、中華民国憲法体制の維持と同様、来るべき「大陸反攻」に備えた重要な前提と位置づけられたのである。また、中華民国憲法では省長と省議会議員を公選する「省自治」が定められていたが、中華民国政府はこのうち台湾省議会議員選挙のみを実施して「省自治」の建前を維持しつつ、省長選挙により公選によるリーダーが出現することを回避した。

　1950年、台湾省の「省自治」に関する関連規則である「台湾省各県市実施地方自治綱要」が政令として定められ、翌年の台湾省臨時省議会議員選挙を皮切りに、台湾省とその管轄下にある県・市の知事・市長、省および県・市議会議員の選挙が定期的に実施された。このような選挙の当選者はほとんどが本省人であり、戒厳期の台湾政治を通じて中央政治は外省人、地方政治は本省人という政治エリートの棲み分けが生じた[13]。女性の代表に関

表2：戒厳期の台湾省議会議員選挙における女性候補者と当選者の状況

期別（年）	候補者数 総数	候補者数 女性	女性比率	当選者数 総数	当選者数 女性	女性比率
第1期臨時台湾省議会議員（1951）	140	12	8.6%	55	5 (5)*	9.1%
第2期臨時台湾省議会議員（1954）	110	18	16.4%	57	6 (6)	10.5%
第1期台湾省議会議員（1957）	118	22	18.6%	66	9 (9)	13.7%
第2期台湾省議会議員（1960）	126	18	14.3%	73	10 (9)	13.7%
第3期台湾省議会議員（1963）	137	14	10.2%	74	10 (9)	13.5%
第4期台湾省議会議員（1968）	129	19	14.7%	71	11 (10)	15.5%
第5期台湾省議会議員（1972）	121	21	17.4%	73	12 (10)	16.4%
第6期台湾省議会議員（1977）	125	23	18.4%	77	13 (10)	16.9%
第7期台湾省議会議員（1981）	199	34	17.1%	77	10 (9)	13.0%
第8期台湾省議会議員（1985）	158	28	17.1%	77	13 (8)	16.9%

＊括弧内は女性定数保障制による繰り上げ当選者数を示す。
出典：梁1993:5, 表1.

しても、「地方自治綱要」の公布に伴い制定された「台湾省各県市議会組織規定」は、地方各級の民意代表選挙では各選挙区の当選者10名に1名の女性定数、それ以上の除数が10名に達さない場合は5名以上に1名の女性定数が保障されるよう定めた[14]。この規定に則り、女性の当選者が定数に満たない場合は繰り上げ当選とされた。表2にみられるように、台湾省議会議員選挙における女性当選者の比率は、第1期臨時選挙（1951年）における9.1％から、第8期選挙（1985年）における16.9％まで緩やかに上昇した。省議会において女性議員が増加した理由として、台湾の政治学者である梁雙蓮は、①女性定数保障規定の効果、②国民党による女性候補者の積極的擁立、そして③国民党一党体制の緩和（とくに中壢事件から戒厳令解除に至る時期）を挙げている[15]。

　このような時代に地方で活躍した台湾生まれの女性政治家に、許世賢がいる。夫とともに日本で医学を学び、嘉義市に順天堂病院を開設していた許世賢は、1946年に嘉義市議員に当選し、嘉義市婦女会の理事や嘉義県婦女会の会長を務めた。許世賢は1954年に台湾省議会議員に当選し、15年間にわたり省議会議員を務め、中国民主党創設運動に参加し、女性の地位向上にも取り組んだ。1968年、彼女は嘉義市長に当選し、台湾において初めての女性市長となり、立法委員を経て1982年に再び嘉義市長となった。その翌年に急逝した母親の遺志を継ぎ、娘である張文英と張博雅もその後相次いで

嘉義市の市長を務めた[16]。

定数拡大選挙における女性定数保障制

1970年代に入り、国際社会における中華民国の地位が急激に低下すると、台湾社会では、戒厳令を継続して民主化運動や各種社会運動を厳しく取り締まってきた政府に対する不満が表出しはじめた。このような状況に対応するため、蔣介石の息子であり、1972年から行政院長を務めた蔣経国は、大陸選出の非改選議員で占められる国民大会や立法院を部分的に改選し、党や政府の機関に本省人を登用することで、国民党一党体制の台湾における正当性を補強しようとした。

1969年、中華民国政府はその実行統治下にある地域において、国民大会代表および立法委員の台湾における欠員と人口増に応じた定数不足を補うという名目で、「欠員補充選挙」を行った。その後、1970年代に入り、これらの民意代表の全面改選を中心とする政治改革論議が本格化すると、政府は第1期議員を改選せず、議員定数の拡大部分に限り定期改選を行う「定数拡大選挙（増加名額選挙）」を導入した。具体的には、中華民国政府の実効統治地域と海外華僑に対する議員の定数を大幅に増やし、前者については普通選挙、後者については総統の指名によって定期改選を行うこととしたのである[17]。

このような「定数拡大選挙」は国民大会代表については1986年まで、立法委員については1989年まで継続した。そしてこの「定数拡大選挙」に関しても、1972年に関連法規が制定され、地方選挙と同様に10％の女性定数を保障することが決定した[18]。表3からも、大半の選挙において候補者および当選者のうち女性が10％以上を占めていることが確認できる。また、台湾省議会議員選挙と同様、国民大会代表選挙においても、立法委員選挙においても、当選者に占める女性の比率はそれぞれ緩やかに増加していたことがわかる。

このように台湾における政治的環境が少しずつ変化するなかで、女性の権利向上や政治参加に関しても、新たな主張と運動の担い手が登場した。その中心人物の1人が呂秀蓮である。1970年代に呂秀蓮が掲げた「新女性主義」の中核となるフレーズ、「まず人となり、それから男性あるいは女性となる」

表3：「欠員補充選挙」および「定数拡大選挙」における女性候補者と当選者

実施年	選挙の種別	候補者 総数	候補者 女性	候補者 女性比率	当選者 総数	当選者 女性	当選者 女性比率
（1972年以降は定数拡大選挙）							
1969	立法委員補充選挙	25	4	16.0%	11	1	9.1%
1969	国民大会代表補充選挙	29	2	6.9%	15	2	13.3%
1972	立法委員選挙	55	6	10.9%	36	4	11.1%
1972	国民大会代表選挙	78	10	12.8%	53	8	15.1%
1975	立法委員選挙	61	4	6.6%	37	4	10.8%
1980	立法委員選挙	218	17	7.8%	70	7	10.0%
1980	国民大会代表選挙	185	17	9.2%	76	12	15.8%
1983	立法委員選挙	171	22	12.9%	71	8	11.3%
1986	立法委員選挙	137	12	8.8%	73	7	9.6%
1986	国民大会代表選挙	169	25	14.8%	84	16	19.0%
1989	立法委員選挙	302	26	8.7%	101	13	12.9%

出典：若林 2001: 126, 表2；梁 1987: 73, 表1, 2.

は、当時の台湾女性の政治参加をめぐる状況を如実に反映していたといえる[19]。すなわち、呂秀蓮のそのあとの歩みが示すように、まず民主化を成し遂げるために男性とともに闘い、それと並行して女性が民主化から取り残されず、政治に参加できるよう努力する必要があった。呂秀蓮が1976年に創設した拓荒者出版社は、戦後台湾の女性運動が本格的に展開される嚆矢となった。

1979年に起きた美麗島事件は、台湾の民主化運動を活発化させるひとつのターニングポイントであったといわれる。政治的自由を訴える『美麗島月刊』雑誌社を中心とする街頭デモを口実に、政権は体制外運動家を一斉に検挙したものの、その対応は台湾社会における反体制運動の高まりを内外に印象づけ、政権に対する批判を高めることとなった。美麗島事件の際に検挙された体制外運動家のなかには、呂秀蓮や陳菊をはじめとする女性運動家の姿もみられた。また、美麗島事件で検挙、拘留された活動家の妻のなかからも、反体制運動に加わり、その後の民主化過程において自ら地方選挙や中央選挙に出馬する女性が出てきた。

立法委員定期改選と女性定数保障制

美麗島事件以降の台湾では、社会運動に対する国民党の統制が緩み、消費者運動を皮切りに様々な社会運動が勃興し、女性運動はその一翼を担っ

表4：国民大会代表と立法委員（地域区・先住民選挙区選挙）全面改選後の女性候補者と当選者

実施年	選挙の種別	候補者 総数	候補者 女性	候補者 女性比率	当選者 総数	当選者 女性	当選者 女性比率
1992	立法委員選挙（第2期）	348	36	10.3%	125	12	9.6%
1995	立法委員選挙（第3期）	332	40	12.0%	128	19	14.8%
1996	国民大会代表選挙（第3期）	432	79	18.3%	234	43	18.4%
1998	立法委員選挙（第4期）	397	64	16.1%	176	35	19.9%
2001	立法委員選挙（第5期）	455	83	18.2%	176	39	22.2%
2004	立法委員選挙（第6期）	386	65	16.8%	176	32	18.2%

出典：「選挙年度及類別一覧表」国立政治大学選挙研究中心（http://vote.nccu.edu.tw/cec/cechead.asp）。なお、立法委員地域区・先住民選挙区選挙の定数は、1995年に125から128に微増したあと、1998年には台湾省議会の「凍結（事実上の廃止）」に伴い176へと増加した。当時の選挙制度については、193頁を参照のこと。

た。この時期、台湾経済の発展に伴い女性の教育や就業の機会が増大したことや、「国連婦人の10年（1976-1985）」などの国際的な女性運動の高まりにより、台北など都市を中心に多くの女性が女性運動に参加するようになった[20]。拓荒者出版社の活動は呂秀蓮の逮捕によって事実上停止していたが、淡江大学の教職にあった李元貞は1982年に婦女新知出版社を創設し、台湾の女性運動を再び活性化させた[21]。婦女新知出版社は戒厳令が解除されると婦女新知基金会に改組し、台湾における女性運動の母体となった[22]。

　1978年に中華民国総統に就任し、台湾における民主化運動への対応を迫られ続けた蒋経国は、1987年についに戒厳令を解除し、翌年死去した。蒋経国によって副総統に指名されていた本省人の李登輝が、その後実権を握ると、1991年には憲法に追加条文が加えられ、議会の全面的な定期改選が可能となった。1991年5月に公布された中華民国憲法追加条文（全10条）の第1条では国民大会代表選挙、第2条では立法委員選挙に関する規定が定められ、いずれの選挙においても当選者5名以上10名以下の場合は1名、それ以上の場合は10名ごとに1名の女性定数を設け、女性当選者が定数に満たない場合は、同選挙区の女性候補者の得票順に繰り上げ当選を出すこととなった[23]。このような制度の下で行われた選挙における女性候補者と当選者数の推移は、表4の通りである。

　国民大会代表や立法委員の全面的な定期改選に加え、1994年からは直轄市である台北市および高雄市の市長選挙、1996年からは総統、副総統の選挙が直接選挙によって行われるようになった。こうした民主化の過程におい

て、台湾の女性運動は選挙の機会を利用して女性政策に保守的な国民党を批判し、民進党と手を結んだ。当時の民進党は党内に社会運動部を設立し、社会運動団体を吸収しようとしており、女性運動団体との連携もその一環であった。1994年の台北市長選挙（後述）を皮切りに、女性運動団体は民進党からの候補者を支持する姿勢を明確に打ち出し、女性の地位向上や政治参加といった問題が選挙において争点化されるようになった[24]。

3．立法院における女性定数拡大の背景

地方行政・議会における女性の参加

1994年の台北市長選挙で当選した陳水扁は、1996年、台北市政府内に婦女権益促進委員会を設置した。婦女権益促進委員会は市長を主任委員とし、台北市政のすべての部門における女性関係の政策と事業を監督することをその任務としていた。同会の初期の構成は、市長、副市長、7名の局処長（警察局、衛生局、教育局、労工局、都市発展局、社会局、新聞処）、研究者・専門家各6名、および女性団体の代表9名からなり、すべての構成員は市長により招聘・任命されていた[25]。陳水扁市長時代の台北市政府はこの婦女権益促進委員会を窓口に女性運動団体などの意見も取り入れつつ、市政における女性の登用を進めた。台北市婦女権益促進委員会のような組織を作り女性の政治参加を推進する方法は「婦権会モデル」と呼ばれ、中央レベル（後述）や他の地方自治体においても援用された[26]。

1998年の台北市長選挙では国民党の馬英九候補が激戦を制して当選したが、馬英九市長による台北市政においても、女性の登用を進め、女性の権利擁護を制度化するという方向性は変わらなかった。この台北市長選挙においては、国民党陣営も社会運動との連帯を模索し、当選後は社会運動のリーダーを体制内に取り込もうとした。馬英九市長は労働運動や環境保護・都市改革運動の男性リーダーとともに、女性運動の代表として女性である顧燕翎を市の局処長に任命した[27]。そして、台北市公務員訓練センターの主任に任命された顧燕翎は、台北市女性権益保障弁法（規定）の制定に奔走した[28]。

このように各地方自治体において女性の登用が進むなか、地方議会に関しては、1999年に公布された地方制度法第33条において、直轄市、県をは

表5：2000年から2010年までの地方各級議会の議員選挙

	年	候補者			当選者		
		総数	女性	女性比率	総数	女性	女性比率
直轄市議会議員	2002	227	50	22.0%	96	27	28.1%
	2006	180	57	31.7%	96	35 (1)*	36.5%
	2010	646	188	29.1%	314	107 (2)	34.1%
省轄市・県議会議員	2002	2057	455	22.1%	896	198 (32)	22.1%
	2005	1689	404	23.9%	901	234 (26)	26.0%
	2009	935	241	25.8%	592	162 (15)	27.4%
県轄市・郷・鎮議会議員	2002	7297	1338	18.3%	3716	729 (102)	19.6%
	2006	6191	1235	19.9%	3716	777 (86)	20.9%
	2010	3817	806	21.1%	2322	527 (36)	22.7%

* 括弧内は女性定数保障制による繰り上げ当選者数。
出典：財団法人台北市公民教育基金会 2012: 108, 表4-25.

じめとする地方議会における定数の4議席ごとに1議席は女性に割り当てることが定められた[29]。さらに、2010年の同条項の改正では、先住民の定数に関しても4議席ごとに1議席は女性に割り当てることが明記された[30]。この結果、2009年にすべての省轄市・県議会議員に占める女性議員の比率は27.4%に達し、2010年の5直轄市（台北市、新北市、台中市、台南市、高雄市）議会議員選挙では直轄市における女性議員の比率は34.1%にまで上昇した（表5）[31]。

　他方で、地方の首長選挙における女性候補者と当選者を増加させることは、今後の課題であるといわれている。現在、直轄市、省轄市・県、県轄市・郷・鎮など地方行政単位の首長は直接選挙によって選ばれているが、5つの直轄市のうち、女性首長を擁するのは高雄市のみである。17ある省轄市と県のうち女性が首長である行政単位は3つ（17.8%）、県轄市・郷・鎮の首長のうち女性は10%であるにすぎない。

主要政党における女性定数保障制の導入

　ここまでの経緯からみても、台湾における女性の政治参加や政治代表は、民進党がリードして推進してきたことがわかる。民進党という政党が体制外運動から誕生し、政権交代を目指して数々の選挙戦を戦うなかで、女性の政治参加や政治代表は民進党が有権者へ訴えるアピール・ポイントのひとつであった。そのため、政党内の女性定数保障制も民進党が率先して導入した。

1980年代から90年代にかけて、台湾の女性団体は各種議会選挙における女性定数の保障規定を見直すよう主張しはじめた。なぜなら、1970年代以降の台湾で行われた各種選挙では定数保障制度に頼らず当選する女性候補者が増加し、女性の当選人数が保障された定数を超えるばかりか、高得票で当選する女性候補もしばしば現れていたためである。そのため、定数保障規定は各政党の候補者指名において、優れた女性が指名されることをかえって制限しているのではないかとの議論も出てきていた[32]。このような文脈から、1990年代に入ると、女性有権者運動を起こし、各政党に必ず3分の1以上の女性候補を指名するよう要求する女性団体も出てきた[33]。

　1995年、婦女新知基金会の姉妹団体である台北市婦女新知協会はアメリカのフェミニスト政治学者であるジョー・フリーマン（Jo Freeman）を招き、女性の政治代表をテーマとする講演会を開催した。各政党から後に要職に就く有力女性党員が出席するなか、フリーマンは少なくとも4分の1の共同理念を持つメンバーがいなければ組織内で改革を進めることはできないと述べ、女性の政治代表をクリティカル・マス（決定的女性議員比率、第1章衛藤・三浦参照）まで高める必要性を指摘した。当時、民進党の婦女発展基金会会長（翌年から民進党婦女部主任）であった彭婉如はこの考えを採用し、党内で女性の「4分の1代表制」を積極的に推進するようになったという[34]。

　彭婉如ら党婦女部の積極的な提案を受け、民進党は1996年12月に開かれた第7期第1回臨時全体会議において、各種公職選挙における候補者名簿の候補者4名のなかに必ず1名の女性を含むという規定を決議した[35]。同会議の期間中に、彭婉如が宿泊先のホテルからタクシーで出かけたまま行方不明となり、数日後に遺体で発見される事件（彭婉如事件）が起きた。同事件は、女性団体による女性の権利擁護を訴える運動を加速させ、複数の女性団体が連合して台湾女性運動史上最大規模のデモを行うまでに至った[36]。その後、民進党は1997年9月の第7期第2回全国党員代表大会において、党職選挙においても候補者のうち単一の性が4分の1以上を占めなければならないという規定を決議した[37]。

　このころ、国民党の婦女工作会は『婦女政策白書』を発表し、ヨーロッパ諸党の制度に倣い、各種公職選挙における女性保障定数を全体の40％まで増やすべきであると提言した。同会は国民党内においても、女性候補者の

擁立に関する規定を制定すべきであると主張したものの、国民党は民進党のような規定は制定しなかった(38)。2000 年の総統選挙に敗れた後、国民党は本格的な党内改革を進めたが、女性をはじめとする社会運動からの支持獲得はそのうちの重要な課題のひとつとなった。その結果、国民党内の最高意思決定機関である中央常務委員会に占める女性党員の比率は、民進党を上回るようになった(39)。また、立法委員選挙の比例代表選挙については、候補者名簿の 4 分の 1 を女性とすることも定められた。

中央公職における女性の活躍

2000 年に民進党政権が発足すると、中央レベルにおいても、女性の参加を拡大するための様々な制度改革が試みられた。これは、台湾社会の変化に応じた制度改革の必要が生じた時期に、民進党が政権を担っていたという側面もあるかもしれない。とはいえ、女性団体と連帯し、女性の政治参加を有権者に掲げてきたという経緯から、民進党政権は各種女性政策を積極的に推進していったと考えるのが妥当であろう。陳水扁政権は内閣構成員の 4 分の 1 以上に女性を指名することを掲げ、副総統の呂秀蓮、総統府国策顧問の李元貞、考試院（日本の人事院に相当）委員の呉嘉麗、青年補導委員会主任の林芳玫などをはじめ、多くの女性を登用した。また、これらの女性は女性運動団体のリーダーとして活躍してきたという点においても、それまでの政権で登用された女性とは異なっていた(40)。

彭婉如事件の後、当時の李登輝政権は女性運動団体の要求を受け入れる形で、行政院に部会を横断する婦女権益促進委員会を設置した。しかし、設置当初の婦女権益促進委員会は体制外の専門家や女性運動家に十分に開かれたものではなく、その運営のために設けられた婦女権益促進発展基金会の能力も限られたものであった。政権交代後、陳水扁政権は 2001 年 10 月に行政院婦女権益促進委員会を拡大改組し、委員会における専門家や女性運動家の比率を 50％（18 名中 9 名）から 62.96％（27 名中 17 名）に引き上げた。さらに、翌年には行政院長が同委員会の召集人を務めるよう改め、行政院における委員会の影響力を強めた(41)。

台湾で初めて閣僚となった女性は、1988 年に李登輝が経済部長に抜擢した郭婉容であり、2000 年以前は台湾の閣僚のうち女性が占める比率は

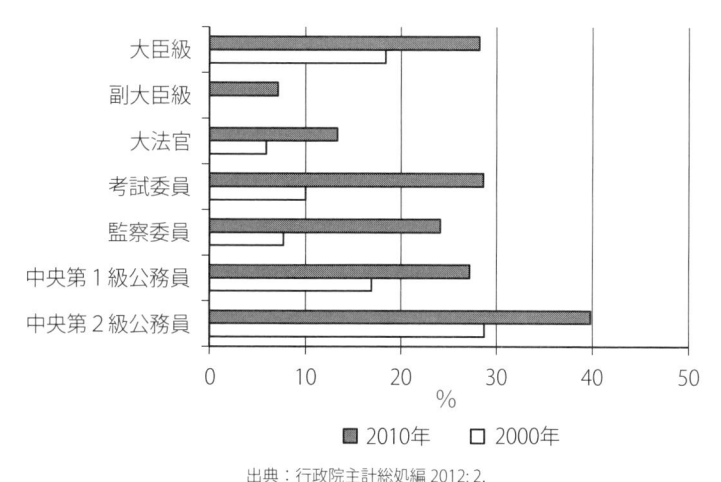

出典：行政院主計総処編 2012: 2.
図2：台湾の官職に占める女性比率

15％以下であった。これに対し、陳水扁政権は閣僚の4分の1に女性を指名するという目標を立てたが、陳水扁政権発足後も女性閣僚の比率は15％から20％の間を推移するにとどまった。このような現状に対し、行政院婦女権益促進委員会は2004年、各省庁の委員に女性が占める比率を3分の1以上にすべきという明確な数値目標を出した。婦女権益促進委員会の数値目標に従い、各省庁は女性の権利を向上させる委員会を設置し、人事面の見直しを行った。台湾の官職に占める女性の比率を示す図2をみると、2000年から2010年の10年間で、官職全体に占める女性の比率は大幅に上がったことがわかる。とくに、上級職候補にあたる第2級公務員は3割を超えて4割に接近し、上級職である第1級公務員も目標とする3割に近づいている。ただし、政治任用職である大臣・副大臣、大法官、考試委員、監察委員などはいずれも3割に達してはいない。

4．立法委員選挙制度の改革と女性定数保障制

立法委員選挙における女性定数保障制の改革

　立法院においては、選挙制度の改革に伴い、女性候補者に保障される定数が拡大することとなった。2004年に憲法追加条文の改正が行われ（翌2005

年に公布)、立法委員選挙においてこれまでの中選挙区制を中心とする制度を廃止し、小選挙区比例代表並立制を導入することが定められた。この選挙制度改革において、元来225議席であった立法委員の定数を113議席に縮小し、そのうち73議席を小選挙区とし、34議席を比例区、6議席を先住民選挙区とすることとなった。そして、比例代表選挙については、各政党の当選名簿の2分の1以上を女性とすることが定められた[42]。この制度の下では、定数の約15％の女性議員比率が保障される計算になる。

　また、この憲法改正に先駆け、2002年末には公職選挙法の大幅な改正が行われた（2003年7月9日公布）。改正後の公職選挙法第65条（現行法の第67条）では、各政党の女性候補者数が獲得した女性議員定数よりも少ない場合は欠員とみなすことが定められた。その上で、この法改正で追加された第65条第1項（現行法の第68条）において、公職選挙における女性当選者数が規定された定数を下回る場合には、政党に関係なく女性候補者の得票を単独で計算し、得票数の多い候補者から順に当選とすることと、その詳細な計算方式も定められた[43]。さらに、2007年に公職選挙法の全文が修正された際に、選挙結果の無効（第71条）、当選者在職中の辞職（第73条）などにより女性当選者の議席に欠員が出た場合は、各政党が登録する候補者名簿に基づき女性候補者により欠員を補充することも定められた[44]。

　上述したような憲法改正と公職選挙法改正の結果、2008年の第7期立法委員選挙以降はどの政党も比例代表候補者名簿に男女の候補者を交互に配列するジッパー方式を採用するなど、女性当選者が半数以上を占めるよう候補者を配列することが慣例となった。この選挙制度改革以降、現行の二大政党（国民党・民進党）における候補者擁立規定についてみてみると、国民党の公職選挙候補者指名規定に各選挙区における女性候補者擁立に関する規定はなく、比例選挙候補者擁立規定の第4条および第6条において、候補者名簿の2名に1名が女性となるよう候補者を擁立することを定めている[45]。民進党の公職選挙候補者指名規定も、第8条において各選挙区における候補者の4名に1名が女性となるよう候補者を擁立することを定め、第13条において比例選挙における候補者名簿の2名に1名が女性となるよう候補者を擁立することを定めるにとどまっている[46]。つまり、国民党も民進党も小選挙区選挙において有効な女性候補者擁立に関する規定は持っていない。

表6：第6-8期立法委員選挙の小選挙区（第6期は地域区）・先住民選挙区における当選者数

選挙区	第6期（2004年） 総数	女性	女性比率	第7期（2008年） 総数	女性	女性比率	第8期（2012年） 総数	女性	女性比率
台北市・新北市・基隆市	51	11	21.6%	21	2	9.5%	21	3	14.3%
桃園県・新竹県・苗栗県	23	3	13.0%	10	2	20.0%	10	3	30.0%
台中市・彰化県・南投県	33	5	15.2%	14	4	28.6%	14	6	42.9%
雲林県・嘉義県・嘉義市・台南市	26	7(1)*	26.9%	10	4	40.0%	10	3	30.0%
高雄市・屏東県・澎湖県	27	4	14.8%	13	4	30.8%	13	4	30.8%
宜蘭県・花蓮県・台東県	6	0	0.0%	3	0	0.0%	3	0	0.0%
金門県・連江県	2	0	0.0%	2	0	0.0%	2	0	0.0%
先住民	8	2	25.0%	6	1	16.7%	6	1	16.7%
合計	176	32	18.2%	79	17	21.5%	79	20	25.3%

* 括弧内は女性定数保障制により繰り上げ当選となった当選者数。
出典：財団法人台北市公民教育基金会2012: 64, 表4-4;「第6届立法委員選挙当選人資歴統計表」、「第7届立法委員選挙当選人資歴統計」、「第8届立法委員選挙当選人資歴統計」（いずれも中央選挙管理委員会HP, http://www.cec.gov.tw, 最終アクセス：2013年1月12日）．選挙区は現在の行政区画に基づいて整理。

表7：第6-8期立法委員選挙における政党別当選者数

政党	第6期（2004年） 総数	女性	女性比率	第7期（2008年） 総数	女性	女性比率	第8期（2012年） 総数	女性	女性比率
国民党	79[61]*	17[12]	21.5[19.7]%	81[61]	21[11]	25.9[18.0]%	64[48]	20[12]	31.3[25.0]%
民進党	89[70]	18[11]	20.2[15.7]%	27[13]	12[5]	44.4[38.5]%	40[27]	14[7]	35.0[25.9]%
親民党	34[27]	8[6]	23.5[22.2]%	1	0	0%	2[0]	1[0]	50.0[0]%
その他	23[18]	4[3]	17.4[16.6]%	4[4]	1[1]	25.0[25.0]%	7[4]	3[1]	42.9[25.0]%
合計	225[176]	47[32]	20.9[18.2]%	113[79]	34[17]	30.1[21.5]%	113[79]	38[20]	33.6[25.3]%

* 角括弧内は左のうち小選挙区・先住民選挙区（第6期は地域区・先住民選挙区）における当選者。
出典：「台湾地区近年選挙結果統計表」政治大学選挙研究中心HP（http://esc.nccu.edu.tw/modules/tinyd2/, 最終アクセス：2013年12月12日）；「第6届立法委員選挙（区域・平原・山原）候選人得票数」、「第6届立法委員選挙不分区及僑居候選人名単」、「第7届立法委員選挙（区域・平原・山原）候選人得票数」、「第7届全国不分区及僑居国外国民立法委員各政党分配当選名単」、「第8届立法委員選挙（区域・平原・山原）候選人得票数」、「第8届全国不分区及僑居国外国民立法委員選挙各政党分配当選名単」（いずれも中央選挙管理委員会HP, http://www.cec.gov.tw, 最終アクセス：2013年1月12日）。

選挙制度改革と女性議員比率の上昇

　上記のような選挙制度の改革が女性議員比率の上昇にいかに貢献しているのかを検証してみたい。まずは、選挙制度改革前の2004年に行われた第6期立法委員選挙についてみてみよう。2004年までの選挙制度は、①地域区選挙（直轄市・省轄市・県・県轄市を選挙区とする単記非移譲式選挙、いわゆる中選挙区制）、②山地／平地先住民選挙（山地／平地の先住民を有権者、全国を選挙区とする単記非移譲式選挙）、③全国区選挙および海外僑胞選挙（各政党の得票率に則り各選挙候補者名簿順に当選を決定する比例代表制）の混合型であった。こ

のうち、地域区選挙によって選出される議席が全体の4分の3を占め、地域区選挙で投じた候補者の所属政党に応じて比例区の政党別得票を集計する1人1票制が採られていた[47]。

　2004年の地域区および先住民選挙に関しては、各選挙区での女性候補者比率はおよそ15%から20%の間であった。各選挙区での女性当選者比率は金門・馬祖（金門県・連江県）や台湾東部（宜蘭県・花蓮県・台東県）で0%であったことを除けば、どの地域も15%から20%台の前半である。この選挙で女性定数保障規定により繰り上げ当選となった女性議員は、1名のみであった（表6）。これに対し、全国区と海外僑胞の比例代表選挙においては、主要政党（国民党、民進党、親民党）は25%以上の女性候補者を比例名簿のなかで均等に配置し、30%前後の女性当選者を出していた。政党ごとの女性当選者比率に大きな差異はなく、当選者全体に占める女性当選者の比率は20%をわずかに超え、地域区・先住民選挙における女性当選者の比率は20%をわずかに切る程度であった（表7）。

　次に、選挙制度改革後に行われた2008年の第7期立法委員選挙についてみてみよう。前項でまとめたように、選挙制度改革によって、この選挙から地域区選挙は小選挙区制、全国区選挙と僑胞選挙は同一の候補者名簿に基づく比例代表制となり、比例代表選挙の各政党当選者の2分の1以上は女性とすべきことが定められた。また、この選挙以降、有権者は選挙区選挙に対する投票と比例代表選挙に対する投票の1人2票制に基づいて投票することとなった[48]。前述した通り、この制度で保障される女性議員の定数は総議席数の15%程度であり、2004年の選挙結果にも表れた当時の女性当選者比率からみれば決して高い比率であるとはいえなかった。

　ところが、制度改革後初の第7期立法委員選挙では女性当選者の比率が初めて30%を超えた。それは、前回は30%程度であった比例代表選挙での女性当選者比率が50%以上に引き上げられたことに加え、小選挙区選挙においても、女性当選者の比率は下がらず、むしろ緩やかに上昇したことによる。小選挙区選挙においては、金門・馬祖や台湾東部では相変わらず女性の当選者が現れておらず、候補者を絞り込む必要が出た台北市とその近郊（台北市・新北市・基隆市）においては女性当選者の比率が下がったと思われるが、とりわけ台湾南部（雲林県・嘉義県・嘉義市・台南市や高雄市・屏東県・澎湖県）

においては候補者・当選者ともに女性の比率が上がった（表6）。また、政党ごとにみると、民進党の全当選者の44.4％、小選挙区選挙の当選者だけをみても38.5％が女性であった。ただし、この選挙で民進党は大敗しており、この結果が当選者全体における女性の比率を押し上げるには至らなかった（表7）。

　最後に、直近の2012年に行われた第8期立法委員選挙の結果についてみてみたい。同選挙では国民党が64議席、民進党が40議席を獲得してかなりの復調をみせた。女性の比率についていえば、小選挙区選挙の各選挙区における女性候補者比率に前回の選挙から大きな変化はみられないが、台北市とその近郊、台湾東部、金門・馬祖、先住民を除く地域ではいずれも当選者の30％以上が女性であることは注目に値する（表6）。また、政党ごとにみても、国民党と民進党の女性当選者の比率に大きな差異はなく、当選者全体では30％以上、小選挙区における当選者の25％以上を女性が占めている（表7）。

　このような近年の立法委員選挙結果をみてみると、いくつかの傾向を指摘することができよう。第1に、中選挙区制から小選挙区制に変わっても、大半の地域区選挙において各党が擁立する女性候補者比率は上昇傾向にあり、当選者比率も上昇している。とくに、各政党が議席を減らす状況においても、女性候補の議席は減少幅が少なく、国民党や民進党が議席を減らした選挙では、各政党の女性当選者比率はそれぞれ大きく上がっている。第2に、このような傾向があるとはいえ、台湾東部、金門・馬祖などの地域では女性候補が擁立されることすら稀であり、女性が当選した実績はほとんどない。これはおそらく、これらの地域の議席数そのものが少ないことと、農村地帯である東部、長らく中国大陸との軍事的前線であった金門・馬祖など、各地域の風土が関係していると思われる。また、小選挙区制へ移行した後、定数減による候補者の絞り込みが激しかった台北・基隆地域でも、女性候補者および当選者の比率は他地域より低くなっている。第3に、比例選挙の部分で各政党の当選者名簿に50％以上の女性定数を規定したことは、女性当選者全体の比率を上げることに寄与したと思われる。しかし、各政党ではジッパー方式の採用が慣例となり、50％を大きく上回る女性当選者を出す比例名簿を提出した政党はみられない。

上記のような現行の選挙制度に対し、台湾の女性団体のなかには、より高い比率の女性定数の保障を制度化するよう訴えるものもある。そのような主張が問題視しているのは、依然として小選挙区における女性候補者および当選者の比率が低いという現状である。あるいは、比例選挙においても50％という明確な数値が規定されたことで、各政党が50％以上の女性当選者を獲得しようとしなくなることである。たとえば、婦女新知基金会は一貫して、現行の制度が元来要求してきた25％よりも低い（15％の）女性定数しか保障していないことに異議を唱え、小選挙区制においては女性候補が不利になりかねないことに各政党は十分に配慮すべきであると主張している[49]。

　もうひとつの議論は、元来の台湾における関連規定は「女性定数保障（婦女保障名額）」の概念でこの問題を捉えてきたことに対し、「ジェンダー・クオータ（性別比例原則）」の概念を導入すべきという点である。女性定数保障とジェンダー・クオータは、制度的には女性の割合を規定するか、単一性別の割合を規定するかの違いにすぎないが、前者は女性が弱者であることを前提とするのに対し、後者はより男女平等の立場に立った概念であると考えられている。ただし、すでに憲法や関連法規に「女性定数保障」が謳われている現状を「ジェンダー・クオータ」に変えるためには、まず女性団体等を中心とする社会的コンセンサスが必要であり、一定の時間を要することも指摘されている[50]。

おわりに

　本章では、アジアのなかで台湾ではなぜ女性議員の比率がそれほど高いのかという問題関心の下、中央・地方議会における女性定数保障制の変遷を現代台湾政治史における女性運動と関連づけながら跡づけてきた。そして、現行の議会選挙における女性定数保障制度が、台湾の女性議員の増加にいかに影響しているのかを検討した。その結果、以下の諸点が明らかになった。

　まず、戦後台湾に持ち込まれた中華民国憲法に、議会において女性議員の定数保障制を設ける必要性が明記されていたことは、台湾における女性の政治代表に大きな影響を与えたといえよう。中華民国憲法は中華民国の台湾移転後に事実上凍結され、国民大会代表や立法委員の定期改選は行われなかっ

たものの、地方議会議員選挙では憲法に則り当選者 10 名に対して 1 名の女性議員定数が保障された。そして、このルールは、国民大会代表や立法委員の部分的改選および全面改選の際にも法制化され、適用された。実のところ、これらの中央レベルの選挙において、実際に女性定数保障制度による繰り上げ当選が出ることは多くなく、女性の代表は実力で当選を勝ち取り、当選する女性の比率も 20％前後まで増加していった。とはいえ、憲法における保障は、女性候補者の擁立や当選、さらにはより高い比率の女性定数保障を求める際の正当性を提供した。また、戒厳期から地方各級の選挙では女性定数保障制度による繰り上げ当選が頻繁にみられ、中央レベルの選挙に女性候補者が立候補する基盤を形成してきたことも看過できない。

　次に、台湾政治が民主化を進める過程において、女性運動が社会運動のなかで重要な地位を占め、政治参加を要求していったことは民主化以降の女性議員増加に大きく寄与したといえよう。1970 年代に第 2 波フェミニズムの潮流を受けて誕生した女性運動団体は、台湾民主化の過程において、国民党を保守的であると批判し、民進党を支持する姿勢を明確に示した。他方で、体制外運動から誕生した民進党は社会運動との連帯を重視し、女性政策も積極的に打ち出しつつ、政権与党にまでのぼりつめた。このことは国民党にも女性運動を取り込む必要性を自覚させ、二大政党がそれぞれ党内での女性定数の保障について議論し、中央や地方の執政においても積極的に女性政策へと取り組むことにつながった。

　そして、上記のような流れの帰結として、1999 年にはまず地方議会議員の選挙において保障する女性定数の割合が 10％から 25％へと引き上げられた。そして、2005 年の立法委員選挙制度改革においては小選挙区比例代表並立制のうち各政党の比例代表選挙当選者の 50％以上を女性とする、新たな定数保障制度が設けられた。この制度は、比率でいうと全体の 15％程度の女性定数しか保障していないものの、比例選挙において各政党 50％ずつの女性定数が保障され、小選挙区選挙でも女性候補者が健闘したため、立法院における女性議員比率を 30％以上に押し上げる上で、決定的な役割を果たしたといえる。

　それでは、今後も台湾では女性の政治代表が拡大し続けるのだろうか。2012 年の総統選挙において、民進党は女性である蔡英文候補を擁立し、台

湾で初めての女性総統を誕生させようと呼びかけた。アジアの近隣諸国において続々と女性リーダーが誕生する状況下で、台湾でも蔡英文候補が当選するのではないかと注目を集めたが、選挙戦と結果に関する多くの分析は、蔡英文候補が女性であることは有権者の投票行動に大きな影響を与えなかったとの結論を導いている。このことは、台湾政治において女性の政治参加をめぐる論争がすでに一段落を迎え、民主化期ほど先鋭な争点ではなくなっている現状を示すようにみえる。

　元来、台湾政治においては中国との統一か独立かという争点をめぐる政党間の対立が激しく、党派を超えた女性連盟や議員団体は成立していない。そして、女性有権者の投票基準もこの対立軸に基づいており、投票行動における明らかなジェンダー・ギャップはみられていなかった。また、現在の台湾政治においては、女性の過少代表という問題が単独では政治的争点とはなりにくい状況も生まれている。現在の台湾では女性の問題よりも、少数民族、外国人労働者や外国人配偶者など「新移民」と呼ばれる人々の問題などがより大きな課題であると認識され、女性のなかでもエリート女性とこれらの社会的弱者に属する女性の問題が明確に二分化されるようになってきている。

　ただし、台湾における女性の政治代表や権利向上をめぐる改革は後退することなく、これからも緩やかに前進し続けるであろう。2008年の総統選挙において政権を奪回した馬英九・国民党政権は、2012年の選挙においても票差をつけて再選を果たした。陳水扁政権に続き、馬英九政権も女性の政治参加や政治代表を推進することには積極的であるようにみえる。たとえば、同政権は行政院に性別平等処を設置し、婦女権益促進委員会を格上げして性別平等委員会へと改組して、女性政策を前進させようとしている。馬英九政権は中国との交流を進めながらも、民主主義、人権等の普遍的価値を掲げることで中国との違いを国際社会にアピールする方針を採っている。このような現政権にとって、「女性の地位が高い」ことは台湾の民主主義と社会の成熟度を内外にアピールする際に、重要な論点のひとつであると考えられる。

【注記】
（1）台湾は国連に加盟していないため、UNDPによる統計には含まれない。そのため、

行政院主計総処は毎年独自に調査し、算出したデータを発表している。
（２）許 2008: 178.
（３）洪 2004: 233-236.
（４）「2・28 事件」とは、台湾における中華民国政府の統治に対する本省人住民の不満が高まるなか、政府の密売タバコ取締員が民衆に対して発砲した事件、さらにそれに対して抗議に赴いた民衆に対して憲兵が発砲し、死傷者が出た事件を契機に、台北市内が暴動状態へと陥った事件である（若林 1999）。
（５）須藤 2004a: 237-240.
（６）中華民国憲法により規定された国民大会は、五院の上に置かれた国家の最高機関であり、主な機能は、①領土の変更、②正副総統の選挙と罷免、③憲法修正と立法院が提出する憲法修正案の議決であり、代表の任期は 6 年とされた。
（７）若林 2001: 75-76.
（８）この過程については、黄（2012）に詳しい。
（９）梁 1993: 2.
（10）同上。
（11）若林 2001: 77-78.
（12）須藤 2004a: 237-240.
（13）若林 2001: 104-105.
（14）「台湾省各県市議会組織規定」法律網（http://db.lawbank.com.tw/FLAW/FLAWDAT01.aspx?lsid=FL000193）。
（15）梁 1993: 5.
（16）内田 2008: 196.
（17）若林 2001: 124-125.
（18）「制定動員戡乱時期自由地区増加中央民意代表名額弁法（1972 年 6 月 30 日）」中華民国総統府（http://www.president.gov.tw/Default.aspx?tabid=84&lctl=view&itemid=5441&）。
（19）須藤 2004b: 241-243.
（20）顧 2008: 72.
（21）范 2010: 121.
（22）顧 2008: 72.
（23）「中華民国憲法増修条文　民国 80 年 4 月 22 日」立法院法律系統（http://lis.ly.gov.tw/lghtml/lawstat/version2/04105/0410580042200.htm）。
（24）顧 2010: 90.
（25）顧 2010: 90.
（26）黄 2010: 114; 范 2010: 121.

(27) 黄 2010: 114.
(28) 顧 2010: 92-101.
(29)「地方制度法　民国 88 年 1 月 13 日」立法院法律系統 (http://lis.ly.gov.tw/lghtml/lawstat/version2/04818/0481888011300.htm)。
(30)「地方制度法　民国 99 年 1 月 18 日」立法院法律系統 (http://lis.ly.gov.tw/lghtml/lawstat/version2/04818/0481899011800.htm)。
(31) 台湾における直轄市は、人口が 125 万人以上で、政治・経済・文化の発展の必要性から行政院が直轄する都市である (「地方制度法」全国法規資料庫, http://law.moj.gov.tw/LawClass/LawAll.aspx?PCode=A0040003)。直轄市は台湾省と同格の行政区分とされ、直轄市市長の政治的影響力は強い。
(32) 顧 2010: 91.
(33) 紀 2008: 74.
(34) 顧 2010: 91. 彭婉如は 1980 年代末から婦女新知基金会などを中心に女性運動に関わってきた運動家であり、1995 年 5 月から民進党婦女発展基金会会長を務めていた。民進党婦女発展基金会は 1993 年に党内に設立された機関であり、1996 年 8 月に民進党婦女部へと改称された。
(35) 顧 2010: 91.
(36)「彭婉如事件」台湾大百科全書 (http://taiwanpedia.culture.tw/web/content?ID=100109)。
(37) 范 2010: 118-119.
(38) 財団法人台北市公民教育基金会 2012: 44.
(39) 范 2010: 118-119.
(40) 黄 2010: 114-115.
(41)「婦女政策白皮書」行政院性別平等会 (http://www.gec.ey.gov.tw/cp.aspx?n=5363FBD9C9B60127)。
(42)「中華民国憲法増修条文　民国 93 年 8 月 23 日」立法院法律系統 (http://lis.ly.gov.tw/lghtml/lawstat/version2/04105/0410593082300.htm)。
(43)「公職人員選挙罷免法　民国 91 年 12 月 31 日」立法院法律系統 (http://lis.ly.gov.tw/lghtml/lawstat/version2/01177/0117791123100.htm)。もっとも、1970 年に同法 (当時の名称は「動員戡乱時期公職人員選挙罷免法」) が制定されたときから、第 65 条には「女性定数より女性当選者が少ない場合には、女性候補者の得票を単独で計算し、得票の多い候補者から繰り上げ当選とする」という規定はあった。
(44)「公職人員選挙罷免法　民国 96 年 11 月 6 日」立法院法律系統 (http://lis.ly.gov.tw/lghtml/lawstat/version2/01177/0117796110600.htm)。
(45)「中国国民党党員参加公職人員選挙提名弁法」中国国民党 (http://www.kmt.

org.tw/page.aspx?id=41&aid=2234) および「中国国民党党員参加全国不分区及僑居国外国民立法委員選挙提名弁法」中国国民党 (http://www.kmt.org.tw/page.aspx?id=41&aid=6545)。
(46)「公職候選人提名条例」民進党 (http://www.dpp.org.tw/history.php)。
(47) 若畑 2010: 203.
(48) 若畑 2010: 203.
(49) 財団法人台北市公民教育基金会 2012: 170.
(50) 財団法人台北市公民教育基金会 2012: 196.

【引用文献】
内田理樺 (2008)「台湾初の女性市長　許世賢」台湾女性史入門編纂委員会編『台湾女性史研究入門』人文書院, 195-196 頁.
紀欣 (2008)「女性の政治経済への参加」(羽田朝子訳) 台湾女性史入門編纂委員会編『台湾女性史研究入門』人文書院, 74-75 頁.
許時嘉 (2008)「日本統治期の女性の参政」台湾女性史入門編纂委員会編『台湾女性史研究入門』人文書院, 178-179 頁.
顧燕翎 (2010)「フェミニズムの体制内改革──台北市女性権益保障弁法の制定の過程と検討」(羽田朝子訳) 野村鮎子・成田静香編『台湾女性研究の挑戦』人文書院, 85-108 頁.
─── (2008)「民主化と女性運動の高まり」(羽田朝子訳) 台湾女性史入門編纂委員会編『台湾女性史研究入門』人文書院, 72-73 頁.
洪郁如 (2010)「台湾のフェモクラットとジェンダー主流化」野村鮎子・成田静香編『台湾女性研究の挑戦』人文書院, 109-126 頁.
─── (2004)「女性組織の誕生」中国女性史研究会編『中国女性の一〇〇年──史料にみる歩み』青木書店, 233-236 頁.
須藤瑞代 (2004a)「国民党の女性政策」中国女性史研究会編『中国女性の一〇〇年──史料にみる歩み』青木書店, 237-240 頁.
─── (2004b)「呂秀蓮の新女性主義」中国女性史研究会編『中国女性の一〇〇年──史料にみる歩み』青木書店, 241-243 頁.
若畑省二 (2010)「『選挙上手』はどの政党だったのか？──台湾立法院選挙集票構造の分析」若林正丈編『ポスト民主化期の台湾政治──陳水扁政権の8年』アジア経済研究所, 201-229 頁.
若林正丈 (2008)『台湾の政治──中華民国台湾化の戦後史』東京大学出版会.
─── (2001)『台湾──変容し躊躇するアイデンティティ』筑摩書房.

―――（1999）「二二八事件」天児慧ほか編『岩波現代中国辞典』岩波書店，1001-1002 頁．

Chou, Bih-er, Janet Clark, and Cal Clark. 1990. *Women in Taiwan Politics*. Boulder and London: Lynne Rienner Publishers.

Clark, Janet, and Cal Clark. 2000. "The Reserved Seats System in Taiwan." In *Democracy and the Status of Woman in East Asia,* editd by Rose J. Lee, and Cal Clark, 61-76. Boulder and London: Lynne Rienner Publishers.

行政院主計総処編（2012）『2012 年性別図像』（行政院）．
行政院主計処編（2003）『我国性別統計及婦女生活地位之国際比較研究』（行政院）．
胡藹若（2004）「論我国婦女保障名額制度――1949 年以来的変遷」『復興崗学報』第 82 期，363-384 頁．
黃長玲（2012）「差異政治的形成――1946 年婦女保障名額制訂的歷史過程」『政治科學論叢』52，89-116 頁．
―――（2011）「權力、決策與影響力篇――參与式民主是促進兩性共治共決的実践策略」全国婦女国是会議 HP（http://www.women100.org.tw/main_page.aspx?PARENT_ID=19）．
―――（2003）「從婦女保障名額到性別比例原則――婦女參政的制度設計」『台大校友双月刊』（http://www.alum.ntu.edu.tw/wordpress/?p=1649）．
―――（2001）「從婦女保障名額到性別比例原則――兩性共治的理論与実践」『問題与研究』40(3)，69-82 頁．
黃長玲・張遠・游巧雯（2003）「婦女參政与選挙制度」『婦女與性別研究通訊』第 65 期，55 -60 頁．
財団法人台北市公民教育基金会（2012）『我国選挙制度婦女保障名額之研究』（行政院研究発展考核委員会）．
周碧娥（1987）「台湾地区婦女政治参与的変遷」『社区発展季刊』37，13-25 頁．
范雲（2010）「静黙中耕耘細節的婦運革命」王金壽等編『秩序繽紛的年代――走向一輪民主盛世』（左岸文化出版），116-136 頁．
劉毓秀編（1995）「台湾婦女処境白皮書：1995 年』（時報出版社）．
梁雙蓮（1993）「影響台湾省女性省議員參政的背景因素(1951-1989)」『社会科学論叢』第 41 期，1-30 頁．
―――（1987）「台湾婦女政治参与現況与発展」『中国論壇』第 23 期，79-84 頁．
梁雙蓮等（1989）『婦女与政治参与』（婦女新知基金会）．

第8章

スコットランドにおける権限移譲とジェンダー・クオータ

渕元初姫

はじめに

イギリス(グレート・ブリテンおよび北アイルランド連合王国)において1999年に実施された統治機構の改革により、スコットランドでは1707年以来停止されていた議会が復活した。スコットランドにおけるジェンダー・クオータ(以下、クオータ)は、この統治機構の変革期に構想され、導入された試みである。諸外国において女性の政治的代表性に対する関心が高まった1990年代は、スコットランドでも同様に女性議員数の増加を志向する議論が展開された時期であったが、この動きは、新しい議会をスコットランドに設置する権限移譲体制の構築に向けたキャンペーンに伴って興ったものである。スコットランドの女性にとって、統治機構の変革は、議会民主主義を刷新するための千載一遇のチャンスとして捉えられたのである。

スコットランドにおける女性の政治代表は長期にわたり乏しく、イギリス議会(下院)が女性を受け入れるようになった1918年から1990年代までの間に、スコットランドの選挙区から選出された女性議員は通算して24人を数えるのみであった。しかし、1999年における第1回スコットランド議会の議員選挙では、129議席中48人(37.2%)の女性が当選し、2003年の第2回選挙では、51人(39.5%)へと増加している(図1)。この成果は、主にスコットランド労働党(以下、労働党)が小選挙区に導入した「ツイニング方式」と、比例区に導入した「ジッパー方式」という2つのクオータによるもので、同時に同様な方式によって選挙を行ったウェールズ議会におけ

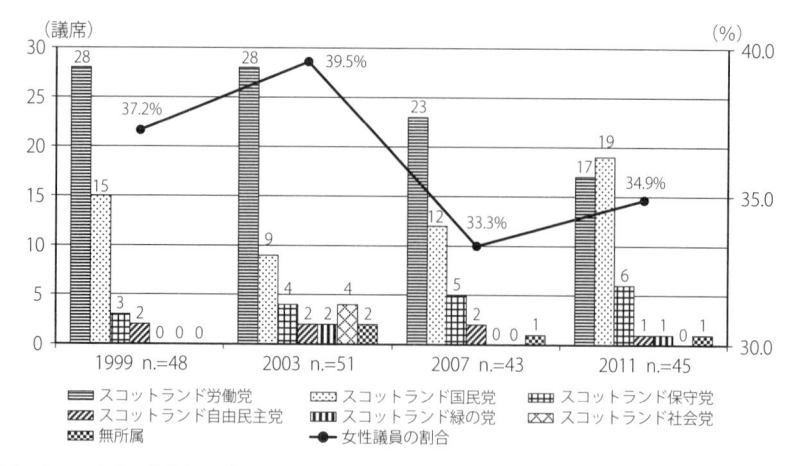

出典：スコットランド議会HP（http://www.scottish.parliament.uk/parliamentarybusiness/15441.aspx、最終アクセス：2013年9月29日）.

図1：スコットランド議会における女性議員数とその割合の推移：政党別（1999-2011年）

る成果（1999年40％、2003年50％）に比べると低いものの、「女性のみの公認候補者名簿」[1]を導入したイギリス労働党が大勝したイギリス議会下院選挙における結果（1997年18.2％、2002年17.9％）に比べると高い結果となっていた。

　ところが、その後、クオータへの取り組みは下火となり、2007年、2011年の選挙においては、女性代表の割合はそれぞれ33.3％、34.9％へと「失速」[2]することとなった（図1）。政党の自発的な方策として導入されたクオータは十分に制度化されたものではなく、スコットランドにおける女性の政治代表をめぐる状況は決して安定的なものではなかった。

　本章では、このスコットランドのクオータをめぐる動向を、権限移譲という推進力を軸に論じる。まず、その導入の経緯について、スコットランド議会という新しい制度の創設に関わった市民運動や女性運動を概観しながら、そこで表出されたクオータというアイディアを政党がどのように受容し、制度を導入したのかについて述べる。次いで、そのクオータの実施結果について振り返りながら、スコットランドが女性の政治代表を増加させた理由を検討し、さらに、1999年に熱狂をもって迎えられたクオータがその後なぜ継続的に用いられることがなかったのかを検証する。そして最後に、スコット

ランドのクオータがもたらした成果と課題について考察する。

1．女性の過少代表

イギリス議会とスコットランドの女性

　スコットランドの女性は長期にわたり政治的過少代表の状態にあり、1918年にイギリス女性が参政権を得てから1992年のイギリス議会総選挙に至るまでの間、スコットランドの選挙区から選出された女性議員は通算して24人を数えるのみであった[3]。

　確かに、イギリス議会において活躍したスコットランドの女性政治家は存在する。例を挙げると、1967年のハミルトン補欠選挙で当選したスコットランド国民党（以下、国民党）のウィニー・ユーイング（1967-1970、在職：1974-1979）はカリスマ的な若いグラスゴーの法律家で、後に欧州議会議員を長年務め、「マダム・スコットランド」と称された人物である。また、ノース・ラナークシャー選出のマーガレット（ペギー）・ハービソン（在職：1945-1970）も影響力のある労働党のイギリス議会議員で、1960年代のウィルソン内閣において社会保障大臣を務めた[4]。しかし、量的な観点からみると、イギリス議会におけるスコットランド人女性の政治的代表性は、低いものにとどまっていた。その傾向が強烈に表面化したのは、マーガレット・サッチャーがイギリス初の女性首相となったときで、当時スコットランドに72あった選挙区からは1人の女性が選出されたのみであった。サッチャーを嫌った勢力は、すべての女性政治家を嫌うという「バックラッシュ」を起こしていたのである[5]。当選したのはグラスゴー・マリーヒルから出馬した労働党のマリア・ファイフで、同時に当選した労働党の男性議員とともに、彼女は「49人の男性とマリア」と呼ばれ、その後、女性の政治代表の向上へ尽力することになる人物である。1990年代に入ると情勢は改善され、1992年には5人、1997年には12人の女性が選ばれたが、イギリス議会全体に占める女性議員比率に比べると、スコットランドの選挙区から選出される女性議員比率は低い状態が続いていた[6]。

　参政権を得た後も、女性の政治代表が低調にとどまっていた理由は、政党にとって女性は候補者というよりも、有権者として期待される立場にあった

ためである。女性は「政治的野心よりも家族に対する責任が先立つ」[7]という役割を与えられる傾向にあったのである。イギリス議会のあるロンドンへはスコットランドから遠く、議会の開催日時は家庭を持つ女性にとって社会生活を送る上で不適切であったし、保守党と労働党という二大政党制に有利に働く小選挙区制度が大きな参入障壁となっていた。また、政党の綱領や組織、集会日時などが、女性の参加につながるべく整備されてもいなかったし、演説の経験値が足りないゆえの自信不足や、討論相手を攻撃することへの恐れなどが、女性を政治からより遠ざけていたのである。一方、資金不足を女性の政治への参入障壁のひとつとして挙げるピッパ・ノリスとジョニ・ロヴェンドゥスキの研究[8]とは異なり、政治資金はスコットランドの女性にとってさほど重大な問題ではなかった。これらの要因から、スコットランドとイギリス下院議会に根付いた男性主義的な政治文化が女性を周縁化し、また、女性の側もそれを忌避していたということが考えられる。

権限移譲キャンペーンと女性運動によるクオータの要求

　こうした過少代表を克服しようとする運動は、1980年代から起こり始めている[9]。スコットランドでは、イギリス全体や他のヨーロッパ諸国と同様に1970年代から中絶やドメスティック・バイオレンスをめぐる問題に焦点化した女性解放運動がみられ、性差別に対する問題提起を行いながら単発的な異議申し立てが繰り広げられていた。しかし、この当時は女性の政治代表性の向上という課題は議論されず、したがって、1979年に行われたイギリスからの権限移譲を求める住民投票にも、女性運動は関わりを持たなかった。ところが、それから数年のうちに湧き上がったサッチャリズムへの反感が、権限移譲に新しい原動力を与えることになったのである[10]。サッチャーの新自由主義的な社会・経済政策に不満を募らせたスコットランド人は、スコットランドにおける民主主義の欠陥を問題として、イギリス議会より代表性の高い、より包摂的な新しい民主的制度としてのスコットランド議会の復活を求める議論が彼らの間で高まったのである[11]。女性運動家たちは、ジェンダーを統治機構再編の議題に載せ、女性の政治的代表性を促進し、統治機構の変化を形成するプロセスに影響を与えるべく結集した。新しい議会の制度設計にジェンダーの問題を組み込もうという女性運動家たちによる圧

力は、権限移譲キャンペーンを好機と捉えた機運と一体となって強化されていったのである。

1988年に、スコットランド議会創設キャンペーン[12]が始まると、「権利の請願」と称される書類が作成された。これは、「スコットランド憲政会議」（以下、憲政会議）の設立を求め、スコットランドの人々が持つ権利を考え、その議会のあり方について論じることを提案するものであった。これを受けて1989年に組織された憲政会議は、労働党、スコットランド自由民主党（以下、自由民主党）、スコットランド緑の党（以下、緑の党）と、民主主義左派[13]の代表に加え、労働組合、経営者団体、教会、学識経験者のほか、女性組織を含む広範な集団を巻き込んで形成された市民フォーラムとして位置づけられた。そしてこの連合体によって、その後数年にわたりスコットランド議会の制度設計が議論され、その提案が1997年の白書「スコットランドの議会」（Cm 3658）と、スコットランドの統治機構を定めた「1998年スコットランド法」に盛り込まれたのである[14]。

しかし、この憲政会議の初回の集会において、140人の参加者のうち女性が23人[15]という「過少代表」の状態であることについて、女性の活動家から素早い反応が起こったのである。そして、このことはむしろ「女性活動家を駆り立て」[16]、ここで決定的な行動を起こさなければ、統治機構の変革を形作る過程から排除されてしまい、そこから始まる展開にも影響してしまうと女性たちが警鐘を鳴らすことにつながったのである。少数ではあったが、ネットワーク化された憲政会議の女性メンバーたちには影響力があり、何人かの男性の支援を得ながら、憲政会議のみならず、スコットランド議会の設計に際して女性議員の増加を考慮に入れようと考えているシンクタンクなどにおいてロビー活動を展開した。この女性動員の範囲は広く、多様であったため、憲政会議や政党をはじめとする様々な団体にとって、女性運動の要求は無視できないものとなっていった[17]。

女性運動家は、スコットランド労働組合会議の女性委員会と、「エンジェンダー」と呼ばれるスコットランドのフェミニスト・グループが中心となって組織化した「スコットランド女性調整グループ」の傘下で活動していた。スコットランド女性調整グループは、異なった政治的信念を持つ女性や、政党政治家である女性と非政党的な女性、労働組合に所属する女性、非営利事

業に従事する女性、教会に所属する女性、ビジネス界における女性、女性研究者のほか、スコットランドにおける多様なコミュニティに属する女性をまとめあげていた。こうして女性たちは、候補者の選出過程においてジェンダー・バランスの原則を適用するように、外側から、または内側から、圧力をかけていき、スコットランド保守党(以下、保守党)を除くすべての政党の党首は、スコットランド女性調整グループの集会で演説を行い、女性の政治代表に対する関わりを高めていくことになった[18]。

スコットランド議会の創設と「新しい政治」の具体化

　スコットランド議会に期待された「新しい政治」は、女性の参加によって確かに活性化したといえる。憲政会議が1995年に最終報告書を発行したのち、それを引き継いで1997年の終わりには、スコットランド省の閣内相によって「諮問委員会」が設立された。諮問委員会は、スコットランド法の構想とスコットランド議会における議事運営規則の起草を職務とする組織である。諮問委員会は議会のあり方について、議会の開催時間を「ファミリー・フレンドリー」な、通常の営業時間帯に開催するほか、その運用を男女双方にとって魅力的なものにすることが望ましいと述べている[19]。その答申を受けて、スコットランド議会設立には、権力の分有、説明責任、公開性、機会均等という4つの鍵となる原理が掲げられた。女性の政治代表には、このうち機会均等の原理に沿った運用が求められた。議会の開催は、より家庭生活に沿うようにスコットランドの学校休暇に配慮して行うことが定められたほか、議会には機会均等委員会を、そしてスコットランド行政府には平等化推進室を設置するなど、多様な集団・組織に属する女性の視点を立法過程に取り込むための仕組みが強化された[20]。また、新議会の建物にも、その鍵となる原理が表れている。スコットランド議会は議場の設計を馬蹄型(扇形)にしているが、これは、ウェストミンスターにあるイギリス議会の議場が、2本の剣が触れ合わない距離をおいて議席を対面型に配置した対決型をとっているのに対して、スコットランド議会ではより包摂的なスタイルで議論をするという考え方を表している[21]。

　新しい議会の選挙制度を設計するにあたり、スコットランド議会では「追加議席方式」[22]を用いることとなった。これは、129人の議員を選出する

ために小選挙区制と比例代表制を組み合わせた混合型の選挙制度であるが、日本の衆議院において採用されている小選挙区比例代表並立制や、ドイツの下院における小選挙区比例代表併用制とも異なる制度で、「小選挙区比例代表連用制」とも呼ばれる「組み合わせ型」の一種である[23]。有権者はそれぞれ2票を持ち、最初の1票では73の選挙区ごとにそれぞれ1人の選挙区議員を選び（単純小選挙区制）、2つ目の票は、56の比例区議員を決定するために投じられる。スコットランドは8つの比例ブロック[24]に分かれており、有権者は、これらのブロックからそれぞれ7名ずつの比例区議員を選出するために、政党に対して投票する（拘束名簿）。この制度の特徴は、比例区における議席の配分に際して、小選挙区で獲得した議席の数に1を加えた数で得票数を割る点にある（追加議席）[25]。このことにより、小選挙区で議席を獲得しづらい政党が、比例区で有利に議席を獲得できる仕組みになっているのである[26]。

　イギリス議会では用いられていない比例代表制の導入とともに、女性調整グループを中心とする女性運動家たちは、ジェンダー・バランスを達成するための方策として、「50:50」オプションを提案した。「50:50」オプションは、クオータを求める運動として1989年にスコットランド労働組合会議の女性委員会が憲政会議に対して起こした団結のためのスローガンとして用いられたのがその始まりで、女性たちは、新しい立法府の創設にあたって、男女が等しい比率で議会を代表することを法的に担保するよう、権限移譲に際してスコットランドの統治機構を定める「スコットランド法」に明記することを求めたのである[27]。しかし、この男女の比率を同率にするための厳格なクオータの導入は、国際人権法や、イギリスの性差別禁止法に抵触する恐れがあったため、実現することはなかった。そのためスコットランド女性調整グループは、労働党と自由民主党の代表を仲介し、両者がジェンダー平等原理を受け入れて、スコットランド議会創設の第1回選挙において、同数の男女議席獲得のために尽力するよう、「選挙契約」に合意させるよう働きかけを行った[28]。この選挙契約はその後憲政会議によって支持され、1995年に発行された最終報告書「スコットランドの議会、スコットランドの権利」に、追加議席方式によって選出する提案とともに記載された。しかし、どのようにジェンダー・バランスを達成するかについては政党に任されるこ

ととなったのである[29]。

2．クオータの構想と導入

スコットランド労働党によるクオータ

　クオータの導入に最も熱心だった政党は労働党である。労働党は、クオータに関するアイディアをイギリス労働党から吸収してきた。イギリス労働党は、イギリス保守党からの政権奪還を狙って、1980年代半ばからフェミニストとともに党政策の刷新を行っていた。1983年の総選挙では女性議員の割合は3.5％という低い水準にとどまっており、1987年総選挙敗北後の党大会では、公認候補者名簿[30]の作成に際して、その規則を変更することが決められた。これは、各団体から候補者を推薦する際に女性がいた場合、1人以上の女性を公認候補者名簿に掲載するよう義務づけるものであった[31]。また、1992年の総選挙でもイギリス保守党に敗北したイギリス労働党は、1993年には新党首となったジョン・スミスによって、党の支持基盤を拡大することを目的とした党組織改革を実施した。具体的には、公認候補者名簿に必ず1名の女性を掲載するという規則を徹底させることと、現役議員がまもなく引退する選挙区と、イギリス保守党との得票差が6％に達しない激戦区の半数について、「女性のみの公認候補者名簿」を作成して次回の選挙に挑むというものである。しかし、女性のみの公認候補者名簿を作成することは、「1975年性差別禁止法」に違反するとして、労働党の男性党員が労働審判所に提訴し、1996年にいったん違法審判が下されたことで、この格差是正措置は棚上げとなった[32]。

　こうしたイギリスでの一連の状況を受けて、「女性のみの公認候補者名簿」という強硬な手法は用いることができないと判断したスコットランド労働党は、ジェンダー・バランスを達成すべく他の方策を検討することになる。そして、新しい議会の選挙制度として小選挙区比例代表連用制（追加議席方式）が導入されることが決まると、小選挙区に「ツイニング方式」を導入したのである。この方式は、立候補者の選出に際して、当選の可能性等を考慮しながら2つの選挙区をひとつのペアとして組み合わせ、男女双方を1人ずつ選出してそれぞれの選挙区の候補とするものである。選出候補者たちは公認

を勝ち取るために、ペアとなった2つの選挙区をひとつの単位として競争し、そのなかで最も得票数の多い女性がそのうちひとつの選挙区の候補者となり、同時に、最も得票数の多い男性がもう一方の選挙区の候補者となるものである。ツイニング方式は、ハイランド地方における4選挙区と島嶼部を除いたすべての選挙区における候補者選出で適用された。このアプローチは、女性のみの公認候補者名簿と同様の効果を持つものであるが、男性を候補者の選出過程で排除しないという点で優れており[33]、選挙区で多数を獲得すると目されていた労働党には都合のよいものであった[34]。また、労働党は、比例区には名簿上に男女を交互に配する「ジッパー方式」を導入した[35]。

　労働党は、イギリスの労働党がクオータを導入する経緯から学びながら、スコットランド労働組合会議の女性委員会や、それと協調する女性運動とともに権限移譲キャンペーンで中心的役割を果たした。では、なぜそれほどまでに労働党はクオータに熱心だったのであろうか。権限移譲キャンペーンは、保守党政治によって中央集権化したイギリスの統治機構を変革し、弱体化されたスコットランドに自治を取り戻すための運動であった。一方、権限移譲後のスコットランド政治においては、労働党のライバルとなるのは国民党となることは明白であった。つまり、労働党は、保守党と国民党の両党と自らを差異化する明白なテーマが必要であり、「政治の変化を演出する」[36]ためにクオータは格好の素材であったといえる。そして実際に、サッチャー時代のイギリス議会で女性の政治代表を減らした保守党政治と対決して権限移譲を実現し、男性主義的なナショナリズムに基づく国民党と闘うために女性を味方につけて新議会で勝利することに成功したのである。

ライバル政党による受容と留保

　歴史的に、自由民主党と国民党は、労働党が経験したような格差是正措置に対する圧力は受けていない。しかし、これらの主要な政党も、労働党の「ムードに影響され」[37]、クオータに注目して、検討を行っている。結果として、これらの政党における取り組みは低調なものであったが、ひとつの政党がクオータを政策としてとることによって、他の政党に「感染」を及ぼし、公式・非公式な方策を通してジェンダー平等を促す[38]という効果は達

成できたといえるであろう。

　国民党は、新しい選挙制度である小選挙区比例代表連用制の下、比例区で多数の議席を得ると考えられていたため、当初はジッパー方式を用いると宣言していた。しかし、この提案は 1998 年 5 月の特別党会議で、僅差で敗れてしまった。にもかかわらず、この議論は政党のリーダーたちを説得し、最後には、女性を比例名簿の上位に置くことになった[39]。ツイニング方式やジッパー方式のような特段の方策を講ずることはなかったが、労働党の主要なライバルとして、ジェンダー・バランス問題に不寛容であると有権者から評価されぬよう、細心の注意を払ったのである[40]。

　自由民主党は、当初、2 人の男性と 2 人の女性がそれぞれの選挙区に立候補すべきであると提案し、比例区議席は国民党と同様にジッパー方式にしてジェンダー・バランスを達成し、選挙区の選択や選挙過程における不平等を取り除くべきであるとした。しかし、同数の男女を選挙区に据えることが難しくなり、党首のジム・ウォレスがこの戦略を支持したにもかかわらず、1998 年 3 月の党大会において、ジッパー方式を実施しない旨を決定するに至る。自由民主党は、ジッパー方式の導入が法に抵触することを恐れ、それを採用せず[41]、小選挙区比例代表連用制の下での比例代表制が女性の代表を保障しているものであるという立場を保った[42]。

　また、保守党は女性の政治代表に関する格差是正措置について反対の姿勢を崩さなかった。当時の保守党政策委員会における副委員長で、1999 年当時の党首であったディヴィッド・マックリッチは、「保守党はジェンダー・バランスを人工的に作り上げるようなルールや手続きは講じないことにしている。候補者は人種、宗教、性別にかかわらず完全に能力主義で選出しており、優れた女性が議会に多数代表されることを確信している」と述べ、特別な措置により女性を優遇することを避けた[43]。

　クオータへの取り組みに伴って、各政党は、女性の立候補を促進するための様々なアプローチをとった。労働党は、自己主張トレーニング、演説、アメリカのエミリーズ・リストからヒントを得た財政援助にまで及ぶ女性のための立候補準備プログラムを提供した。一方、自由民主党は女性のためにセミナーを実施し、出席する者には託児支援を行い、国民党も候補者となる女性に対して、選挙に備えたトレーニングを施した。緑の党は特段のプログラ

ムを実施する余裕がなかった。女性の出馬を促進するために候補者に何をしているのかと尋ねられた保守党は、「我々は、それが発展するのを待っており、実際進歩してきている」と答えた[44]。

1999年・2003年選挙：クオータの「トップ・ランナー」へ

　各党による取り組みの結果、1999年スコットランド議会の第1回選挙では、48人の女性が当選し、その割合は37.2％となった。労働党は、小選挙区では当選者53人のうち、女性は26人（49.1％）、比例区では3人のうち、2人が女性（66.7％）となり、総計で女性28人、男性28人と50％の男女比率を達成した。一方、国民党は、複数の比例ブロックの名簿において女性を上位に配置したことが功を奏し、小選挙区では合計7人の当選者のうち女性が2人（28.6％）にとどまったのに対して、比例区では合計28人のうち13人（46.4％）の女性が当選し、全体では42.9％と労働党に迫る結果となった。このほか、女性当選者を輩出したのは保守党（小選挙区では男女とも当選者なし、比例区では合計18人のうち女性は3人で、割合は16.7％）と自由民主党（小選挙区では合計12人のうち女性は2人で16.7％、比例区では合計5人のうち女性は当選者なしで、全体では11.8％）であった。

　こうした女性議員比率の目覚ましい上昇により、スコットランドの事例は北欧諸国に並ぶ「サクセス・ストーリー」とみなされるようになった。その成功は新議会の創設という統治機構の変革期に「新しい政治」を求めて設計されたクオータによるものである。しかし、政党の自主的な取り組みであったこのクオータは、その後の選挙においては継続的に実施されなかった。

　小選挙区に導入された労働党のツイニング方式は、最初の選挙のための1回限りの措置として準備されたにすぎず、続く2003年選挙では用いられなかった。1999年の選挙ですでに多くの小選挙区選出女性議員を当選させた労働党にとっては、その現職議員を頼りにして戦うほうが有利だったのである。実際に、現職のうち1人を除くすべての議員が2003年選挙に立候補していた。また、もともと労働党は小選挙区では善戦するものの、比例区においてはあまり得票を期待できなかったので、比例区では、比較的に勝算のある2つのブロック[45]で、名簿の1位に女性を置くにとどまった[46]。その

第8章　スコットランドにおける権限移譲とジェンダー・クオータ　213

他の政党では、すべての比例名簿でジッパー方式を導入したスコットランド社会党(以下、社会党)[47]を除いて、クオータは講じられなかった[48]。

こうしたクオータの後退を受け、女性議員数は減少すると予想されていた[49]。しかし、結果として2003年選挙における女性議員は前回の選挙に比べて3人増加して51人となり、その割合は2.3ポイントとわずかに上昇して、39.5％となった。2003年における女性の政治代表の向上は、皮肉にも、クオータの後退という局面で起こったのである。労働党はツイニング方式を維持しなかったにもかかわらず、小選挙区では男女合計46議席のうち、女性が男性を上回る26議席を獲得し、その割合は56.5％となった。比例区では男女ともそれぞれ2議席を獲得し、全体でみると50議席中女性は28人(56.0％)と多数派となった。労働党では女性議員数の合計が1999年の選挙から変化しなかったのに対して、一方の国民党の女性議員は6議席減じて9議席となり、党の当選者全体に占める割合も33.3％と後退した。また、保守党や自由民主党についても、女性議員数はそれぞれ4人と2人であり、これらの主要政党が議会全体の女性議員比率に与えた影響はそれほど大きくはなかった。しかし、緑の党が比例区から2人(男女計7人、28.6％)、比例区にジッパー方式を導入した社会党が4人(男女計6人、66.7％)の女性を当選させており、これら少数政党の女性増加が影響したものであるといえよう[50]。

こうしてみると、女性の政治代表性が向上するためには、クオータは一定の貢献をしているものの、その方策がより効果的に作用するには、いくつかの前提が必要であることがわかる。労働党が採用したツイニング方式は、「現職」という存在がない最初の選挙では導入することが容易なものである[51]。通常、女性にとっての参入障壁は小選挙区において高く、女性候補者の擁立は、現職(男性)の引退を待つか、空白区や勝てる見込みの低い選挙区に配されることになりがちであるが、スコットランド議会では、制度の発足という「白紙状態」であったからこそ、クオータはより効果的に運用されたといえる。さらに、この「現職」は、ひとたびその議席を得た後は、次の選挙における出馬と再選の可能性を高めるという、いわゆる「現職効果」[52]を生むことになる。労働党は、ツイニング方式によって1999年に決定した布陣を、2003年にその方式が使用されずとも手堅く守っていた。

表1：スコットランド議会とイギリス議会の権限配分

スコットランド議会へ移譲された権限	イギリス議会へ留保された権限
財政（一部） 医療保健 教育 地方自治 社会福祉 住宅 国土計画 観光 経済開発と産業への財政支援 交通（一部） 裁判と法システム 警察と消防 環境 自然保護 農林水産 スポーツと芸術 公文書記録など	統治構造に関する事柄 外交政策 防衛と国家安全保障 財政・経済・金融政策 入国管理と国籍事項 通商産業 エネルギー 交通（一部） 社会保障 雇用法制 賭博・宝くじ 情報保護 生殖医療 放送など

出典：1998年スコットランド法（Scotland Act 1998）; 2012年スコットランド法（Scotland Act 2012）.

　さらには、スコットランド議会に移譲された権限が、女性代表の増加へ及ぼした影響も少なくない。1998年スコットランド法では、外交、国防、財政・経済・金融政策など、主権国家として統一的な政策をとる必要のある領域についてはイギリス議会へ権限を留保し、一方で、医療保健、教育、社会福祉などをはじめとする権限をスコットランド議会へ移譲している（表1）。これらの分野は、女性が比較的関心を持ちやすい権限であり、実際、元教員や社会福祉士などをキャリアとする女性が議員となっている。

3．クオータの後退

2007年・2011年選挙：クオータの「失速」

　国民党が勝利した2007年のスコットランド議会選挙は、女性の政治的影響力向上を目指す勢力にとっては、不運なものとなった。ジェンダー平等に対して消極的な政党である国民党（合計47議席）が労働党（合計46議席）を僅差で押さえて第1党（少数与党）となったことにより、女性議員の数は51人（39.5％）から43人（33.3％）へと減少したのである。

　この減少傾向には、2003年から続くクオータの後退も影響している。労

働党は、2007年の小選挙区では、その44％が女性によって占められる「ジェンダー平等」な公認候補者名簿[53]を用いることによって男性を排除しない形で立候補者を選出し、比例区では8つの比例ブロックのうちひとつで女性候補者を名簿1位としたのみであった[54]。このほかは、自由民主党が小選挙区の候補者選出に際して労働党と同様に「ジェンダー平等」な公認候補者名簿を作成し、緑の党が比例名簿でクオータを用いたのみである[55]。結果として、全体に占める女性候補者割合は36.1％へと低下したのである[56]。

　2007年選挙において当選した43人の女性議員の内訳は、労働党が23人（5人減、50％）でジェンダー平等を維持した一方で、国民党は12人（3人増、25.5％）で、党の当選者全体の4分の1にすぎない。保守党は5人（1人増、29.4％）、自由民主党は2人（増減なし、12.5％）である。2003年の選挙で比例区にクオータを導入した社会党は、2007年には男性の議席も含めてそのすべてを失っており、2007年の女性代表の低下は、こうした少数政党の退場の影響があるものとみられる。しかし、労働党において初当選した7人のうち、女性が1人のみであったことを考えると、クオータに対する労働党の消極性が全体のジェンダー・バランスに大きく影響したといえよう。

　この4年後の2011年選挙に際しては、労働党と自由民主党は、党綱領により「ジェンダー平等な」公認候補者名簿を作成して立候補者の選出を行うことを決定していたが[57]、このルールは必ずしもすべての選挙区で均一に実施されたわけではなかった。比例名簿に関しては、労働党と緑の党はジッパー方式を用いてジェンダー平等を達成しようと試み、8比例ブロックのうち、労働党は5ブロック、緑の党は4ブロックにおいて比例名簿の1位を女性候補が占めることになった。また、比例区には特別な措置を講じなかった自由民主党の場合、女性は3つの比例ブロックで1位を占めた一方で、男性が5つの比例ブロックで1位を占め、2位についても6ブロックが男性によって占められた。国民党と保守党は小選挙区と比例区においていずれの方策もとっておらず、8比例ブロックのうち、6ブロックの1位は男性によって占められていた上、2位についても6ブロックが男性によって占められていた。一方、保守党では、10人いるうちの6人の女性は上位3位に配置され、この6人は全員当選した[58]。

全体として、女性候補者の割合は2007年の36.1％に対して、2011年には29.5％へと減少した。また、女性が比例名簿の比較的低い順位に配されたこともあり、メディアは選挙の前評判で、女性議員は減少すると予測して、これは「新しい政治」の敗北を意味し、男性優位と保守主義の復活であると報じていた[59]。結果をみると、議会における女性議員数は2議席増加して45議席となり、その割合は34.9％となった。このことについて、フェミニスト・グループのエンジェンダーは、女性の政治代表の傾向について、「低下していないが、失速している」と評している[60]。衝撃的であったのは、ジェンダー・バランスに策を講じていない国民党が「地滑り」[61]のごとく53選挙区（32議席増加）を制し、比例区（16議席）と合わせると69人の当選者を出して多数与党となったことである。このうち女性は19人であるが、小選挙区による当選者は14人で、比例区によって当選した女性数（5人）を大きく上回った。しかし、国民党の女性議員比率は減少傾向にある。1999年には42.9％（15人）が女性であったが、2003年には33.3％（9人）へと低下し、2007年にはさらに25.5％（12人）へと低下している。そして、2011年には全体として69議席を獲得する圧倒的な健闘をしたにもかかわらず、その割合は27.5％へとわずかに上昇したのみである[62]。

　他の政党について女性議員の傾向をみると、労働党は17人（男女計37人のうち45.9％）、保守党は6人（15人のうち40.0％）、自由民主党は1人（5人のうち20.0％）、緑の党は1人（2人のうち50.0％）、そして無所属議員1人[63]であった。労働党が2007年の50.0％から女性議員の割合を4.1ポイント低下させた以外は、保守党、自由民主党の女性議員比率は上昇している。

　また、2011年選挙では、45人の女性のうち25人が比例区、20人が小選挙区から当選しており、その割合はそれぞれ44.6％と27.4％となり、比例区から選出された女性の割合のほうが高いものとなった。この結果は、小選挙区での当選者数とその割合が比例区よりも多かったこれまでの傾向と対照的である。これは、国民党が善戦したことと、反対に労働党が苦戦したことによるものである。労働党では、2007年選挙においては、23人の労働党女性議員のうち20人が1999年に選出された議員であったが、2011年にはこれら「1999年組」の現職議員のうち5人が引退し、その選挙区はいずれも男性によって代わられたほか、9人が落選しているのである。2003

年から 2007 年にかけて有効だった「現職効果」は、ここへきてその効力を失ったといえるだろう[64]。

バックラッシュと女性運動の伸び悩み

1999 年の選挙を終えた後、労働党がさらなるクオータを進めることに乗り気でないのは、党内部からの反感があるためである[65]。2002 年に性差別禁止法が改正されたため、1996 年にいったん違憲とされていた女性のみの公認候補者名簿の作成は法的に支障のないものとなったが、労働党はその使用をためらっている。クオータの実践におけるよきライバルであるウェールズでは、2003 年の第 2 回議会選挙で、ウェールズ労働党が女性のみの公認候補者名簿を導入し、「2002 年性差別禁止（選挙候補者）法」による規定を用いた最初の政党となった[66]。しかし、その 2 年後、2005 年イギリス議会選挙においてウェールズの選挙区から無所属で立候補したピーター・ローが、女性のみの公認候補者名簿の使用に明白な異議を唱えながら選挙活動し、1 万 9000 票の多数（49％）をもって当選したのである。スコットランドでこうした表立ったバックラッシュが起きていないのは、スコットランドの諸政党が女性のみの公認候補者名簿のような急進的なクオータを見送って、「ジェンダー平等な」公認候補者名簿を用いるにとどめているからであろう。

一方、供給サイドである女性の事情はより複雑で深刻である。2011 年の選挙における候補者数の減少は、1999 年に当選した「第 1 世代」引退の影響を受けているが、その後「第 2 世代」が育ってきているかは定かではない。フェミニズムの洗礼を受け女性運動にも熱心だった第 1 世代に比べ、若い女性にとって、性差別はそれほど中心的な課題ではなくなっているのかもしれない。しかし、第 1 世代の女性たちが明白な差別と闘ったのに対して、今日の女性が直面している問題は、より微妙で見えにくく、性差別はわかりづらい、巧妙なものになってきている[67]。だが、現代の若年女性も決して政治的平等の問題に無関心というわけではない。それゆえに、これらの若い世代の活躍を引き出すための取り組みが重要である。しかし、大きな問題は、こうした若い女性を組織化する女性運動が、スコットランドにおいて後退していることである。権限移譲の達成と 1999 年の第 1 回選挙の成功

に続いて、女性運動は疲弊し、その活力と行き場を失っているのである。また、権限移譲キャンペーンにおいて影響力を発揮した女性の多くは、女性運動に密接に結びついていた非営利部門や公共部門、労働組合に所属していたが、彼女たちがフルタイムの政治家になったり、ある人は公職に就いてしまったりしたことで、女性運動の担い手が減少していくことになったのである。

4．成果と課題

「失速」したとはいえ、女性の政治的代表性を大きく向上させたクオータは、スコットランドの政治にどのような影響を与えたのであろうか。内閣の編成を例にとると、1999年選挙後の労働党と自由民主党による組閣では、合計22人の大臣のうち、5人（22.7％）の女性が任命されたにすぎなかった。2011年に至ると、国民党政権下における女性の大臣職への就任は19人中6人（31.6％）となり、これは国民党の女性議員比率（27.5％）を上回るものとなった[68]。さらに、2011年からは、議会の議長職を初めて女性が務めることになったほか、党においては、党首や副党首といった要職に就く女性も増加した。

また、近年の選挙結果を多様性の観点からみると、2人のエスニック・マイノリティが当選していることが確認できる。労働党のハンザラ・マリク[69]と国民党のフンザ・ユーサフ[70]であり、両者ともグラスゴー比例区から選出された議員である。さらには、緑の党のパトリック・ハーヴィー[71]（グラスゴー比例区）、保守党のルース・ディヴィッドソン[72]（グラスゴー比例区）、国民党のジョー・フィッツパトリック[73]（ダンディー・シティ・ウェスト選挙区）のように、性的マイノリティであることを公表しているものもいる。そのほか、国民党のデニス・ロバートソン[74]（アバディーンシャー・ウェスト選挙区）は目に障がいをもっている。女性が積極的格差是正措置の対象として注目され、そしてバックラッシュを受けてクオータが後退するのに前後して、こうした多様なマイノリティが出現したことについては、クオータの波及効果としての意味をさらに分析する必要があるだろう[75]。

クオータによって女性議員比率が増加したことにより、実際の成果である

政策にはどのような変化がもたらされたのか。女性の権利を守るためのドメスティック・バイオレンス政策には一定の進展をみることができる[76]。たとえば、2001年には「2001年虐待からの保護（スコットランド）法」が成立し、事実婚や同性婚などのパートナーシップにおいて発生した家庭内暴力にも警察が介入することができるようになったほか、16歳未満の子どもや、出廷によって精神的苦痛を受ける可能性のある者に一定の配慮を行う「2004年証人保護（スコットランド）法」、親の離別に伴い、裁判所が子どもとの面会交流について取り決めを行う際には家庭内暴力の有無を考慮するよう定めた「2006年家族（スコットランド）法」がその成果といえるだろう。しかし現在のところ、それ以外に、女性の利益に資するような政策が女性議員によって推進されているとは言いがたい。もっともそれは、必ずしも彼女たちだけに責任があるわけではない。その要因のひとつには、ウェストミンスターのイギリス議会と、エディンバラのスコットランド議会との間に分立する権限が、政策対応を困難にしている点がある。権限移譲は、スコットランドというサブ・ナショナルな国家を再建し、そこにスコットランド議会を中心とする「新しい政治」を創出するとともに、女性の政治的代表性向上の推進力となったが、女性のための政策実施を効果的に行うまでには、あと一歩及ばない。なぜなら、たとえば女性にとって関心の高い保育サービスの向上に取り組む際には、それに伴う雇用政策や諸手当の充実、社会保障の改善といった政策領域を包括的に検討する必要があるが、これらに関する権限はイギリス議会に留保されているからである。そして、さらに深刻な点は、女性運動の行き詰まりが、女性の政治的代表性への関心を低下させ、その結果として女性をめぐる諸問題を政策課題として焦点化することが困難になっていることであろう。

おわりに

スコットランドのクオータは、1999年の統治機構の改革により導入された試みであった。イギリス議会からの権限移譲は、スコットランドの女性の政界進出においては「絶好の機会」として捉えられ、事実、第1回選挙の際には、労働党が「ツイニング方式」と「ジッパー方式」を導入したことに

より、女性議員比率は増加した。

　しかしながら、「現職効果」への期待から、第1回選挙ではクオータを導入した労働党も、それ以後はクオータの継続に固執しなくなってしまった。そして、第2回の選挙では、クオータは後退したものの女性議員の数はさらに増加したのであった。続く2007年以降の選挙では、女性議員の比率は減少した。それはクオータに対して消極的な国民党が勝利したということも大きいが、それに加えて、労働党がバックラッシュを恐れ、クオータへの取り組みを弱めたことも大きな影響を与えたと思われる。また、フェミニズムの洗礼を受けてきた世代とは異なり、次世代の若い女性たちは、議会におけるジェンダー・バランスにそれほど強い関心を寄せておらず、このことが、結果的に、候補のなり手の不足および女性議員比率の減少に少なからず影響した。

　権限移譲がなされたことと第1回選挙での成功によって、女性運動の活力が失われた側面もある。従来、女性運動は、市民社会における非営利部門や労働組合などを中心に展開されてきたが、そのリーダーたちが政界に進出したことで、市民社会における女性運動が、かつてほどの勢いを保つことが難しくなるという皮肉な現象を生み出した。また、女性の政界進出は大きく前進したが、それが女性のための政策の実現に近づいたのかも疑問である。エスニック・マイノリティや性的マイノリティ、障がい者といった多様な人々の代表性の向上とともに、スコットランド政治のなかでクオータをどのように位置づけ、発展させていくのか、再考する時期に来ていよう。

【注記】
（1）All-Women Shortlist、略してAWSと呼ばれる。詳しくは補論（木村）を参照。
（2）Kenny and Mackay 2011.
（3）Brown 1996: 27.
（4）Electoral Reform Society and Centre for Women and Democracy 2011.
（5）McMillan and Fox 2010: 7.
（6）その後、2005年総選挙では9人に後退し、2010年総選挙では13人へと推移している（McMillan and Fox 2010: 7）。
（7）Brown 1996: 29-30.

（ 8 ） Norris and Lovenduski 1995.
（ 9 ） Mackay 2010; Mackay et al. 2002: 38.
（10） Burness 2011: 37.
（11） Mackay et al. 2002: 37-38.
（12） Scottish Assembly 創設キャンペーン。後に Scottish Parliament 創設キャンペーンと改められる。
（13） 国民党は 1 回目のミーティングの後、撤退している。憲政会議では、スコットランドの独立は前提としておらず、イギリスからの権限移譲を前提としていたため、独立を党是とする国民党には受け入れられなかったのである。
（14） Mackay et al. 2002: 38.
（15） Burness 2011: 37.
（16） McMillan and Fox 2010: 8.
（17） Mackay et al. 2002: 40.
（18） Mackay et al. 2002: 38, 40.
（19） Electoral Reform Society and Centre for Women and Democracy 2011: 13.
（20） Mackay et al. 2002: 42-3.
（21） Breitenbach and Mackay 2010.
（22） Additional Member System、略して AMS と呼ばれる。
（23） 国立国会図書館 2011: 4.
（24） 欧州議会の選挙区に基づいている（Mackay et al. 2002）。
（25） additional seat または top-up seat と呼ばれる（Mackay et al. 2002）。
（26） 国立国会図書館 2011: 4; 渡辺 2007: 32-3.
（27） Mackay et al. 2002: 38-39.
（28） Mackay et al. 2002: 40.
（29） Burness 2011: 37; McMillan and Fox 2010: 8.
（30） 下院選挙候補者の選考は、「公認候補者名簿」への登録申請に基づいて、党本部が登録申請者を審査して「公認候補者名簿」に審査合格者を掲載することに始まる。この後、選挙区単位に設定された党支部（選挙区政党）が「公認候補者名簿」掲載者を絞り込む。さらに、公認候補者名簿に記載された候補者に対して選挙区政党の一般党員が投票を行い、候補者が選出されるのである。最後に選挙区政党による決定に基づいて党本部が正式に候補者を公認することになる（秋本 2008）。
（31） Krook 2011: 147.
（32） ただ、1996 年の時点ですでに作成が終えられていた公認候補者名簿を撤回することもできなかったため、1997 年の総選挙で労働党が勝利を収めた年に多くの選挙区で労働党の女性議員が誕生したのであった。

(33) McMillan and Fox 2010: 9.
(34) Brown 1999; Mackay et al. 2002: 41; Krook 2011: 149.
(35) Burness 2011: 37.
(36) 衛藤 2011.
(37) McMillan and Fox 2010: 5.
(38) Kenny and Mackay 2011: 81-82.
(39) Brown 1999: 46.
(40) Mackay et al. 2002: 41.
(41) Brown 1999: 46; Mackay et al. 2002: 41.
(42) Burness 2011: 37.
(43) Brown 1999: 47; Mackay et al. 2002: 42.
(44) Brown 1999: 45.
(45) McMillan and Fox 2010: 9-10. 2つの比例ブロックは「ノース・イースト・スコットランド」および「サウス・スコットランド」である（Mackay 2003: 83）。
(46) McMillan and Fox 2010: 9-10.
(47) 社会党は1999年選挙では積極的格差是正措置をとらず、女性当選者を出すことができなかった（比例区から男性が1人当選したのみ）。急進的な社会主義政党としてジェンダー平等を達成すべきであるという女性活動家議員からの要求に迫られて2003年に比例区にジッパー方式を導入したのである（Mackay 2003: 84）。
(48) 1999年選挙において比例区でジッパー方式を導入した緑の党は、女性候補者不足を主な理由として2003年にはそれを導入しなかった（Mackay 2003: 84）。緑の党から当選したのは6人で、うち5人が男性（そのうち1人は2期目）であった。
(49) Mackay 2003: 77, 81.
(50) McMillan and Fox 2010: 10.
(51) McMillan and Fox 2010: 13.
(52) Mackay 2003: 82-3.
(53) 女性のみの公認候補者名簿に比べると強制力は弱く、積極的格差是正措置としての実効性は低いものにとどまることになる。
(54) McMillan and Fox 2010: 10.
(55) Mackay and Kenny 2007: 86.
(56) この集計は、労働党、国民党、保守党、自由民主党、緑の党、社会党に関するものである。全体で36.1％であった女性候補者は、小選挙区では32.7％、比例区では38.6％であった（Mackay and Kenny: 84）。2007年選挙の結果が全体で33.3％の女性議員比率となったことを考えると、女性は少しだけ苦戦したことになる（Mackay and Kenny 2007: 84; McMillan and Fox 2010: 11）。

(57) 労働党は、「ジェンダー平等」な公認候補者名簿を作成することを政党支部に求めており、自由民主党は公認候補者名簿に少なくとも1人の女性を記載するよう政党支部に求めるものであった (Kenny and Mackay 2011: 82)。
(58) Kenny and Mackay 2011: 82.
(59) Kenny and Mackay 2011: 82-83.
(60) Kenny and Mackay 2011: 83.
(61) Burness 2011: 36.
(62) 2011年の男性議員は50人であるが、合計で47人（男性35人、女性12人）であった2007年の結果を2011年の男性議員数だけで上回っていることになる。
(63) このマーゴ・マクドナルドは、1999年選挙で国民党から選出されたが、その後除名されている。以後は無所属として引き続きロージアン比例区から手堅く当選を果たしている。彼女は人望があり、他の政党の支持者からも尊敬されている人物である (Electoral Reform Society and Centre for Women and Democracy 2011)。
(64) McMillan and Fox (2010: 12) は、1999年の最初の選挙によって形成された「現職」に対する過剰な依存が党に存在していたと評している。
(65) Kenny and Mackay 2011: 85.
(66) プライド・カムリ（ウェールズ国民党）もそれぞれの比例名簿の1、2位に女性を置いて戦った。とりわけ、1999年の成功に基づく2003年の選挙結果は、50％の壁を破る世界で初の「国レベル」での議会となった (McMillan and Fox 2010: 9-10)。
(67) McMillan and Fox 2010: 15-16.
(68) Kenny and Mackay 2011: 74.
(69) グラスゴー生まれの彼は、非常時に活動する特別警察官や、イギリス国防義勇軍へ所属していた経験を持つイスラム教徒である。
(70) グラスゴー生まれ。グラマー・スクールで中等教育を受け、グラスゴー大学で政治学を修めた後、政治家の秘書として活動してきた人物である。
(71) HIV感染者やエイズ患者の生活を向上させる団体で福祉活動に従事してきた人物である。
(72) ジャーナリストであった彼女は、2011年の選挙で初当選し、同年11月に保守党党首に就任した。
(73) 2007年にスコットランド議会の議員として初当選する前は、ダンディー市の市議会議員であった。
(74) 王立盲学校を卒業した後、社会福祉士としての訓練を受け、盲導犬の訓練校などに勤務した経験を持つ。
(75) 2011年の選挙では、女性は比例名簿の下位に置かれていたが、エスニック・マ

イノリティも同様で、候補者として選抜されるエスニック・マイノリティの数は増えたが、勝算のない選挙区や比例区の下位に置かれる傾向にあったという（Kenny and Mackay 2011: 82-83）。
(76) Mackay 2010.

【引用文献】
秋本富雄（2008）「英国総選挙におけるジェンダー状況――党主導による女性候補者登用策の合法化とその問題点」『東海大学政治経済学部紀要』第40号，5-29頁．
衛藤幹子（2011）「日本の政治主体のジェンダー分析――多元性からみた女性の政治参画」『壁を超える――政治と行政のジェンダー主流化』岩波書店，119-144頁．
国立国会図書館（2011）「諸外国の選挙制度――類型・具体例・制度一覧」『調査と情報――ISSUE BRIEF』No.721．
渡辺樹（2007）「スコットランド議会とスコットランド国民党」『レファレンス』10月号，25-48頁．

Breitenbach, Esther. 2006. "Developments in Gender Equality Policies in Scotland since Devolution." *Scottish Affairs* 56: 10-21.
Breitenbach, Esther, and Fiona Mackay. 2010. "Feminist Politics in Scotland from the 1970s to 2000s: Engaging with the Changing State." In *Women and Citizenship in Britain and Ireland in the Twenty Century: What Difference Did the Vote Make?* edited by Esther Breitenbach, and Pat Thane, 153-169. New York: Continuum.
Breitenbach, Esther, and Fiona Mackay, eds. 2001. *Women and Contemporary Scottish Politics: An Anthology*. Edinburgh: Polygon at Edinburgh.
Brown, Alice. 1999. "Taking Their Place in the New House: Women and the Scottish Parliament." *Scottish Affairs* 28: 44-51.
―――. 1998. "Women and Scottish Politics." In *Politics and Society in Scotland, 2nd edition*, edited by Alice Brown, David McCrone, and Lindsay Paterson, 171-199. New York: Palgrave.
―――. 1996. "Women and Politics in Scotland." *Parliamentary Affairs* 49(1): 26-40.
Burness, Catriona. 2011. *Women and Parliaments in the UK*. Glasgow: Active Learning Centre, University of Glasgow (http://activelearningcentre.org/reports/women/Burness%20Women%20and%20Parliaments%20in%20the%20UK%20

210910.pdf, 最終アクセス：2013年10月30日).

Electoral Reform Society and Centre for Women and Democracy. 2011. *Women's Representation in Scotland and Wales.* London: Electoral Reform Society (http://www.electoral-reform.org.uk/publications/, 最終アクセス：2013年10月30日).

Kenny, Meryl, and Fiona Mackay. 2011. "In the Balance: Women and the 2011 Scottish Parliament Elections." *Scottish Affairs* 76: 74-86.

―――. 2009. "Already Doin' It for Ourselves? Skeptical Notes on Feminism and Institutionalism." *Politics and Gender* 5(2): 271-280.

Krook, Mona Lena. 2011. "Case Study: The United Kingdom: Political Parties and Quota Reform." In *Electoral Gender Quota Systems and Their Implementation in Europe*, edited by Policy Department C: Citizen's Rights and Constitutional Affaires, 147-157. Brussels: European Parliament (http://www.europarl.europa.eu/committees/fr/studiesdownload.html?languageDocument=EN&file=60648, 最終アクセス：2013年10月30日).

Mackay, Fiona. 2010. "Gendering Constitutional Change and Policy Outcomes: Substantive Representation and Domestic Violence Policy in Scotland." *Policy and Politics* 38(3): 369-388.

―――. 2003. "Women and the 2003 Elections: Keeping Up the Momentum." *Scottish Affairs* 40: 77-93.

Mackay, Fiona, and Meryl Kenny. 2007. "Women's Representation in the 2007 Scottish Parliament: Temporary Setback or Return to the Norm?" *Scottish Affairs* 60: 80-93.

Mackay, Fiona, Elizabeth Meehan, Tahyna Barnett Donaghy, and Alice Brown. 2002. "Women and Constitutional Change in Scotland, Wales and Northern Ireland." *Australasian Parliamentary Review* 17(2): 35-54.

McMillan, Joyce, and Ruth Fox. 2010. *Has Devolution Delivered for Women?* London: Hansard Society (http://www.hansardsociety.org.uk/wp-content/uploads/2012/10/Has-Devolution-Delivered-for-women-2010.pdf, 最終アクセス：2013年10月30日).

Norris, Pippa, and Joni Lovenduski. 1995. *Political Recruitment: Gender, Race, and Class in the British Parliament.* Cambridge: Cambridge University Press.

補論

イギリス労働党と女性のみの公認候補者名簿

木村真紀

　イギリス議会（ウェストミンスター議会）では、2010年の総選挙にて143人の女性議員が当選し、約20年の間に女性下院議員が、1992年の60人（9.2％）から2.5倍増えた（表1）。その後の補欠選挙で当選した女性議員を含めると、2013年8月現在、女性議員は147人である（22.6％）[1]。イギリスで採用されているジェンダー・クオータは、政党が自発的にクオータを実施する政党型である。2002年に改正された性差別禁止（選挙候補者）法では、議員の男女比率の格差を是正するために、政党がクオータを含むポジティブ・アクションを実施することは、性差別には当たらないとされている。

　イギリスにおける女性議員躍進の契機は、労働党の女性議員が37人（労働党の総議席の13.7％）から101人（24.2％）へと飛躍的に増大し、下院全体の女性議員が倍増した1997年の総選挙であった[2]。イギリス労働党では基本的に、各選挙区における政党支部が公認候補者名簿を作成し、そのなかから地元党員の選挙によって選出された候補者が、労働党執行委員会の最終的な支持を受けて正式な党公認の候補者となる。労働党の女性議員の増加は、女性だけの公認候補者名簿（以下、女性のみの公認候補者名簿）[3]という革新的な方策によって生み出され、2001年を除いて以降の総選挙では、労働党はこの女性のみの公認候補者名簿を採用した。その結果、労働党の女性議員の比率は他の大政党を大きく引き離している（表1）。

　労働党の女性のみの公認候補者名簿は、一般的な候補者割当制ではないという点において、ジェンダー・クオータではないという見方もできる。しかしながら、1989年の党決議にて掲げた、女性議員比率50％の達成という目標を実現するために導入されたという背景や、政党が女性議員を増やすた

めに実施するポジティブ・アクションのなかで、最も効果が高い措置であるとみなされ、一般的にジェンダー・クオータの一種として扱われている[4]。

女性議員および女性候補者の比率が低いことは、労働党において長い間問題とされていたが、1979年の総選挙における敗退で、労働党女性議員が18人（5.6％）から11人（4.1％）に減少したことにより、1980年代以降、女性議員の増加は党の重要な課題となった[5]。1980年に設立された「女性の行動委員会」[6]は、下院議員の男女比率格差の是正措置を導入することを要求し、1988年に労働党執行委員会と労働党大会にて、「選挙区で女性候補者が推薦された場合、必ず女性を公認候補者名簿に載せる」よう党規則を変更することが合意された[7]。その結果、1992年の総選挙における労働党の女性候補者は、46人増の138人となり、労働党の総候補者の14.5％から21.8％へと増大したが、実際の女性議員の増加は16人（4.5％増の13.7％）にとどまり、女性議員数の飛躍的な増大にはならなかった[8]。これは　女性を最終候補者として選出することを義務づけたのではなかったのと、女性候補者が当選確率の高い選挙区の候補に選出されていなかったことが原因であるとされた[9]。さらに、この総選挙での敗退には、女性有権者の支持が得られなかったことも影響していたため、早急に革新的な候補者選出手段を導入することが課題となった[10]。

このような状況のなか、女性候補者を増加させる措置として、1980年代を通じて注目されていた女性のみの公認候補者名簿への関心が高まり、新党首ジョン・スミスの下、現職議員が引退するいわゆる安全議席区と、対抗政党との得票差が6％以内の激戦区のそれぞれ半数の候補者を女性のみの公認候補者名簿より選出することが、1993年の党大会で合意された[11]。しかしながら、これは男女平等の実現を目指したものではなく、むしろ女性有権者の支持獲得には、女性議員（候補者）の増加が効果的であるという、合理的判断に基づく方策であったといわれる[12]。実際、一般のイメージとは異なり、1994年に党首に就任したトニー・ブレアは、女性のみの公認候補者名簿の導入に積極的ではなく、ブレアの下でのこの方策の実施は困難を極めた[13]。しかも1996年1月に労働審判所は、男性2党員によって申し立てられた女性のみの公認候補者名簿による立候補阻止の訴えに対して、1975年の性差別禁止法違反であるという判決を下した[14]。1997年の総選挙の候

補者の選出は、大半終わっていたものの、この一連の事件は、労働党に女性のみの公認候補者名簿の実施を一時断念させたのであった[15]。

しかしながら女性のみの公認候補者名簿の効果は明白であり、1997年の総選挙で労働党は、101人の女性議員を誕生させた[16]。2001年の総選挙では、労働党は女性のみの公認候補者名簿に代わる措置として、男女比率50：50の公認候補者名簿を導入したが、これはあまり効果的でなく、労働党女性議員の比率は23.1％へと減少した[17]。しかし、この総選挙で女性議員数が減少するであろうことは事前に予測されていたため、労働党は、政党が候補者の選出にポジティブ・アクションを導入することを許可する法律を整備することを選挙公約に掲げていた[18]。性差別禁止（選挙候補者）法案は、労働党政権の下、2002年2月に可決された。これは、労働党が女性のみの公認候補者名簿を採用することを可能にする一方で、他の政党にクオータの導入を強制するものではなく、それゆえに、議会で主だった反対を受けなかった[19]。この法律は時限法であり、2015年末に失効する（延長可）とされたが、女性および、マイノリティ下院議員の数をさらに増加させ、イギリス社会の実態をより反映するようにと、2009年に制定された平等法にて2030年までその適用が延長された[20]。労働党は2005年の総選挙で女性のみの公認候補者名簿を復活させ、2010年総選挙で敗退したものの、女性議員の比率は31.3％に達した。

一般的に左派政党以外は、女性の政治代表性の向上にあまり積極的ではないが、その例にもれず、イギリスの保守党および自由民主党の女性議員増加へのポジティブ・アクション、とくにジェンダー・クオータの導入は遅れていた。しかしながら保守党は、2005年に党首に就任したデイヴィッド・キャメロンが、女性議員比率を増加させることに積極的であり、「優先公認名簿」[21]導入を含む候補者選出方法の改革と、党内組織Women2Winによる女性党員の研修や指導を通じて、女性議員増加を図っている[22]。この結果、2010年の総選挙で、保守党の女性議員は17人から49人に増えている。もっとも、これはまだ、保守党の総議員の16.0％にすぎない（表1参照）。

自由民主党は、長い間、女性のみの公認候補者名簿には反対してきており、現党首のニック・クレッグは、党の女性議員の比率の低迷は候補者選出

表1：過去6回の総選挙における三大政党の女性議員数の推移

	1983	1987	1992	1997	2001	2005	2010
労働党	209	229	271	418	412	355	258
女性議員数	10	21	37	101	95	98	81
女性比率	4.8	9.2	13.7	24.2	23.1	27.6	31.3
保守党	397	376	336	165	166	197	306
女性議員数	13	17	20	13	12	17	49
女性比率	3.3	4.5	6.0	7.8	8.4	8.6	16.0
自由民主党	23*	22**	20	46	52	62	57
女性議員数	0	1	2	3	5	10	7
女性比率	0.0	4.5	10.0	6.5	9.6	16.1	12.2
その他政党	21	23	24	30	29	31	29
女性議員数	0	2	3	3	4	3	6
女性比率	0	8.7	12.5	10	13.8	9.7	20.6
総議員数	650	650	651	659	659	645	650
総女性議員数	23	41	60	120	118	128	143
女性比率	3.5	6.3	9.2	18.2	17.9	19.8	22.0

* 自民党と社会民主党の総数。
** 社会民主党―自由党連合。
出典：Krook and Squires 2006: 49, Table1; House of Commons Library 2010: 27.

　の問題ではなくて、女性の候補者が元来少ないことが原因であるとみなしている。2005年の選挙では、公認候補者名簿の3分の1を女性にするクオータを導入し[23]、また得票差7.5％以内の激戦区のうちの40％で女性候補者を選出した。2010年の選挙でも同様のクオータを実施したが、女性議員比率は減少し、何らかの措置をとる必要に迫られている[24]。

　女性のみの公認候補者名簿は現在合法とされているが、実際は男女平等原則に反する、積極的差別ではないかという意見も根強い。しかし、とくに労働党の女性活動家の間では、小選挙区制の下での女性議員の増加には、より多くの女性候補者の擁立が必要であり、様々な措置を試した結果、女性候補者を確実に選出できる措置は女性のみの公認候補者名簿だけであったという見解に落ち着いている。その一方で、多くの女性議員が実際に誕生した背景には、他の様々な要因が影響している。たとえば、メグ・ラッセルは、

1980-90年代を通じた党内改革により、党組織内でジェンダー・クオータが実施され、多数の女性の党員が、あらゆるレベルの党内組織で活動するようになったことの影響を挙げる[25]。筆者の労働党の女性活動家の聞き取り調査でも、フェミニズムの影響により、1980年代を通じて、様々な党内女性組織の活動が活発化し、女性党員のネットワークや研修の機会が充実していたことや、女性議員増加への取り組みに積極的な党首の存在などが指摘された。また、スコットランドやウェールズ議会の例を挙げ、ポジティブ・アクションを一定期間継続しなければ、女性議員の数が再び減少することを懸念する声も上がっている。

【注記】
（1）House of Parliament 2013; House of Commons Library 2013: 3.
（2）Krook and Squires 2006: 49.
（3）All Women Shortlistsと呼ばれる。
（4）Short 1996: 21; Childs 2008: 63; House of Commons Library 2012b: 12. イギリスの政治学者ジョニ・ロヴェンドゥスキは、女性議員を増やすための政党のポジティブ・アクションは、平等のレトリック（Equality Rhetoric）、平等の促進（Equality Promotion）、平等の保証（Equality Guarantee）に分類され、女性のみの公認候補者名簿は平等を保障する措置であるとする（Lovenduski 2005: 90-92）。また、ジェンダー・クオータの世界的な研究プロジェクトのウェブサイトQuota Projectでは、ジェンダー・クオータの一例として女性のみの公認候補者名簿に言及している（http://www.quotaproject.org/uid/countryview.cfm?ul=en&country=77、最終アクセス：2013年8月25日）。
（5）Russell 2005: 97, 110; House of Commons Library 2012a: 8, 16.
（6）Women Action Committeeと呼ばれる。
（7）Russell 2005: 97-101.
（8）Russell（2005: 110）Table 5.1、House of Commons Library（2013: 6）Table 3および表1参照。
（9）House of Commons Library 2001: 14-15; Short 1996: 22; Russell 2005: 111-112. Rallings and Thrasher（2007）のデータによると、労働党の候補者は634人でうち271人が当選、女性候補者は138人中37人が当選。これをもとに、男女候補者の当選率を算出すると、男性候補者の当選率は47.1％で、女性候補者の26.8％とかなり開きがある（Rallings and Thrasher 2007: 129, 131-133, 138）。

(10) Russell 2000: 8; Short 1996: 22.
(11) Russell 2005: 112; Russell 2000: 8; Short 1996: 23; Childs 2004: 34.
(12) Childs 2004: 34.
(13) Short 1996: 23.
(14) Russell 2005: 114-115; Short 1996: 23; Childs 2004: 35.
(15) Russell 2005: 115.
(16) Russell 2005: 115.
(17) House of Commons Library 2012b: 13; Russell 2005: 120.
(18) Childs 2004: 204.
(19) Russell 2005: 120; Childs 2004: 205.
(20) Childs 2004: 205; House of Commons Library 2012b: 10-11.
(21) Priority List といわれる。最低50％の女性、10％の人種的マイノリティと多数の障がいを持つ人々を含む公認候補者名簿が導入され、空席の安全議席区と重点区は、この名簿から候補者を選ぶよう推奨された（House of Commons Library 2012b: 19）。
(22) Childs 2008: 51-53; UNDP 2012: 113-114.
(23) Childs et al. 2005: 29, 36.
(24) Squires 2010: 84; House of Commons Library 2012b: 16-17. 最初の試みとして、2011年に候補者指導者プログラム（The Candidate Leadership Programme）が設立された。
(25) Russell 2005: 102-109.

【引用文献】

Childs, Sarah. 2008. *Women and British Party Politics: Descriptive, Substantive and Symbolic Representation*. London: Routledge.

―――. 2004. *New Labour's Women MPs: Women Representing Women*. London: Routledge.

Childs, Sarah, Joni Lovenduski, et al. 2005. *Women at the Top 2005: Changing Numbers, Changing Politics?* London: Hansard Society.

House of Commons Library. 2013. *Women in Parliament and Government. Standard Note SN/SG/1250*. London: House of Commons Library.

―――. 2012a. *UK Election Statistics: 1918-2012. Research Paper 12/43*. London: House of Commons Library.

―――. 2012b. *All-women Shortlists. Standard Notes SN/PC/05057*. London:

House of Commons Library.

―――. 2010. *General Election 2010: Preliminary Analysis. Research Paper 10/36*. London: House of Commons Library.

―――. 2001. *The Sex Discrimination (Election Candidates) Bill [Bill 28 of 2001-02]*. Research Paper 01/75. London: House of Commons Library.

House of Parliament. 2013. "Frequently Asked Questions: MPs" [online] (http://www.parliament.uk/about/faqs/house-of-commons-faqs/members-faq-page2/, 最終アクセス：2013年8月25日).

Krook, Mona Lena, and Judith Squires. 2006. "Gender Quotas in British Politics: Multiple Approaches and Methods in Feminist Research." *British Politics* 1(1): 44-66.

Lovenduski, Joni. 2005. *Feminizing Politics*. Cambridge: Polity Press.

Rallings, Colin, and Michael Thrasher, eds. 2007. *British Electoral Facts, 1882-2006*. Aldershot: Ashgate.

Russell, Meg. 2005. *Building New Labour*. Basingstoke: Palgrave Macmillan.

―――. 2001. *The Women's Representation Bill: Making it Happen*. London: UCL Constitution Unit.

―――. 2000. *Women's Representation in UK Politics: What Can Be Done within the Law?* London: UCL Constitution Unit.

Short, Clare. 1996. "Women in the Labour Party." In *Women in Politics*, edited by Joni Lovenduski, and Pippa Norris, 19-27. Oxford: Oxford University Press.

Squires, Judith. 2010. "Gender and Minority Representation in Parliament." *Political Insight* 1(3): 82-84.

United Nations Development Programme (UNDP), and National Democratic Institute for International Affairs (NDI). 2012. *Empowering Women for Stronger Political Parties: A Guidebook to Promote Women's Political Participation*. New York: UNDP / Washington: NDI.

終章

日本におけるクオータ制成立の政治的条件

三浦まり

はじめに

　2012年の総選挙で当選した女性議員は38人であり、2009年総選挙の54人より大きく減少した。その結果、日本の女性議員比率は11.3％から7.9％へ下降し、列国議会同盟が公表する世界順位では122位、本書の計算では162位まで後退している（2013年1月）[1]。日本は先進民主国で最も女性議員が少ない国であり、アジアで日本より少ないのはミャンマーとスリランカのみである。「小泉チルドレン」や「小沢ガールズ」という言葉が象徴するように、2005年と2009年の総選挙においては主要政党が女性候補者を効果的に擁立したため女性議員比率が上昇した。しかし、2012年総選挙ではそのような戦略はとられず、2003年までの水準に落ち込んでいる。2005年と2009年の総選挙が例外だったということになるが、世界的潮流と比べると日本の後進性ないしは逆行性は際立っている。

　日本においては女性議員を増加させる政治的意思が欠落するなか、世界的には女性議員の増加は目覚ましい。列国議会同盟の順位を概観すると、1997年1月時点では下院の女性比率が10％を超えていれば47位以内、20％を超えれば18位以内、30％を超えれば5位以内に入れたが、2005年1月ではそれぞれ83位、40位、14位となり、2010年1月では102位、60位、25位にまで順位が下がるようになった。この間の日本の順位は83位、99位、97位で推移し、2012年総選挙直前、すなわち女性議員が激減する直前でも、すでに113位までに落ち込んでいたのである[2]。日本にお

いて女性議員が微増するなか、世界的には順位を後退させてきた事実は日本が取り残されていることを明瞭に物語る。

　女性議員が短期間のうちに世界的に増加した最大の理由は、第1章で述べたように、ジェンダー・クオータの波及にある[3]。クオータ制は女性議員を増加させる起爆剤であるが、なぜ日本ではこれまでクオータ制が導入されることがなかったのだろうか。クオータが採用される要因は比較政治学の研究蓄積によりある程度特定化されている。本章はそれらの要因を整理し日本に当てはめることで、日本においてクオータ制が導入されてこなかった理由を探るものである。さらにはこの作業を通じて、導入の可能性を広げる政治的条件についても明らかにしていきたい。重要な点は、なぜ女性議員を増やすべきであるかという点に関して、クオータという手段と整合性のある形で社会的合意が形成される必要があることである。またクオータの実効性には制度設計によってかなりのばらつきがあることから、選挙制度との組み合わせに配慮した実効性のあるクオータが提言される必要がある。そこで本章では、女性議員の増加を正当化する根拠、実効性のあるクオータの設計にも踏み込んで検討を進める。

　以下では第1節においてクオータが導入される要因を整理し、日本ではそれらの要件が欠けていたことを検証する。第2節において日本におけるこれまでのクオータに関する言説状況を振り返り、政党、国会、審議会に焦点を当て、どのような特色があるかを論じる。第3節では現行の選挙制度を前提にクオータを導入する場合、どのような設計がより効果を生むのかについて論じ、あわせて高い実効性を確保するためには選挙制度改革が不可避であることを指摘する。

1．ジェンダー・クオータの成立条件：国際比較研究の成果

　クオータが導入される政治的条件に関しては、すでに第1章で論じた通り、比較政治学において実証研究が進んでおり、女性運動、政治エリートの戦略的判断、国際圧力、政治文化・規範との親和性がほぼ通説となっている[4]。以下ではそれぞれの要因について、日本においてこれらの要件が十分でなかったことを論じたい。

女性運動

　クオータ制度が導入されるためには、それを支持する強力な女性運動の存在が必要である。後述する国際圧力がさほど大きくない場合は、この内発的要因が必要不可欠とさえいえる。女性運動が盛んで政治的影響力を持つ国の場合、クオータが導入される以前にそもそも多くの女性議員を輩出させており、女性議員が多いことがクオータ導入を後押しするという好循環が成立する（第3章衛藤参照）。

　日本の場合、女性運動が大きな政治力を獲得していないことがクオータを政治課題に押し上げることを妨げる大きな要因となっている。日本の女性運動は、日本の社会運動一般と同様に、小規模、草の根的、分権的、細分化といった特色を持っているため、全国的な組織が影響力を持つ構造にはなっていない。もっとも、優生保護法改悪阻止や女性差別撤廃条約批准といった個別争点においては、女性団体が結集し影響力を発揮することはたびたび起きている[5]。改悪阻止や条約批准といった緊迫した課題に関しては結集が容易であるが、クオータは政治課題としては緊急性に乏しく、したがって女性運動が結集しにくい争点であった。

　女性運動の政治力とも関連するが、フェミニズムの影響がアカデミズムや一部の女性たちにとどまっているため、日本の女性たちが既存のジェンダー秩序に疑問を抱いたり、異議を申し立てたりする可能性を狭めていることも、クオータの成立には不利に作用している。女性投票者が女性議員を積極的に支持する状況は日本では特段観察されていない。

　投票行動における男女の差をジェンダー・ギャップというが、通常ジェンダー・ギャップは女性がよりリベラルな傾向を、男性がより保守的な傾向を強めることで生まれる[6]。興味深いことに、世界的にみればジェンダー・ギャップの存在は1960年代以降徐々に観察され、1980年代以降さらに拡大している。ところが日本のこれまでの実証研究が示唆することは、他国と比較して投票行動におけるジェンダー・ギャップが少ないということである[7]。なぜジェンダー・ギャップが少ないのかに関しては、まだ実証研究の蓄積がないため断定的なことはいえないが、可能性としては女性運動およびフェミニズムの影響力の弱さが考えられる。

　フェミニズムは女性投票者が女性としてのアイデンティティを持ち政治参

加することを促すものである。日本ではフェミニズムが広く社会に浸透していないがゆえに、政治化されたジェンダー・アイデンティティが形成される機会が少なく、結果的にジェンダー・ギャップが生じていないという可能性がある。もっとも、アメリカの研究ではフェミニズムの考え方が広く浸透すると男性もジェンダー平等に賛同をするため、むしろジェンダー・ギャップは生じなくなるとの知見も出ている[8]。日本の場合はこの前提条件が当てはまるとは考えにくいため、フェミニズム運動の弱さゆえ、女性が女性票として行動する傾向にない可能性が高いと思われる。

政治エリートの戦略的判断

クオータの導入を最終的に決断するのは権力を握っている政治エリートである。すなわち大統領や首相、または党首が決定的な役割を果たす。ほとんどの場合それは男性であり、必ずしもフェミニズムに理解を示しているとは限らない。保守政治家であってもクオータを支持することがあるのは、選挙対策として女性票の支持を得るためにクオータの導入が有効であると戦略的な判断を下すからである。

したがって、政治エリートの戦略的判断を促すためには女性票の存在が不可欠である。女性投票者が塊として動き、女性候補者に投票するという現象が認識されることにより、女性候補者を積極的にリクルートしようという誘因が政党エリート側に働くからである。日本における女性票の不在は、政治エリートに女性候補者を発掘させる努力を怠らせることになる。「小泉チルドレン」や「小沢ガールズ」は確かに政党エリートが選挙戦略としてあえて女性候補者を擁立した事例である。しかしその狙いは女性票の獲得ではなく、メディアの注目を惹くことや、守旧派の大物政治家の対抗馬として清廉なイメージのある新人女性を利用したものであった。女性の擁立が散発的で継続性を持たないのは、女性票の不在あるいは不可視性がその理由である。

政治エリートの戦略的判断を促す要因は女性票だけではなく、政党競争のダイナミズムも重要である。西ヨーロッパにおけるクオータ導入の経緯は、中道左派政党よりも左に位置する、あるいはそれとの差異化を試みる、小政党がまずクオータを導入し、党勢を回復させたい中道左派政党がそれに続くというのが一般的なパターンである。さらには中道左派政党でクオータが一

定の成功を収め定着すると、中道右派政党へと伝播することもある。クオータが政治参画における男女平等を目指す制度である以上、平等という価値に重きを置く左派政党のほうが右派政党よりも関心を示す可能性が高いが、それでも大政党がクオータの導入に踏み切るには、小政党からの挑戦が契機となっている。日本の場合、55年体制下では中道左派から左派までの政策位置を社会党が占め、それより左に位置する新政党が出現することはなかった。社会党より右に位置する民社党や社民連も、また左に位置する共産党も、男性中心的であることは社会党とさほど変わらず、社会党がクオータに向けての外的圧力に晒されることはなかったのである[9]。むしろ後述のように、内的要因から改革が生じている。

　では55年体制崩壊以降の政党ダイナミズムにおいては、クオータが導入される契機は存在したのだろうか。1990年代以降に登場した数々の新党のうち、クオータを唯一掲げたのは日本新党であった。候補者および党役員はどちらかの性が20％を切ってはならないとし、2000年には40％まで引き上げようという目標を掲げていた[10]。実際、1992年の参院選で日本新党は16人の候補者のうち6人の女性を擁立し（37.5％）、4人の当選者のうち1人が女性であった（25％）。しかしながら、翌年の衆議院選では57人擁立したうち女性は3人でしかなく（5.3％）、当選者では35人中2人となっている（5.7％）。その後、日本新党が解体し新進党へと再編されるなか、クオータは宙に浮いてしまうのである。1990年代の日本政治は、1989年のマドンナ・ブームを皮切りに女性議員の増加が注目されていた時期であり、2人の女性党首が参画した自社さ政権時（1996-1998）には後の男女共同参画会議設置や男女共同参画基本法策定につながる準備がなされてもいた。しかし、日本新党が女性候補者の発掘に難航すると、女性票の存在が認識されないことと相まって、政治エリートからさらに積極的に女性を擁立しようという声は聞こえなくなったのである。

国際圧力

　女性運動や女性票という内発的要因が不十分であっても、国際圧力に晒されることによってクオータが導入される機運が一気に高まることがある。クオータ制、とりわけ法的クオータが1990年代以降急速に世界大に伝播した

のは国際的な要因が作用している。第1に、国連女性差別撤廃委員会が暫定的特別措置を推進していることがある。クオータは女性議員を増やすための暫定的特別措置に当たる。第2に、1990年代以降民主化を成し遂げた新興民主主義国家がジェンダー平等へのコミットメントを示すことで国際社会にアピールしている側面がある。その背景には、国内の政治基盤が盤石とはいえない新興民主国にとって、その正統性を国際的に認知してもらう必要性が高いこと、また国際機関から財政援助を引き出すためにもジェンダー平等への関与を進めることが必要になっていることがある。

　日本は外圧がないと変わらないとさえいわれるように、一般的に外圧が日本の政策形成に与える影響は否定できない。しかしながら、ジェンダー平等政策を含む人権に関わる案件では、むしろ日本は外圧に強固に抵抗してきているといえる。国際条約を批准した場合、締約国は立法上の措置等をとることになるが、日本政府はその努力を怠る傾向にある[11]。それは政権党（ほとんどの時期においては自民党）の理念と国際人権規範がそぐわないことから生じているが、日本が国際圧力に対して独自の立場を貫くことができるのは、日本が世界最大の債権国であるため、国際社会から政治的正統性を獲得することに無関心でいられるからであると思われる。また先進的な憲法を擁することが逆に国際規範をすでに満たしているという口実となり、国内法の整備が遅れる結果にもなっている。もっとも軍事的な同盟を結ぶアメリカからの直接的圧力に関しては、この限りではない。ハーグ条約の批准などアメリカが関心を寄せる案件に関しては、日本政府は敏感な対応をみせている。アメリカにおいてクオータは導入されておらず、またそれへの議論も低調であることから、国際要因によって日本がクオータを導入する可能性は極めて低いといってよいであろう。

政治文化と規範

　最後に、政治文化や規範との相性も重要な要因である。クオータは政府の意思決定の場におけるジェンダー平等を促進する手段であるため、平等に対するコミットメントが強い政治文化においてほどクオータの導入への抵抗が少ない。クオータには常に賛否両論がつきまとうものであり、クオータが採用されている国においても反論が完全に消えるわけではない。通常はその国

の民主主義の規範とクオータという手段がどのように理論的に整合性を持ち得るのかということが議論の焦点となっている[12]。おおむね３つの立場からクオータを正当化する議論がなされており、どの理論が優勢となるかは政治文化との相性も影響を与えている[13]。

　クオータを正当化する第１の議論は正義論・権利論である。シティズンシップ、とりわけ政治的な平等への強いコミットメントが議論の前提となる。男女がともに平等なシティズンシップを有している以上、一方の性が過少代表されている状況は正義に適っているとは言いがたい。この立場は男女の間に能力や考え方に差異があるとは考えないため、過少代表が生じているのは女性の能力不足ではなく、代表選出システムに何らかの問題があると捉える。つまりは機会の平等が実質的に保障されていないがゆえに男女議員比率に歪みが生じていると考えることになる。また、考え方や議員としての行動に性差がない、またはそうした性差は重要ではないと考えることから、女性議員が増えると政策面での変化が生じることは想定されていない。ここではクオータは実質的な機会の平等を保障する手段として正当化されるのである。

　第２の議論は女性特有の利益、ニーズ、感性、ものの見方を反映させるために、女性の過少代表は解消される必要があり、そのためにクオータが必要であるという議論である。正義の議論とは異なり、男女が異なる存在であることが議論の出発点となる。両性の相違を何と呼ぶか、また相違が何に由来するかに関しては様々な見方がある。厳密な意味で男女の利益が異なることもあれば（たとえば女性の権利拡張、リプロダクティブ・ライツ／ヘルス）、性差医療にみられるようなニーズの相違もある。性別役割分業に由来する経験の違いも歴然として存在する。あるいは、もう少し緩やかにものの見方、感じ方が男女で異なることもある。これらの相違を政治の場に反映させるためには、男性が女性の利益を代弁するだけでは不十分であり、当事者である女性が参画しなければならないという発想である。

　当事者性へのこだわりはアン・フィリプスの言葉を借りるならば「存在の政治」の発現といえる[14]。すなわち、政治家は特定の理念、イデオロギー、利益を代表する無色透明な存在ではなく（この場合は「理念の政治」）、その政治家がどのような属性とアイデンティティを持っているかが政治家としての

行動に影響するという考え方である。換言すると、理念の政治は、「何か」を代表するものであり、「何か」というのはある程度明確な内容を伴う考え方、利益、理念になる。それに対して存在の政治は、「誰か」を代表するものであり、「誰か」というのは固有のアイデンティティを共有する集団となる。

　代議制民主主義において、集団の代表を認めるかどうかは重要な論点である。先の正義論はリベラル・デモクラシーおよび共和主義と重なる議論であり、共同体の構成要素は個人だと考えるがゆえに、共同体内における特定集団の代表を否定的に捉える傾向にある（第4章石田参照）。他方、言語や宗教的マイノリティが集団として代表されることを肯定的に捉える場合、制度的には議席割当を用いたり比例代表制を採用したりすることによって、少数派の議席確保を保障することになる。ジェンダー・クオータは後者の代表制議論との親和性が当然ながら高い。

　第3の議論として、民主主義の深化がある。これは女性の過少代表の解消を通じて民主主義そのものが深化するという議論である。第2の議論と同じく当事者が意思決定の場に参画することを重視するが、そのことの意味は単に女性の利益が実現しやすくなるというだけではなく、熟議を通じて公共の利益や善が実現されることを重視する。第2の議論が男女の差を重視するあまり、女性の間における多様な意見の存在や階級やエスニシティなどによる分断を軽視する傾向にあるのに対して、第3の議論は多様なアイデンティティを持つ政治主体が参画することを奨励する立場といえよう。

　政治理論の議論ではこれら3つの立場を主軸として多彩な論争が続いているが、現実政治においては、第1の実質的な機会の平等の保障の立場からクオータを正当化する議論か、あるいは第2の存在の政治に基づいて女性特有の何かを政治に反映させる必要性からクオータを擁護することが多い。クオータが受容されるためには、その社会における民主主義の規範と整合的な形でクオータが正当化される必要がある。日本においてどの議論がより受け入れられやすいかを考えることは、日本がどのような民主主義の思想や価値観を重視する社会であるかを問うことでもある。この点に関して、次節において日本におけるこれまでのクオータをめぐる言説を振り返ることで概観してゆく。

2．日本における言説状況：政党、国会、審議会

政党：日本社会党／社会民主党

　日本においてクオータを党則で規定している唯一の政党は社民党である。社民党がその前身である社会党から1996年に党名を変更した際に新しく制定した党則には以下の条項が設けられた。

　　第3条＜クオータ制の原則＞
　　本党は、女性及び社会的に弱い立場の人たちの政治参画を推進するため各議会の候補者、全国大会代議員、全国代表者会議代表委員及び各機関の役員に女性や社会的に弱い立場の人たちの一定比率を保障するよう努めなければならない。

党則にクオータが明記されていること自体が日本では画期的であるが、一定比率とだけあり数値は明記されておらず、国際基準に照らせばソフト・クオータに分類される[15]。実際の運用状況をみると、衆議院では1996年に48人中7人（14.6％）、2000年は76人中20人（26.3％）、2003年は65人中17人（26.2％）、2005年は45人中13人（28.9％）、2009年は37人中12人（32.4％）と安定して女性候補者を擁立していた[16]。参議院比例区では1998年の比例名簿は17人中7人が女性であり、当選した4人は女男女男の順位で名簿に並ぶという画期的なものであった。比例区に非拘束名簿が導入された2001年は9人中3人、2004年は5人中1人、2007年は8人中2人、2010年は6人中2人の女性候補者擁立となっている。候補者にそれなりの割合で女性を確保しているものの、党勢縮小により候補者擁立自体が難航し、2003年に福島瑞穂党首が選出されて以降、副党首に女性枠があるにもかかわらず、女性を選出できない事態にまでなっている。

　社民党／社会党の場合、土井たか子や福島瑞穂といった女性党首を選出し、土井党首時代にマドンナ・ブームを起こすなど女性候補者を積極的に擁立してきたが、どのような経緯で社民党になってクオータが制度化されるに至ったのであろうか。起点となったのは1980年に田中寿美子が副委員長に選出されたことである。当時は飛鳥田一雄が委員長であったが、飛鳥田に女性副委員長の選出を強く懇願したのが清水澄子であった。田中は社会党きっ

てのフェミニストであり日本婦人会議（現 I 女性会議）議長を経て国会議員になった。田中の秘書を務めていたのが清水である。清水は 1967 年に日本婦人会議事務局長、1983 年に同議長を経て、1989 年に参議院議員に当選した。当時はまだ国会議員ではなかった清水は副委員長に女性枠を創出するという案を提案する。男性議員との軋轢を回避する女性枠追加というやり方であったからこそ党内に反対が広がらず、党内役職者に初めてクオータが設けられることになった[17]。女性副委員長はその後、金子みつを経て土井たか子へと引き継がれた。1986 年の土井委員長の誕生や 1989 年のマドンナ・ブームの前史として、1980 年の清水をはじめとする社会党内の女性たちの活躍は記憶にとどめるべきことであろう。日本婦人会議という女性運動の存在があって初めて、労働組合に依存していた社会党に多少の変革が可能になるのである。

　さらには、1988 年の全国大会で女性代議員が「女性が男性とともに主役となる党の実現をめざす決議案」を提出し採択された。そこでは、大会代議員に女性の特別枠として各都道府県に 1 人の代議員枠を確保すること、各級執行機関の三役に最低 1 人の女性を選出することが盛り込まれた。翌年の党大会より女性特別枠は実現し、各都道府県に女性対策局・部が設置されるのである。また 21 県で女性が三役に選出された[18]。1988 年の党大会は土井たか子が委員長に再選され、久保田真苗が女性局長に留任したときである。久保田は国連婦人の地位向上部長を経て田中寿美子の後継者として 1983 年に参議院議員に初当選した。久保田が党内におけるクオータ導入を働きかけた背景には、それまでのキャリアを通じて国連婦人（女性）の 10 年の動向に通じていたこと、また社会主義女性インターナショナルに参加するなかで、海外の社会主義政党のクオータ導入の経験にも詳しかったことがある[19]。社会党の場合、女性運動との連携に加えて、社会主義政党という性格から海外の左派政党の動向にも敏感であったことにも言及する必要があるだろう。

　このように 20 年以上にわたる党内議論の蓄積があったため、1996 年に党則が制定された際にクオータが明記されるに至るのである。もっとも、なぜ女性議員を増やす必要があるのか、なぜ女性を意思決定の場にもっと参画させる必要があるのか、それほど深い議論がなされた形跡はない。社会党の

場合、男女平等は当然の価値として支持されており、それゆえそれ以上の理論的精緻化を図る必要がなかったのかもしれない。

国会における議論

　国会ではクオータに関してどのような議論が展開されたのであろうか。国会会議録にて確認してみよう。国会においてクオータが取り上げられるようになるのは1990年代になってからである。55年体制の崩壊とそれへの引き金となった選挙制度改革の議論のなかでクオータが言及されるようになる。

　1993年に宮沢喜一内閣で初の婦人問題担当大臣に就任した河野洋平内閣官房長官が女性の政治参加に関する答弁のなかで、初めてクオータに言及している。もっとも、その内容は否定的なものであり、「恣意的に女性を、クオータ制をしいて女性の議員の数をふやすとかというようなことは、私どもはとるべきではないのではないかと思っております」と述べている[20]。この約半年後には候補者クオータを最初に掲げた日本新党の創設者である細川護熙が首班指名される。細川首相の所信表明演説に対して社会党・赤松広隆は「クオータ制度の導入をも考慮し、女性が政治、社会のあらゆる分野で活躍できる日本を築き上げなければなりません」と踏み込んだ発言を行い、総理の意気込みを尋ねている。それに対して細川は「生活者利益優先の視点に立って従来の制度や政策を踏み込んで見直していくためには、女性の視点を盛り込むことが必要であることはお話のとおりでございます」と応じている[21]。実際に、自身の政党でクオータを試み、内閣には3人の女性を任命した。

　そして選挙制度改革の審議において、選挙制度と女性議員比率の関連についても議論された。一般的に比例代表制のほうが女性議員が多くなる傾向にあり、またクオータの導入も比例代表と組み合わさることで威力を発揮する[22]。しかし、当時の国会の議論では中選挙区制がいかに女性には不利であるかが強調され、人物本位ではなく政党本位の選挙となれば、女性が登用されやすくなるであろうという議論が大勢を占めた。

　たとえば、石破茂（自民党）は中選挙区の場合、自民党は複数候補者を擁立することになり、そこでは政策本位の選挙戦ではなく、人物本位の選挙と

なるため女性には不利になると率直に述べている[23]。具体的には、自分の家族を犠牲にしても他人の面倒をみるという世間づきあいが当選のためには重要になってくることから、家族的責任と両立しにくいという趣旨である。もっとも、野田聖子（自民党）は自分自身が選挙に出られたのは中選挙区制だからであり、政党が1人の候補者しか擁立できない小選挙区制の下では女性は出にくくなるとの認識を示している[24]。

野田をはじめ女性議員からは小選挙区制への疑問が呈されていたが、政党が女性を登用したいという意思さえ持てば、小選挙区制を含む新選挙制度の下ではむしろ女性議員が増えるであろうという指摘が相次ぎ、逆に女性議員の増加の観点からも選挙制度改革は正当化された。しかし実際には政党側にその意思はなく、遅々としてしか女性議員の増加は進まなかったのである。

1990年代の議論のもうひとつの特色として、生活者の視点ということが女性と結びつけられて論じられていたことがある。それは細川に顕著であるが、55年体制下の自民党が生産者利益を過度に反映するものであったとの反省に立ち、バブル経済を経て豊かになった日本が「生活大国」へと転換するにあたって、生活者や消費者の視点に立つことの重要性が強調された。そして女性こそがその生活者や消費者の視点を有している以上、女性議員を増加させることで、生活者の視点が反映されたよりバランスのとれた政策が形成されると期待されたのである。女性議員が増えることの意義が、前述の3つの議論のうち第2の女性特有の視点であることは興味深い。女性議員の過少代表は正義論の観点から問題にされたのではなかった。むしろ、＜男性＝生産者＞＜女性＝生活者＞という性別役割分業を前提とし、それに由来する視点の差異を政策に反映させるために、女性議員を増やすべきであるという議論だったのである。

＜女性＝生活者＞視点の政策反映を強調することは、男性にも受け入れられやすい説明であるが、他方で性別役割分業そのものを改革したい女性たちからすると違和感のあるところである。また、女性の利益、たとえばリプロダクティブ・ヘルス／ライツや女性差別の撤廃、女性への暴力の根絶といった観点は生活者という言葉からは抜け落ちてしまう。1990年代半ばという時代は国際社会においてこれらの論点がまさに表舞台に登場したときであったが、日本の国会での議論はそうした趨勢を反映するものではなかった。生

産者中心の利益政治からの脱却が政治シンボルとして有効に機能する政治文脈のなかで、それへの対抗軸として女性性が生活者のシンボルとして使われたにすぎない。その程度の女性登用への意思しかなかったからこそ、新選挙制度下において、政党が女性を積極的に擁立するということにはつながらなかったともいえよう。

　次にクオータが取り沙汰されるのは2000年に参議院の共生社会に関する調査会が女性の政策決定過程への参画をテーマに取り上げたときである。共生社会に関する調査会は独自のテーマを設定し、集中的に議論を行うことのできる参議院独特の組織である。同調査会は「女性に対する暴力」および「女性の政策決定過程への参画」について調査を進め、前者に関しては超党派で女性議員が結集し、ドメスティック・バイオレンス防止法の議員立法による成立へと結実した[25]。他方、女性の政策過程への参画は、その重要性に関しては意見の一致をみるが、クオータに関しては意見の隔たりが多く、議論が深まらないままに終わっている。

　クオータの是非をめぐっては、法的クオータは違憲の可能性が高いことを示唆する委員が多く、したがって政党が自主的に努力することが望ましいとの見解が大勢を占めた[26]。政党クオータであれば政党内での議論こそが必要であり、立法府で論じる意味はないことになるため、それ以上の議論の展開を妨げることとなった。合憲の範囲内で可能な政党助成金制度や公職選挙法の改正（戸別訪問の解禁、供託金の引き下げなど）などを通じて、女性が選挙に出やすい、または女性を出しやすい環境整備が課題に浮かび上がる程度で議論が終わってしまったのである。

　クオータ議論が盛り上がらなかった背景には法的クオータの違憲可能性を前に委員が及び腰になったこともあるが、それ以上に、女性議員をなぜ増やす必要があるのかという点について議論が十分でなかったことも指摘したい。女性の政治参画の重要性が自明の理として共有されていたがゆえに、逆にその必要性に関する議論は深まらなかったのである。

　たとえば南野知惠子（自民党）は「女性の政治参画が促進されれば、特に福祉、環境、教育という分野を中心に政治の質が大きく転換するであろう」、「男社会から共生型の社会への転換も急激に促進されると確信いたしております」と述べるものの、選挙は「自由競争、実力主義が原則であるべき」な

ので、クオータのような「女性という理由だけで何らかの特別扱いをすることについてはどうしても消極的にならざるを得ない」と主張している[27]。

女性議員が増えると「政治の質」が「転換」したり、より「共生型の社会」に「転換」したりするという南野の指摘は、国会議員としての直感からくる感想であろうが、政治学の研究ではより精緻にこの主張の裏づけ調査がなされている。政治家レベルおよび投票者レベルにおいて、どの争点でジェンダー・ギャップが生じるかに関する研究の蓄積がある。多くの国で共通に観察されるのは、外交・内政における暴力の行使に対して女性のほうが否定的態度をとる傾向にあり、他者への共感は女性のほうが強いということである。政策としては、福祉や教育において男女差が出てくることになる。先の南野発言ではこの２つの分野に加え環境も言及されていたが、環境政策に関しては一貫したジェンダー・ギャップは観察されていない[28]。

有権者レベルでのジェンダー・ギャップは政党というフィルターを通じて議員レベルでのジェンダー・ギャップに現れてくる。政治家レベルでは所属政党のイデオロギーや政策志向の規定力が強いが、それでも他者への共感に関わる争点および女性の健康や権利など女性特有の争点に関しては、ジェンダー・ギャップが現れる傾向にある[29]。

このように政治家の政策志向にジェンダー・ギャップがあるのであれば、女性議員が少ないことは政策形成に歪みをもたらすことになる。この歪みを是正するひとつの手段としてクオータの正当性が位置づけられることになるが、国会での議論は、ジェンダー・ギャップの存在そのものは南野のみならず多くの議員が直感的に認識しつつも、政治家は能力主義（メリトクラシー）で選ばれるべきであるという別の公理の存在がクオータを支持することを妨げている。

実際、ポジティブ・アクションの議論の際には、能力主義との矛盾が問題になる。南野が「女性自身がそれだけの力を持ち、認められることが前提であるべき」と述べ、「女性が一定の枠の中で保護を受けることにより恩恵的に政治に参画するのではなく」と主張する背景には、能力主義の大前提が置かれている。クオータを支持する小宮山洋子（民主党）も「今まで同じレベルになかった者にげたを履かせるというか、同じレベルで戦えるようにするのが積極的是正措置なので、これを入れるということは、入れたところで初

めて対等に戦えるようになる」と述べ、能力主義との整合性を保つことに配慮している[30]。

ここでの議論の特色は、能力のある人が政治家になるべきであり、女性議員が少ないのは能力のある女性がまだ少ないからであるという前提を置いていることである。

政治家に必要とされる「能力」に関しては、民主主義における代表者であるという職業的性格に即して多角的な検討がなされるべきであろう。たとえば、女性議員のほうが女性有権者の意向により応答的であるならば、それは政治家（代表者）としての「能力」（メリット）のひとつであるという考え方もなされ得る。しかしながら、国会での議論はこの点に関して視点の深まりはみられなかった。先の小宮山の「げたを履かせる」という表現には、能力的に劣る人がクオータにより登用されることは仕方がないというニュアンスがあり、「能力」の定義に踏み込むものではなかった。例外的に大森礼子（公明党）が北欧の例を引きつつ、民主主義では「自分たちの意見を代表してくれる人を出す」ものであると述べていた程度である[31]。この考え方を深めると、政治家の能力は集金能力や組織票を束ねる能力、あるいは政策に関する専門的知識だけではなく、多様な民意を代表する能力も含むことになり、南野のように選挙の「自由競争」「実力主義」を過大視することにはならなくなるであろう。

つまりは、民主主義とはどうあるべきか、どのように政治家が選ばれることが民主的であるといえるのかに関する議論を深めないまま、政治家や女性の「能力」に議論が矮小化し、その結果、代表性の問題を問うのではなく、女性の能力の問題が逆に問われることとなってしまっているのである。代表性を問題にしたのであれば、ジェンダーという「身体的存在」の代表性の欠如が問われたことであろう（第2章スティール参照）。

2000年の共生社会に関する調査会でのまとまった議論の後、再びクオータが取り沙汰されるのは2009年以降の民主党政権下においてである[32]。円より子（民主党）がクオータを導入すべきという趣旨の質問を行うが、鳩山由紀夫首相は「女性の労働力の更なる活用」に絡めながら女性の国会議員が活躍する重要性を述べるにとどまった[33]。菅直人首相も同様に、大石尚子（民主党）のクオータに関する質問に対して、「活力ある経済社会を実現す

るためには、女性が能力を発揮できる社会をつくらなければならない」と女性活用の文脈のなかで答えるにとどまった[34]。

このように民主党の2人の首相の答弁は、女性活用を積極化させる新成長戦略の文脈のなかで女性の意思決定への参画の重要性を指摘するにすぎなかった。ただし、鳩山内閣時に仙谷由人官房長官は男女共同参画会議の委員に対して第3次男女共同参画基本計画に「エッジをきかせる」よう指示をし、それを受けてクオータを含むポジティブ・アクションの導入が政府内で検討されることになる。次項ではそこでの議論を検討しよう。

審議会における議論

男女共同参画会議は5年ごとに男女共同参画基本計画を策定するが、2010年は第3次計画策定の年であった。前年に政権交代が起こり、男女共同参画担当大臣に福島瑞穂が就任したことから計画策定に勢いがつき、さらには先の仙谷発言の後押しもあり、目に見える成果を出す手段としてポジティブ・アクションの有用性が注目されることになった[35]。その際、対象分野としては、政治、行政、雇用、科学技術・学術が取り上げられ、この4分野におけるポジティブ・アクションの是非、正当性のある手段の検討、および効果的手法の検討がなされたのである。具体的な設計は、男女共同参画会議の基本問題・計画専門調査会の下にポジティブ・アクション・ワーキング・グループが2011年3月に設置され、そこに委ねられた。

政治におけるクオータは4分野のなかのひとつという位置づけであり、また結果を出すための手法としてのポジティブ・アクションを検討すると議題設定されたことから、そもそもなぜ女性議員を増やす必要があるのかに関して、民主主義論の観点から議論が深められることはなかった。全体的には、女性活用という新自由主義文脈のなかでの議論となっている。ただし、国会の議論ではほとんど顧みられることのなかった正義論の観点も含み、また「多様な民意を反映する選挙制度改革」を基盤整備の目標として言及した点は新しい。

正義論・権利論の観点から議論を組み立てるとなると、女性の過少代表は実質的な機会の平等が実現していないという点に問題の焦点を見出すことになる。事務局が用意した審議会資料でも、政治分野におけるポジティブ・ア

クションの政策体系に「『機会の平等』の実現のための取組（プロセス）」という言葉が出てくる[36]。候補者選出プロセスに機会の平等が保障されるべきであることが示唆されており、候補者選出における機会の平等が多様な民意を反映した政治の確立につながるものであることが暗示されている[37]。クオータは結果の平等を保障するものであるから受け入れられないという議論があるなか、あえて機会の平等の保障という観点からポジティブ・アクションを正当化しようとしている点は興味深い。

　国会の議論においては女性候補者が出にくい実態が言及されることはあっても、それが機会の平等を侵害しているがゆえに問題であるとする見方は希薄であった。1票の不平等が放置され続けている現状と重ねてみると、国会議員の間に候補者選出や投票に関して機会の平等が保障されることへの強い関心が欠落していることを意味しよう。民主主義論の観点からは機会の平等は当然ながら極めて重要な原理であるが、これを重要な価値であると認識し政治的実践につなげる試みは日本ではかなり希薄である。こうした政治的文脈においてみると、機会の平等の観点からクオータを正当化する試みは野心的である。

　もっとも、ワーキング・グループ作成の「政治分野における女性の参画拡大に向けて」という文書になると、クオータはじめポジティブ・アクションの目的は、「政治分野における女性の参画の拡大は、政治に多様な民意を反映するという民主主義の要請からも、男女共同参画の推進に向けた政策・方針を政治的な優先課題に反映させるためにも極めて重要」と書かれ、正義論の観点は後退する[38]。「多様な民意」という表現は存在の政治を肯定するようにも否定するようにも受け取れる。市民社会における様々に異なる意見を政治に反映させるにあたって、代表者が市民社会の多様なアイデンティティを体現する必要があると考えれば存在の政治の擁護論になるし、逆に多様な民意は政党単位である程度集約できると考えるのであれば理念の政治擁護論となり、比例代表制は肯定できてもクオータは否定されることになる。つまり多様な民意論からクオータの正当化を引き出すためには、存在の政治を介在させる理論的必然性が必要である。しかしながらポジティブ・アクションの手法を検討する政府文書という制約上、理論的整合性に関しては曖昧なままであった[39]。

3．実効性のあるクオータ

　本章では日本においてクオータが導入される政治的条件が未整備であったことを論じてきた。しかしながら、今後は女性議員比率改善の策として注目を浴びる可能性もある。日本のジェンダー平等達成度は国際的にみてあまりに低く、国際機関から経済活性化の文脈で女性活用に取り組むよう圧力がかけられている[40]。国際的に取り繕う必要性が高いと政権党が判断するのであれば、クオータ導入の機運は高まり得る。

　スコットランド（第8章渕元）の例でもわかるように、政党型クオータはクオータ熱が冷めるとともに政党が取り組みをやめる可能性もあることから、韓国や台湾のように法律型クオータを導入することが望ましい[41]。ここでは、どのような制度設計が可能でありまた実効性がより高いのか、本書で検討してきた他国の事例を参考に考えてみたい。

　衆議院と参議院ともに比例区選出部分があるが、そこに30％のクオータを入れることは比較的実現しやすいと思われる。ただし、クオータに実効性を持たせるためには、比例名簿に男女または女男交互の配置（ジッパー方式）を義務づけることが不可欠である。韓国の事例からも、ジッパー方式の有用性は明らかである。

　ここで問題となるのは重複立候補制度である。多くの政党が重複立候補者を同列順位に配置し、惜敗率によって順位づけを行っている。重複立候補者制度にジッパー方式を組み込むためには、同列順位に複数候補を登載することを禁止するか、あるいは同列には男女1名ずつまで配置可能とし、どちらか1名しか当選しない場合にのみ惜敗率を利用するようにしなければならない。

　衆議院比例区選出部分は180議席を占めるが、ここにジッパー方式で30％のクオータが導入されると、単純に計算して最大54人の女性議員が誕生する[42]。仮に2012年の総選挙の小選挙区選出女性議員16人と足し合わせると、14.6％の女性議員比率を達成することになる。小選挙区で24人の女性議員が誕生した2009年の場合は、16.3％まで引き上げられる。

　配分率を50％に定めるとどうであろうか。上記と同様に計算すると

22.1％および23.8％の女性議員比率を達成し、国際平均である20％を辛うじて上回ることになる。ただし、これでもまだクリティカル・マス（決定的女性議員比率）であり国際合意である30％には届かない[43]。

　参議院の場合、非拘束名簿のためジッパー方式が使えないことから、クオータの効果が限定的にとどまる可能性がある。非拘束名簿は政党幹部ではなく有権者に選択権を与えるという意義はあるが、女性の数の増加という意味では結果を保障するものではない。スウェーデンが選好投票付きの比例名簿を用いつつも高い女性議員比率を達成しているのは、制度外の要因、とりわけ女性運動の隆盛が重要であった（第3章衛藤）。そのような要件が十分でない場合は、政党幹部が数合わせだけのために女性候補者を並べることを防ぐものではない。アルゼンチンの例からも示唆されるように（第5章菊池）、男性政治家の配偶者や親族の名前を借りる形で名簿に掲載するのであれば、クオータ制度は多様なアイデンティティの反映とはほど遠いものとなろう。女性団体や有権者が、政党の候補者名簿に対して厳しい監視を怠らないことが、非拘束名簿の下でクオータの効果を上げるためには不可欠である。

　では、小選挙区部分にまでクオータを適用するとどうなるであろうか。小選挙区の場合、現職の立候補する権利を奪ってまでクオータを適用することは法的にも政治的にも困難を極める。フランスも韓国も、小選挙区部分のクオータの実効性には限度があることを示している。イギリス労働党のように候補者選出過程に一定の基準を設けるのがひとつの方策である（補論木村）。日本の場合、政党地方支部における候補者選出過程をまず透明化しルール化を図ることが前提になる[44]。最もラディカルな案はフランス県議会のように2つの選挙区をペアとし、そこに男女1組が立候補する制度であろう（第4章石田）。この手法であれば、確実に男女同数議会を達成することができる[45]。

　クオータは制度設計によって大きく実効性が異なる以上、導入されるのであればより実効性の高い制度でなければその意味は大きく減じられてしまう。ジッパー方式のない30％クオータしか導入されなかった場合は、女性議員比率の上昇はさほど大きくないであろう。さらにはそこでガラスの天井が形成されてしまう可能性もある。あるいはジェンダー平等政策の進展にはつながらないということで、クオータへの否定的見解が女性たちの間でも強

まるかもしれない[46]。したがって、比例区に50％クオータをジッパー方式で導入すること、および奇数順位に女性を配置することが最低限必要であるといえよう。ただし、女性議員比率30％以上を達成するためには、これだけでは不十分であり、小選挙区部分でも女性議員が増えることが欠かせない[47]。小選挙区での実効性あるクオータ規定が困難であるならば、韓国でみられたように（第6章申）、比例区で当選した女性議員たちがキャリアを積むことにより小選挙区に転出するサイクルを確立する必要があるであろう。

　さらには、日本でクオータが効果を上げるためには、現行の選挙制度が障害となることに改めて注意を払う必要がある。現行の小選挙区比例代表並立制は、自民党長期政権への反省に立ち、日本で二大政党を実現するための一種の工学として構想された。しかしながら、韓国や台湾とは異なり、安定的な政党システムは実現していない。深刻な1票の格差問題や野党の不在状況を前に、再び選挙制度改革が議論の俎上に載ることもあり得る。その際に、選挙制度改革の目標として二大政党制の実現が目標に据えられるのであれば、小選挙区部分が大きくならざるを得ず、クオータの実効性は一層低いものにとどまるであろう。多様な民意とアイデンティティの反映を目標に据えて、比例代表制拡大とクオータの導入を同時に目指すことが必要である。そして地方議会選挙においてもクオータが実施される必要がある。国政と地方の選挙制度の整合性を図りながらクオータの設計を噛み合わせていくことによって、日本の政治代表性は大きく改善されることになろう。

おわりに

　本稿で検討してきたように、日本においてはクオータが導入されるための政治的条件がこれまでは十分に揃っていなかったといえる。女性運動と女性票、政党競争のダイナミズム、国際社会における日本の地位、政治文化と規範の4つの領域において、クオータ導入の推進力が見出せなかったからである。加えて、現行の選挙制度がクオータの実効性の障害となっていることから、真に女性議員を増やそうと思えば、選挙制度改革をも視野に入れた大掛かりな制度改革が必要となってくる。改革へのハードルがあまりに高いことから、逆に実効性の低いクオータが形式的に導入されることで、お茶を濁

すような結果に至る可能性もある。

　そのような残念な結末を迎えないためには、そもそもなぜ女性議員を増やす必要があるのかに関して、民主主義の観点から議論を深めていく作業が不可欠である。国会議員の議論では、正義・権利論の観点は希薄であり、男女の性差に女性議員を増やす根拠を見出す傾向のほうが強いことが観察された。1票の格差に対する関心の低さからしても、機会の平等に徹底的にこだわるという平等感は日本で馴染みにくいのかもしれない。だとすると、性差を前提としつつ、性差をはじめとする市民社会における多様性を反映させる「存在の政治」を求める方向で議論が深まる必要があるだろう。狭い意味での能力主義がクオータ擁護の障害となっていたことからも、政治家として求められる「能力」に関する再定義を多様なアイデンティティの観点から試みる必要もある。もっとも、国民の一体性という幻想が強い日本において、多様性の基盤となる集団にはリアリティがないかもしれない。集団ではなく個人を基礎として民主主義を組み立てるのであれば、フランスのように性だけを特別に扱う考え方も検討に値する。

　民主主義論を深めるためには、何よりも女性運動をはじめとする市民社会からの働きかけが不可欠である。国会での言論空間が狭いものとなっているのは、市民社会からのインプットが弱いことを反映している。女性運動は女性票の存在を可視化させる触媒の役割が期待される[48]。そして、研究者はジェンダー・ギャップの実証研究を通じて、女性議員が増えるとどのような変化が生じるのかに関する研究を発展させる必要がある。そうした研究成果を女性運動が取り込み、クオータを正当化する議論が社会に浸透することで、初めて日本でもクオータが導入される基盤が整うのである。

《謝辞》
社民党／社会党のクオータ導入の経緯に関して、小林わかばさん、上田恵子さんのご協力に感謝致します。また清水澄子さんからお亡くなりになる直前に直接お話を伺うことができたことも大変参考になりました。清水さんのご冥福を心よりお祈り申し上げます。また、執筆にあたっては科学研究補助費基盤研究（C）「女性国会議員の質的代表性に関する研究」（24530148）の助成を受けました。記して感謝申し上げます。

【注記】
（ 1 ）本書の計算に関しては第 1 章（衛藤・三浦）注 2 を参照。
（ 2 ）以上のデータは列国議会同盟（http://www.ipu.org/wmn-e）より。順位はホームページに掲載されているものをそのまま用いた。
（ 3 ）Tripp and Kang 2008.
（ 4 ）Franceschet, Krook and Piscopo 2012; Krook 2009.
（ 5 ）日本の女性運動の特色については Mackie（2003）、Shin（2011）、林（2005）、三浦（2012）を参照のこと。
（ 6 ）Norrander 2008. また政治家の政策志向に関するジェンダー・ギャップに関しては Kittilson（2010）を参照。
（ 7 ）相内 2007; 石田・真野 2005.
（ 8 ）Norrander 2008.
（ 9 ）共産党は女性候補者の発掘に積極的であり、とりわけ地方議会レベルではその傾向が顕著である。ただし党役員レベルでは女性は少なく、クオータの議論も進んでいない。
（10）平成 6 年 1 月 5 日参議院政治改革に関する特別委員会での細川護熙の発言より。
（11）日本は国連女性差別撤廃条約を批准しているが、政府が実効性を担保するための立法を怠ったこともあり、住友電工男女賃金差別裁判など敗訴に至るケースが生じている。また国連の規約人権委員会は夫婦同姓や婚外子差別を規定している民法の改正をたびたび勧告している。婚外子への相続差別は 2013 年に最高裁が違憲判決を下し、同年民法が改正されたが、夫婦別姓は実現していない。
（12）フランスにおいてクオータがパリテとして理論化されたことは、この典型例である（第 4 章石田）。
（13）Squire 2007; Meier 2012; Krook, Lovenduski and Squires 2006.
（14）Phillips 1995.
（15）社民党のクオータは「社会的に弱い立場の人たち」を含んでおり、その結果、障がい者やアイヌの人たちも候補者として積極的に擁立した。
（16）2012 年の総選挙では 33 人中 6 人（18.1％）の女性を擁立したが、2 人の当選者に女性は含まれなかった。
（17）社会党における女性副委員長誕生の経緯については清水澄子氏インタビューによる（2012 年 11 月 23 日）。
（18）2012 年時点で都道府県本部で三役の女性比率は 16.5％となっている（社会民主党政策審議会調べ）。
（19）久保田 2009: 141-143. 久保田は労働省婦人少年局長婦人課長、初代総理府婦人問題担当室長、国連女性の地位向上部長を経て、田中の後継として参議院に出馬し

た。
(20)『衆議院予算委員会議事録』(平成 5 年 2 月 25 日)。
(21)『衆議院本会議議事録』(平成 5 年 8 月 25 日)。
(22) 第 1 章(衛藤・三浦)を参照のこと。
(23)『衆議院政治改革に関する調査特別委員会議事録』(平成 5 年 11 月 2 日)。
(24)『衆議院政治改革に関する調査特別委員会議事録』(平成 5 年 10 月 28 日)。
(25) 三浦 2012.
(26) たとえば 3 月 8 日の大森礼子の発言、5 月 10 日の南野知惠子、林紀子、中道敏哉の発言がそうである(『参議院共生社会に関する調査会議事録』平成 12 年)。
(27)『参議院共生社会に関する調査会議事録』(平成 12 年 5 月 10 日)。
(28) Narrander 2008.
(29) Lovedunski and Norris 2003.
(30)『参議院共生社会に関する調査会議事録』(平成 12 年 5 月 10 日)。
(31)『参議院共生社会に関する調査会議事録』(平成 12 年 5 月 10 日)。
(32) より正確には、1 度だけ、2002 年の参議院にて黒岩宇洋がクオータについて質問をし、福田康夫が「我が国におきましては、国民的な合意形成がまだない」と述べている。『参議院内閣委員会議事録』(平成 14 年 7 月 16 日)。
(33)『参議院予算委員会議事録』(平成 22 年 3 月 12 日)。
(34)『参議院本会議議事録』(平成 23 年 1 月 28 日)。
(35) 政府内におけるポジティブ・アクションの検討はこれが初めてではなく、2003 年に女性のチャレンジ支援推進策としてポジティブ・アクション研究会が組織されている。
(36)「各分野におけるポジティブ・アクションの政策体系」2011 年 6 月 3 日第 5 回基本問題・影響調査専門調査会ポジティブ・アクション・ワーキング・グループ配付資料。
(37) ここで示唆とか暗示という表現を用いているのは、明確な形で理論化がされているわけではないからである。社会的合意形成を促すための政府文書の役割として、多少曖昧な文言が使われるのは仕方のないことであろう。
(38) 2011 年 12 月にワーキング・グループにて「政治分野における女性の参画拡大に向けて」(案)が検討され、最終的には 2012 年 2 月 3 日の基本問題・影響調査専門調査会にて検討され、最終報告につながった。
(39) EU の政策文書においても女性の実質的代表性に関する記述はあまりなされない傾向にある (Meier 2008)。
(40) たとえば国際通貨基金(IMF)は 2012 年 10 月に "Can Women Save Japan?" というタイトルの報告書を発表し、女性の就業率の引き上げが経済成長に寄与するこ

と、就業率の改善のためには政府の役割が大きいことを提言している（http://www.imf.org/external/pubs/ft/wp/2012/wp12248.pdf）。日本政府は 2012 年 6 月に「『女性の活躍による経済活性化』行動計画～働く『なでしこ』大作戦」を閣議決定し、ポジティブ・アクション導入を後押ししている。

(41) 菊池（第 5 章）も指摘するように、法律型クオータを導入する際には合憲性が問われることになる。多くの国において違憲判決が下され、憲法改正や関連法規の改正を経ることによりクオータが導入されてきたことを考慮すると、日本でも合憲性のあるクオータを提示することが前提である。辻村みよ子は日本が女性差別撤廃条約を批准し、男女共同参画社会基本法にて積極的改善措置を明示している以上、最高裁判所が違憲と判断する可能性は低いと指摘する（辻村 2009: 195-196）。

(42) 実際には、奇数議席を獲得した政党が奇数順位をどちらの性別に割り当てたかにより、女性議員数は変動する。

(43) クリティカル・マスおよび国際合意については第 1 章（衛藤・三浦）を参照のこと。

(44) イギリスは政党型クオータであるため、労働党が女性議員を増やす方策として勝算のある選挙区等において女性のみの公認候補者名簿を用いている。日本においては二大政党制が安定した形で定着しておらず、また重複立候補制度による復活当選が可能なことから、勝算のある選挙区を特定する作業は容易でないように思われる。

(45) スコットランド労働党が 1999 年に実施したツイニング方式も 2 つの選挙区をペアとするが、選挙は別個に行われることから男女同数を保障するものではない（第 8 章渕元）。またスコットランドでは権限移譲後の初めての選挙でのみツイニング方式は用いられた。現職が存在する選挙においてツイニング方式を実施することの難しさを示している。

(46) Childs and Krook（2009）が指摘するように、女性議員が一定数以上増えることでジェンダー平等政策が進展するとは必ずしもいえず、少数であっても影響力を持つことはあり得る。女性議員であれば誰でもよいのではなく、どのような女性が議員になるかは極めて重要な点である。

(47) たとえばスティール（第 2 章）は小選挙区議席において 40％クオータが必要であると主張する。台湾が 30％以上の女性議員比率を達成しているのも、小選挙区において女性議員比率が 20％以上に達成していることが大きい（第 7 章福田）。

(48) 日本で女性票がどのような政策志向を持つかについては三浦（2013）を参照のこと。

【引用文献】

相内眞子 (2007)「女性政治家に対する有権者の態度」川人貞史・山本一編『政治参画とジェンダー』東北大学出版会, 347-371 頁.

石田好江・真野昌子 (2005)「女性の投票行動とジェンダー——つくられた選挙への低い関心と高い投票行動」『愛知淑徳大学現代社会学部論集』第 10 号, 257-269 頁.

久保田幸子編 (2009)『悠々たるフェミニスト　久保田眞苗・人と仕事』ドメス出版.

辻村みよ子 (2009)『憲法とジェンダー——男女共同参画と多文化共生への展望』有斐閣.

朴仁京 (2005)「先進諸国の女性運動から見た日本の女性運動の位置付け」『筑波法政』第 38 号, 322-337 頁.

三浦まり (2013)「クオータ制と日本の課題」『国際女性』第 27 号, 22-25 頁.

――― (2012)「ジェンダー平等の担い手論」『講座ジェンダーと法＜第 4 巻＞ジェンダー法学が切り拓く展望』日本加除出版.

Childs, Sarah, and Mona Lena Krook. 2009. "Analyzing Women's Substantive Representation: From Critical Mass to Critical Actors." *Government and Opposition* 44(2): 125-145.

Franceschet, Susan, Mona Lena Krook, and Jennifer M. Piscopo. 2012. "Conceptualizing the Impact of Gender Quotad." In *The Impact of Gender Quotas*, edited by Susan Franceschet, Mona Lena Krook, and Jennifer M. Piscopo, 3-24. Oxford: Oxford University Press.

Kittilson, Miki Caul. 2010. "Women, Parties and Platform in Post-industrial Democracies." *Party Politics* 17(1): 66-92.

Krook, Mona Lena. 2009. *Quotas for Women in Politics: Gender and Candidate Selection Reform Worldwide*. Oxford: Oxford University Press.

Krook, Mona Lena, Joni Lovedunski, and Judith Squires. 2006. "Western Europe, North America and New Zealand: Gender Quotas in the Context of Citizenship Models." In *Women, Quotas and Politics*, edited by Drude Dahlerup, 194-221. Abingdon: Routledge.

Lovedunski, Joni, and Pippa Norris. 2003. "Westminster Women: The Politics of Presence." *Political Studies* 51: 84-102.

Mackie, Vera. 2003. *Feminism in Modern Japan*. Cambridge: Cambridge University Press.

Meier, Petra. 2012. "Paradoxes in the Meaning of Quotas in Belgium." In *The Impact of Gender Quotas*, edited by Susan Franceschet, Mona Lena Krook, and

Jennifer M. Piscopo, 157-172. Oxford: Oxford University Press.

———. 2008. "Critical Frame Analysis of EU Gender Equality Policies: New Perspectives on the Substantive Representation of Women." *Representation* 44(2): 155-167.

Narrander, Barbara. 2008. "The History of the Gender Gaps." In *Voting the Gender Gap*, edited by Lois Duke Whitaker, 9-32. Urbana: University of Illinois Press.

Phillips, Anne. 1995. *The Politics of Presence*. Oxford University Press.

Shin, Ki-young. 2011. "The Women's Movements." In *The Routledge Handbook of Japanese Politics*, edited by Alisa Gaunder, 175-186. New York: Routledge.

Squires, Judith. 2007. *The New Politics of Gender Equality*. Basingstoke: Palgrave Macmillan.

Thames, Frank C., and Margaret S. Williams. 2013. *Contagious Representation: Women's Political Representation in Democracies around the World*. New York: New York University Press.

Tripp, Aili Mari, and Alice Kang. 2008. "The Global Impact of Quotas: On the Fast Track to Increased Female Legislative Representation." *Comparative Political Studies* 41(3): 338-361.

あとがき

　2014年の国際女性の日（3月8日）に刊行される本書は、3年越しの企画である。
　出発点が2011年の国際女性の日に開催された「世界118位の現実：クオータは突破口となるか？」（上智大学グローバル・コンサーン研究所主催、お茶の水女子大学ジェンダー研究センター・東北大学G-COE「グローバル時代の男女共同参画と多文化共生」拠点協賛、於：上智大学）だからだ。事の発端は、ポーランドでクオータが法制化されたことを受けて、当時在外研究でスウェーデンに滞在していた衛藤幹子さんが、女性団体のメーリングリストに「日本の女性たちも動かないといけない」と書き込み、それに呼応してわたしがシンポジウムを企画したのだった。当日司会を務めたわたしは、「今日のシンポジウムはキックオフです」と思わず言ってしまった。そうしたら、終了後、参加してくださった方から「次はどういう企画をしているのですか？」と問われ、宿題を抱えることになったのである。3年後に本書の刊行にたどり着いたことで、ようやく約束を果たした気持ちでいる。
　本書の刊行に当たっては、衛藤さんの帰国を待ち企画を進めることとなった。まずは2012年6月に日本比較政治学会にてジェンダー・クオータのパネルを組み、衛藤さん、申琪榮さん、菊池啓一さんが報告を行い、わたしが司会・討論を務めた。次に法政大学にて、7月に法政大学大学院政治学研究科公開セミナーで福田円さんが、12月には渕元初姫さんとわたしが報告の機会を持った（スティール若希さんは残念ながら当日欠席）。そして石田久仁子さんと木村真紀さんに加わっていただいて、執筆陣が揃うこととなったのである。学会報告、研究会、執筆打ち合わせ、メールとSkypeを通じての意見調整を重ねることで、内容的にも統一性のある本に仕上げることができたように思う。

スティールさんの英語原稿は早川美也子さんに翻訳をお願いし、その日本語原稿をもとに、スティールさん、衛藤さん、わたしで長時間にわたり議論をし、訳語や表現を確定していった。女性の代表性をめぐる政治理論は英語圏では多くの蓄積があるにもかかわらず、日本語ではまだあまり紹介されていない。日本語で初めて紹介される議論に関しては、とくに慎重を期して言葉を選んだつもりである。訳語に間違いがあれば、その責任はわたしにある。

　刊行に当たっては、明石書店の赤瀬智彦さんと校正の小山光さんに大変お世話になった。ジェンダーやクオータがタイトルに付く本は売れないとも言われたが、最終的には『ジェンダー・クオータ』というタイトルに落ち着いた。明石書店と赤瀬さんの英断に感銘を覚えている。また、データ整理には高場悠さん、岡本明子さん、田中絵梨奈さんに活躍していただいた。3人は子育て中のわたしの研究支援員として上智学院男女共同参画推進室から2012-13年度に配置していただいた。皆様のご協力とご理解に感謝の気持ちでいっぱいである。

　そして本書がまがりなりにも刊行にたどり着けたのは、衛藤幹子さんがパートナーだったことが何よりも大きい。決断が早く、サバサバと物事を進められ、明るくみんなを励ましてくれる。衛藤さんのリーダーシップがあったからこそ、結束力を保ち最後まで楽しく仕事をすることができた。この場をお借りして感謝申し上げたい。

　ジェンダー・クオータの議論は日本ではまさにこれから広がろうとしている。政府は2020年までに意思決定における女性比率を30％に引き上げる公約を実行する義務を負い、政治領域におけるクオータ制導入を真摯に検討せざるを得ない状況に置かれているからだ。そして市民社会においては、2013年に「クオータ制を推進する会」が結成され、政党への働きかけを強めている。日本での議論の深まりに、本書が大きく貢献することを期待したい。

　約束を果たしたと先ほど述べたが、本書を刊行することで、むしろ新たな宿題を抱えたのかもしれない。クオータの世界的潮流については日本ではほとんど知られていないことから、本書は制度や導入過程をわかりやすく紹介することを心がけた。しかしながら、クオータの議論はもっと奥深い。ク

オータ枠から当選した議員とそうではない議員では意識や行動に違いはあるのか、クオータにより女性議員比率が引き上げられるのと、自然に女性議員比率が高まるのとでは、質的代表性にはどのような違いがでるのか、女性議員比率が30％のクリティカル・マスを超えるとどのような質的変化を生じさせるのかなど、クオータの効果に関して様々な角度から実証研究が進められている。またクオータ研究の発展には女性の政治代表性に関する研究蓄積が欠かせない。本書を契機に日本におけるクオータや政治代表性研究の裾野が広がることを願う。

執筆者を代表して
三浦まり

追 記（2刷刊行に寄せて）

　本書が2014年に刊行されてから3年たった。この間、日本ではクオータ制定をめぐり大きな変化があったので、ここに記したい。

　2014年に「クオータ制を推進する会」が国際女性デーを記念して開催した院内集会にて、中川正春衆議院議員（民主党）が議員連盟の結成を呼びかけ、翌年2月に「政治分野における女性の参画と活躍を推進する議員連盟」（中川正春会長、野田聖子幹事長、行田邦子事務局長）が発足した。

　議連は、厳格なクオータが違憲の可能性があることへの配慮から、まずは理念法を策定し、合わせて公職選挙法を改正し男女交互名簿などが導入できる仕組みを盛り込む方針を立てた。2015年8月に理念法の骨子素案が作成され、「公職の候補者の数ができる限り同数となることを目指して行わなければならない」という表現が盛り込まれた。その後、2016年に各党に持ち帰った段階で自民党内から異論が相次ぎ、「同数」という文言は強いため「均衡」にするべきだなどの意見が出された。「均衡」は野党の受け入れるところとはならず、公明党が「均等」との妥協案を提示したが、国会会期末が迫り合意形成の時間が足りないまま、民進党・共産党・社民党・生活の党の

4党は議連案の理念法を提出し、民進党は合わせて改正公職選挙法案を提出した。

　自民党内では公明党が提示した修正案を軸に議論が進められ、「男女の候補者の数ができる限り均等となることを目指して行われるものとする」という文言で合意形成が図られた。「同数」から「均等」へ、「行わなければならない」から「行われるものとする」へと修正されたのである。他方、新たに「人材の育成等」が加わり、国および地方公共団体が人材育成および活用に資する施策を講ずるよう務めるものとすることとなった。与党案は自民党の部会での了承が一度は見送られたものの、最終的に2016年12月に国会提出された。

　与野党が別々の理念法を出すに至ったが、両案に本質的な相違はなく、国会情勢次第ではあるが成立する可能性は十分にある。ここまで事態が進展したのは、ひとつには「クオータ制を推進する会」が活発なロビー活動を展開したことがある。さらには、各種メディアが女性議員の少なさやクオータについて頻繁に取り上げるようになったことも大きい。その際には本書が参照されていることも少なからずあった。

　クオータという仕組みの理解はこの3年ではるかに進んだ。本書が果たした役割も大きかったように思う。よりよい政治制度の構築に向けて、クオータ研究のさらなる発展と貢献を期待したい。

2017年2月

三浦まり

索　引

【あ行】
アイデンティティ　9, 13, 24, 26, 34, 36, 42, 43, 47-50, 52-61, 237, 238, 241, 242, 251, 253-255
アイルランド　32
アテネ会議　99
アフガニスタン　30
アメリカ合衆国　17, 45, 240
アルゼンチン　7-12, 16, 30, 35, 37, 117-145, 253
　急進党　121, 122, 130, 138
　五月広場の母たち　121, 138
　女性クオータ法　118, 120, 122-125, 128-131, 133, 136, 141
　女性フェミニスト政治家超党派フォーラム　122
　正義党／ペロン党／女性ペロン党　120-124, 134
　選挙裁判所　126, 127, 129, 131, 140
　全国女性会議　122
　デ＝ラ＝ルラ、フェルナンド　130
　フェルナンデス＝デ＝キルチネル、クリスティーナ　117, 135
　ペロン、イサベル　137
　ペロン、エバ（エビータ）　120, 121, 124, 125, 135, 136
　ペロン、フアン＝ドミンゴ　120
　マラッロ＝デ＝トーレス、マルガリータ　122, 123
　メネム、カルロス　122-124, 130, 139
アンドラ　16, 17, 19
イギリス　7, 8, 10-12, 26, 29, 45, 69, 87, 203-206, 208-211, 215, 218, 220, 222, 224, 227-233, 253, 258
　キャメロン、デイヴィッド　229
　クレッグ、ニック　229
　サッチャー、マーガレット　205, 206, 211
　自由民主党　229, 230
　女性のみの公認候補者名簿　11, 12, 29, 36, 204, 210, 211, 218, 223, 227-231, 258
　スミス、ジョン　210, 228
　性差別禁止（選挙候補者）法　218, 227, 229
　平等法　229
　ブレア、トニー　228
　保守党　206, 210, 229, 230
　労働党　11, 12, 29, 36, 204-206, 210, 211, 227-231, 253, 258
イタリア　36, 45
イラク　30
イングルハート、ロナルド　60
インド　31, 34, 37
ウェールズ　62, 203, 218, 224, 231
　国民党（プライド・カムリ）　224
　労働党　218
ウルグアイ　120, 127, 137
エクアドル　16, 36, 125, 126, 137
エスニシティ　18, 24, 242
エルサルバドル　126, 137
欧州議会　36, 68, 83, 95, 100, 106-108, 111, 115, 205, 222
岡沢憲芙　87
オランダ　16, 178

【か行】

家父長制 21, 59, 81, 94, 167, 169, 179
ガラスの天井 10, 163, 253
韓国 7, 8, 10, 12, 32, 35, 147-175, 178, 252-254
　韓国女性団体協議会 152, 166, 170
　韓国女性団体連合 151, 152, 165, 166, 170, 172
　金大中 148, 153, 154
　清い政治女性ネットワーク（清いネット） 166, 167, 172
　市民団体連帯 153
　自由民主連合 154
　女性候補推薦補助金 155
　女性政治文化研究所 150, 170
　女性専用選挙区 156, 171
　政治改革のための市民連帯 155
　政治関連法 148, 155, 169
　セヌリ党 162, 163, 172
　総選（挙）市民連帯 166, 172
　第17回総選（挙）女性連帯 166
　男女同数連帯 168
　地方議会 150, 159
　統合進歩党 162, 163, 172
　ハンナラ党 154
　補助金インセンティブ 32, 157
　民主国民党 154
　民主党 154
　民主統合党 162, 163, 165, 172
　落薦・落選運動 10, 154, 166, 170
　割当制導入のための女性連帯（女性連帯） 152, 165
急速軌道 87, 148
キューバ 16, 17, 19, 125, 126, 137, 139
ギリシャ 32, 99
近代化論 15, 147
グアテマラ 126, 137
クオータ
　議席割当 10, 12, 16, 18, 242
　クオータ制違憲判決 37, 96, 97, 101, 113, 120, 127, 129, 131, 136, 138, 154, 170, 258
　ジェンダー・クオータ 7-9, 15, 17, 18, 42, 43, 47, 49, 58-61, 117, 118, 124, 127, 138, 139, 147, 148, 196, 203, 227-229, 231, 236, 242, 262, 263
　政党型クオータ 12, 18, 27, 28, 35, 121, 124, 127, 137-139, 227, 252, 258
　地域的クオータ 8, 18, 41-43, 47, 49, 50, 52-54, 57, 58, 60, 61
　法律型クオータ 9, 10, 12, 18, 19, 27, 29, 30, 32, 118-122, 124-130, 136, 137, 139, 157, 158, 167, 171, 252, 258
クオータ・フィーバー／クオータ熱 30, 147, 252
クリティカル・アクター 34
クリティカル・アクト 71
クリティカル・マス（決定的女性議員比率） 33, 37, 43, 59, 61, 62, 71, 72, 85, 86, 112, 189, 253, 258
グロス，エリザベス 54
現職効果 214, 218, 221
権力分有 42, 43, 46, 57, 61, 63
国連 30, 31, 86, 97, 130, 147, 149, 169, 198, 256, 257
　開発計画（UNDP） 177
　経済社会理事会 31
　国際女性デー 14, 104
　女性差別撤廃条約／委員会 31, 37, 130, 237, 240, 256, 258
　女性の地位委員会 31
　世界女性会議 9, 31, 121, 122, 124, 147
　ナイロビ将来戦略勧告 31
　婦人（女性）年 31
　婦人（女性）の10年 186, 244
　北京会議 149
　北京宣言 124
コスタリカ 16, 36, 118, 119, 125, 126, 137
コロンビア 126, 129, 131, 137, 138, 140

266

【さ行】

ジェンダー関連法案（女性関連政策も参照）　10, 118, 133, 134, 135, 136, 141

ジェンダー・ギャップ　36, 198, 237, 238, 248, 255, 256

ジェンダー主流化　86, 112, 147, 149, 169

ジェンダー平等　13, 21, 33, 34, 44, 46, 47, 60, 67, 69-72, 74, 76, 81, 82, 84-86, 88, 94, 153, 166, 168, 169, 173, 209, 211, 215, 216, 218, 223, 224, 238, 240, 252, 253, 258

ジェンダー不平等指数　177, 178

ジッパー（方）式　59, 155, 156, 159, 192, 195, 203, 211, 212, 214, 216, 220, 223, 252-254

小選挙区制　11-13, 20, 29, 45, 48, 49, 62, 63, 68, 106, 108, 110, 111, 113, 126, 127, 194-196, 206, 209, 230, 246

小選挙区比例代表併用制　16, 20, 35, 45, 48, 62, 126, 209

小選挙区比例代表並立制　7, 10, 12, 16, 20, 32, 45, 49, 125-127, 154, 169, 192, 197, 209, 254

小選挙区比例代表連用制　12, 13, 20, 209, 210, 212

女性運動　9-11, 21, 28, 30, 31, 34, 36, 67, 68, 70-73, 77, 79, 85-87, 94, 102, 119, 121-124, 136, 139, 149-151, 156, 165-170, 179, 181, 182, 185-187, 189, 190, 196, 197, 200, 204, 206, 207, 209, 211, 218-221, 236, 237, 239, 244, 253-256, 259

女性関連政策　33, 119

女性議員比率　9-21, 28, 32-34, 43, 45, 46, 67, 69-71, 73, 77, 79, 80, 84-88, 100, 105, 106, 109, 112, 120, 121, 124-130, 132, 134, 139, 152, 158, 160, 177, 178, 188, 189, 192, 193-197, 205, 213, 214, 216, 217, 219, 221, 223, 227-230, 235, 245, 252-254, 258

女性部局　73, 74, 95

身体的存在性　43

　身体的アイデンティティ　24, 52, 58, 59, 61

スウェーデン　7-9, 11, 12, 16, 28, 67-92, 157, 178, 253, 262

　穏健党　68, 73, 78-80, 87, 88

　キリスト教民主党　68, 77, 78, 80, 87

　サポート・ストッキング（SS）　79-81, 83-85, 89

　左翼党　9, 12, 68, 71, 76-79, 83, 87

　社会民主党（社民党）　12, 67, 68, 71, 73, 74, 76-81, 83, 84, 86, 87

　自由党　68, 73, 76-78, 80, 84, 87

　女性法廷　80

　成人買春禁止法　86

　中央党　67, 68, 73, 76-78, 80, 87

　パートナーシップ登録制度　86

　フェミニスト・イニシアティブ（Fi）　81-85, 89

　フレドリカ・ブレマー協会　72, 76

　緑の党　9, 12, 67, 68, 71, 77, 78, 83, 87

　民主党　68, 84, 87

スコットランド　7, 8, 10-13, 62, 203-226, 231, 252, 258

　エンジェンダー　207, 217

　家族法　220

　虐待からの保護法　220

　権限移譲　10, 13, 203, 204, 206, 207, 209, 211, 218-222, 258

　国民党　204, 205, 211-217, 219, 221-224

　社会党　12, 13, 204, 214, 216, 223

　自由民主党　204, 207, 209, 211-214, 216, 217, 219, 223, 224

　証人保護法　220

　女性調整グループ　207-209

　スコットランド議会　11, 203, 204, 206-209, 213-215, 220, 224

　追加議席方式　208-210　→　小選挙区比例代表連用制

索引　267

ツイニング方式　12, 203, 210, 212-214, 220, 258
保守党　204, 208, 211-214, 216, 217, 219, 223, 224
緑の党　204, 207, 212, 214, 216, 217, 219, 223
労働党　12, 13, 203-205, 207, 209, 210-224, 258
スペイン　16, 17, 32, 139
　社会労働党　121
スリランカ　235
スロベニア　32
政治的機運／政治的機会構造　9, 67, 73, 149, 150
性別役割分業　74, 119, 141, 241, 246
セインズベリー, ダイアン　72, 80, 83, 89
セーシェル　16, 17, 19
セクシュアリティ　24, 55, 72
セクシュアル（性的）・マイノリティ　→　マイノリティ
積極的差別　230
セルビア　16
セルビア・モンテネグロ　30
漸進的軌道／漸進的な経路　69, 87, 147

〖た行〗
ダールラウプ, ドゥルゥデ　44, 71, 83, 86, 88, 90
代議制民主主義／代表制民主主義　23, 26, 41-43, 48, 53, 57, 59-61, 242
代表
　過少代表　7, 13, 17, 22, 52, 56, 59, 76, 77, 85, 147, 148, 150-152, 154, 161, 167, 198, 205-207, 241, 242, 246, 250
　代表性　9, 11, 15, 21, 24, 27, 31, 50, 52, 57, 58, 67-71, 76, 79, 80, 84, 87, 147-152, 156, 159, 161, 162, 164-168, 171, 203, 205, 206, 214, 219-221, 229, 249, 254, 255, 257, 263, 264
台湾　7, 8, 10, 12, 17, 35, 177-202, 252, 254, 258
　許世賢　183
　憲法改正　10, 12, 192, 258
　国民党　10, 180, 181, 183-185, 187, 189, 190, 192-195, 197, 198, 200, 201
　蔡英文　197, 198
　謝娥　179, 181
　女性定数保障　7, 10, 177, 180, 182-185, 188, 189, 191, 193, 194, 196, 197
　選挙制度改革　192-194, 197
　台湾省婦女会　179
　台湾婦女協進会／諸羅婦女協進会　179
　拓荒者出版社　185, 186
　地方議会　177, 179, 187, 188, 196, 197
　中華婦女連合会　182
　中華民国憲法　10, 179-182, 186, 191, 192, 196, 197, 199, 200
　婦女新知基金会　186, 189, 196, 200
　彭婉如　189-200
　民進党　10, 12, 187-190, 192-195, 197, 200, 201
　呂秀蓮　184-186, 190
多様性　24, 27, 58, 62, 219, 255
男女交互登載　106, 108, 111　→　ジッパー（方）式
中国　178, 179-183, 195, 198, 200, 201
中選挙区制　192, 193, 195, 245, 246
チリ　118, 120, 126, 137
チンチージャ, ラウラ　118
ツイニング方式　→　スコットランド
デンマーク　16, 17, 19, 71, 100
ドイツ　16, 28, 36, 45, 47, 121, 127, 139, 209
　社会民主党　121
ドミニカ共和国　36, 126, 137
ドメスティック・バイオレンス／DV／家庭内暴力　72, 82, 88, 141, 206, 220, 247

〚な行〛

ニカラグア　16, 125, 126, 137, 139
日本　7, 8, 11, 12, 14, 15-18, 23, 25, 35, 37, 41, 42, 45-49, 53, 55-59, 62, 93, 106, 122, 137, 177-179, 181-183, 190, 209, 235-260, 262, 263
　共生社会に関する調査会　247, 249, 257
　久保田真苗　244, 256
　清水澄子　243, 244, 255, 256
　自民党　46, 49, 240, 245-247, 254
　社会党／社民党　239, 243-245, 255, 256
　社民連　239
　選挙制度改革　7, 11, 46, 49, 236, 245, 246, 250, 254
　仙谷由人　250
　第3次男女共同参画基本計画　250
　田中寿美子　243, 244, 257
　土井たか子　46, 243, 244
　日本新党　239, 245
　福島瑞穂　243, 250
　細川護熙　245, 246, 256
　マドンナ・ブーム　239, 243, 244
　民社党　239
ニュージーランド　16, 17, 19, 62
ノリス、ピッパ　44, 206
ノルウェー　16, 27, 28, 71, 88
　左派社会党　27

〚は行〛

パキスタン　31
バチェレ、ミシェル　118
バック、ヘンリー　78
パナマ　37, 127, 137
パラグアイ　37, 127, 137
バングラデシュ　31
平等
　実質的平等　84
　政治的男女平等　15, 69
　法の下の男女平等　180
比例代表制　12, 20, 21, 29, 45, 48, 49, 59, 63, 96, 108, 110, 111, 125-128, 131, 138, 152, 154, 156, 158, 169, 170, 172, 193, 194, 209, 212, 242, 245, 251, 254
フィリプス、アン　23, 69, 70, 241
フィンランド　16, 17, 19-21, 71
フェミニズム　28, 33, 55, 95, 97, 102, 104, 112, 114, 218, 221, 231, 237, 238
　国策　72, 88
　差異派　102
　社会主義　72, 94
　精神分析派　94
　第1波フェミニズム　73
　第2波フェミニズム　72, 85, 94, 197
　平等派　22
　マルクス主義　94
　ラディカル　72, 94
　リベラル　22, 72
ブラジル　36, 118, 126, 137
フランス　7-9, 12, 29, 30, 32, 36, 45, 93-116, 158, 171, 253, 255, 256
　アリミ、ジゼル　95, 96, 98, 100, 105, 106, 113, 114
　オブリ、マルティーヌ　110
　ガスパール、フランソワーズ　95, 97-99, 102
　共産党　100, 103
　共和主義　36, 96-98, 101-103
　憲法改正　12, 94, 102, 105, 109-111, 114
　社会党　94-97, 100, 101, 103-105, 109, 110, 112-114
　ジョスパン、リオネル　104, 105
　女性解放運動（MLF）　94, 95, 103, 104
　ショワジール（選択する）　94-96, 114
　セルヴァン＝シュレベール、クロード　98
　地方議会　108, 110, 112, 114
　バシュロ、ロズリーヌ　100
　パリテ法　12, 32, 93, 94, 99, 103, 105-112
　パリテ論争　98, 101, 102
　ミッテラン、フランソワ　96, 103, 104, 113
　緑の党　100

索引　269

ルガル，アンヌ　97
ルディ，イベット　95, 97, 103
北京会議　→　国連
北京宣言　→　国連
ベネズエラ　37, 120, 127, 129, 131, 137
ペルー　37, 127, 137
ベルギー　16, 29, 36
ポーランド　32, 262
ポジティブ・アクション　105, 111, 153, 227-229, 231, 248, 250, 251, 257, 258
ボスニア・ヘルツェゴヴィナ　30
ボリビア　36, 119, 126, 137
ポルトガル　32
ホンジュラス　126, 137

〖ま行〗
マイノリティ　13, 34, 98, 102, 163, 219, 229, 242
　エスニック・マイノリティ　11, 219, 221, 224, 225
　人種的マイノリティ　232
　セクシュアル（性的）・マイノリティ　11, 13, 26, 219, 221
マケドニア　16, 30
マンスブリッジ，ジェーン　56
ミャンマー　235
メキシコ　16, 37, 119, 125, 126, 137, 140
　制度的革命党　140

〖ら行〗
ラーショーン，トルビョーン　78
ラッセル，メグ　230
リプロダクティブ・ライツ／ヘルス　241, 246
ルセフ，ジルマ　118
ルワンダ　16, 17, 30
列国議会同盟（IPU）　16, 17, 19, 35, 45, 61, 67, 87, 127, 235, 256
ロヴェンドゥスキ，ジョニ　206, 231

編著者・翻訳者紹介

【編著者】

三浦まり（みうら・まり）
上智大学法学部教授。米国カリフォルニア大学バークレー校政治学博士課程修了、Ph.D.（政治学）。専門は比較福祉国家論、現代日本政治、ジェンダーと政治。主著に *Welfare Through Work: Conservative Ideas, Partisan Dynamics and Social Protection in Japan* (Cornell University Press, 2012)、「新自由主義的母性──『女性の活躍』政策の矛盾」『ジェンダー研究』18 号（2015 年）、『私たちの声を議会へ──代表制民主主義の再生』（岩波書店、2015 年）、『日本の女性議員──どうすれば増えるのか』（編著、朝日選書、2016 年）ほか。

衛藤幹子（えとう・みきこ）
法政大学法学部教授。スウェーデン・ストックホルム大学政治学博士課程修了、Ph.D.（政治学）。専門はジェンダー政治学。主著に "Reframing Civil Society from Gender Perspectives: A Model of a Multi-layered Seamless World," *Journal of Civil Society* 8(2): 101-121 (2012); "Making a Difference in Japanese Politics: Women Legislators Acting for Gender Equality," *Harvard Asian Quarterly* XIV(1 & 2): 25-34 (2012); "Women and Representation in Japan: The Causes of Political Inequality," *International Feminist Journal of Politics* 12(2): 177-201 (2010) ほか。

【著者】

スティール若希（すてぃーる・じゃっきー　Jackie F. Steele）
東京大学社会科学研究所准教授。カナダ・オタワ大学政治学博士課程修了、Ph.D.（政治学）。専門は批判的政治思想、比較政治（カナダ・日本）。主著に「ジェンダー、多様性、東北復興──3 年目に続くガバナンスの機会と課題」スティール若希・大沢真理編『東京大学社会科学研究所リサーチシリーズ』53（2013 年）、辻村みよ子・スティール若希編『アジアにおけるジェンダー平等──政策と政治参画』（東北大学出版会、2012 年）、「日本の衆議院における女性代表──並立制下の『暫定的』措置と機会の拡大」『東北大学 GEMC ジャーナル』5 号（2011 年）ほか。

石田久仁子（いしだ・くにこ）
翻訳家。パリ政治学院卒業。専門はフランス政治史・欧州建設。編著に『フランスのワーク・ライフ・バランス〜男女平等政策入門──EU、フランスから日本へ』（パド・ウィメンズ・オフィス、2013 年）、訳書に『シモーヌ・ヴェーユ回想録』（パド・ウィメンズ・オフィス、2011 年）、フランソワーズ・エリチエ著『男性的なもの／女性的なもの　II　序列を解体する』（共訳、明石書店、2016 年）ほか。

菊池啓一（きくち・ひろかず）
日本貿易振興機構アジア経済研究所地域研究センター副主任研究員。米国ピッツバーグ大学大学院政治学博士課程修了、Ph.D.（政治学）。専門はラテンアメリカ政治、比較政治制度論。主著に『ラテンアメリカの市民社会組織──継続と変容』（共編著、アジア経済研究所、2016 年）、"The Effects of Gubernatorial Influence and Political Careerism on Senatorial Voting Behavior: The Argentine Case," *Journal of Politics in Latin America* 6(2): 73-105 (2014)（共著）ほか。

申琪榮（しん・きよん）
お茶の水女子大学大学院人間文化創成科学研究科准教授。韓国ソウル大学卒、米国ワシントン大学政治学博士課程修了、Ph.D.（政治学）。専門はジェンダーと政治、比較女性運動、ジェンダー主流化など。共編著に『クオータ制をめざす』（パド・ウィメンズ・オフィス、2013 年）、*The Routledge Handbook of Japanese Politics* (Routledge, 2011)；*Global Gender Research* (Routledge, 2010) ほか。

福田　円（ふくだ・まどか）
法政大学法学部准教授。慶應義塾大学政策・メディア研究科単位取得退学、博士（政策・メディア）。専門は東アジア国際政治、中国・台湾論。主著に『中国外交と台湾』（慶應義塾大学出版会、2013 年）、『日中関係史 1972-2012　I　政治』（共著、東京大学出版会、2012 年）、『現代中国外交の六十年』（共著、慶應義塾大学出版会、2011 年）ほか。

渕元初姫（ふちもと・はつき）
法政大学大学院公共政策研究科特任教授。法政大学大学院政治学研究科博士後期課程修了、博士（政治学）。専門はスコットランドの政治社会、自治体内分権論。主著に「スコットランドの地域評議会──制度の基本的構想とその機能の実際」名和田是彦編『コミュニティの自治──自治体内分権と協働の国際比較』（日本評論社、2009 年）ほか。

木村真紀（きむら・まき）
英国ユニバーシティ・コレッジ・ロンドン（UCL）ティーチング・フェローおよびオープン・ユニバーシティ、アソシエート・レクチャラー。ロンドン・スクール・オブ・エコノミクス・アンド・ポリティカル・サイエンス（LSE）ジェンダー学博士課程修了、Ph.D.（ジェンダー学）。専門はジェンダー論、人種・エスニシティ論、政治社会学。主著に"Performativity and Subjectification in the Changing Culture of Higher Education," *British Journal of Sociology of Education* (DOI: 10.1080/01425692.2013.777207, 2013); "Citizenship and University: university as a space for enacting citizenship," in *Governing through Pedagogy: Re-educating Citizens*, edited by J. Pykett (London: Routledge, 2012); "Narrative as a site of subject construction: through the 'Comfort Women' Debate," *Feminist Theory* 9(1): 5-24.

【翻訳】

早川美也子（はやかわ・みやこ）
上智大学法学研究科博士後期課程満期退学（政治学）、英国ロンドン大学東洋アフリカ研究学院（SOAS）ジェンダー学修士課程修了。専門は食の安全政策、家父長制、ジェンダー論。日本学術振興会特別研究員などを経て現在フランス社会科学高等研究院（EHESS）博士課程在籍。主著に「食の安全をめぐる政治──『安心・安全』と消費者運動」岸川毅・中野晃一編『グローバルな規範／ローカルな政治：民主主義の行方』（上智大学出版会、2008年）ほか。

ジェンダー・クオータ
──世界の女性議員はなぜ増えたのか

2014年3月1日　初版第1刷発行
2023年3月1日　初版第3刷発行

　　編著者 ──── 三浦まり
　　　　　　　　　衛藤幹子
　　発行者 ──── 大江道雅
　　発行所 ──── 株式会社 明石書店
　　　　　　　　101-0021 東京都千代田区外神田 6-9-5
　　　　　　　　電話 03-5818-1171　FAX 03-5818-1174
　　　　　　　　振替 00100-7-24505
　　　　　　　　https://www.akashi.co.jp
　　印刷／製本 ── モリモト印刷株式会社
　　　　　　　　ISBN 978-4-7503-3974-0
　　　　　　　　（定価はカバーに表示してあります）

JCOPY 〈出版者著作権管理機構 委託出版物〉
本書の無断複製は著作権法上での例外を除き禁じられています。複製される場合は、そのつど事前に、出版者著作権管理機構（電話 03-5244-5088、FAX03-5244-5089、e-mail: info@jcopy.or.jp）の許諾を得てください。

自民党の女性認識 「イエ中心主義」の政治指向
安藤優子著 ◎2500円

ジェンダー研究が拓く知の地平
東海ジェンダー研究所記念論集編集委員会編 ◎4000円

ジェンダーで読み解く北海道社会 大地から未来を切り拓く女性たち
北海道ジェンダー研究会編 ◎3200円

ピンクとブルーに分けない育児
カイル・マイヤーズ著 上田勢子訳
ジェンダー・クリエイティブな子育ての記録 ◎2200円

トランスジェンダー問題 議論は正義のために
ショーン・フェイ著 高井ゆと里訳 清水晶子解説 ◎2000円

ジェンダーと政治理論 インターセクショナルなフェミニズムの地平
メアリー・ホークスワース著
新井美佐子、左髙慎也、島袋海理、見崎恵子訳 ◎3200円

難民とセクシュアリティ アメリカにおける性的マイノリティの包摂と排除
工藤晴子著 ◎3200円

女性移住者の生活困難と多文化ソーシャルワーク 母国と日本を往還するライフストーリーをたどる
南野奈津子著 ◎3800円

フランスに学ぶジェンダー平等の推進と日本のこれから パリテ法制定20周年をこえて
冨士谷あつ子、新川達郎編著 ◎2800円

同意 女性解放の思想の系譜をたどって
ジュヌヴィエーヴ・フレス著 石田久仁子訳 ◎2000円

ノンバイナリーがわかる本 heでもsheでもない、theyたちのこと
エリス・ヤング著 上田勢子訳 ◎2400円

女性研究者支援政策の国際比較 日本の現状と課題
河野銀子、小川眞里子編著 ◎3400円

女性の世界地図 女たちの経験・現在地・これから
ジョニー・シーガー著
中澤高志、大城直樹、荒又美陽、中川秀一、三浦尚子訳 ◎3200円

国際セクシュアリティ教育ガイダンス[改訂版] 科学的根拠に基づいたアプローチ
ユネスコ編 浅井春夫、艮香織、田代美江子、福田和子、渡辺大輔訳
佐藤文香監修 ◎2600円

ジェンダーについて大学生が真剣に考えてみた あなたがあなたらしくいられるための29問
一橋大学社会学部佐藤文香ゼミ三生一同著 ◎1500円

イスラーム・ジェンダー・スタディーズ【全10巻】
長沢栄治監修 ◎各巻2000円

〈価格は本体価格です〉